SHENZHAXIAN YEARBOOK 2019

申扎县年鉴

（2019）

申扎县地方志编纂委员会　编

方志出版社
Publishing House of Local Records

图书在版编目（CIP）数据

申扎县年鉴．2019 / 申扎县地方志编纂委员会编
.-- 北京：方志出版社，2020.9

ISBN 978-7-5144-4375-2

Ⅰ.①申… Ⅱ.①申… Ⅲ.①申扎县—2019—年鉴
Ⅳ.①Z527.54

中国版本图书馆 CIP 数据核字（2020）第 217790 号

申扎县年鉴（2019）

编　　者：申扎县地方志编纂委员会
责任编辑：李志瑜

出 版 者：方志出版社
地址　北京市朝阳区潘家园东里 9 号（国家方志馆 4 层）
邮编　100021
网址　http://www.zgfzcb.cn
发　　行：方志出版社图书经销中心
电话　（010）67110500
经　　销：各地新华书店
排　　版：北京纺印图文设计制作有限公司
印　　刷：北京中科印刷有限公司

开　　本：889 × 1194　　1/16
印　　张：14.75
字　　数：395 千字
版　　次：2020 年 9 月第 1 版　　2020 年 9 月第 1 次印刷

ISBN 978-7-5144-4375-2　　定价：192.00 元

序

贫困问题一直是困扰人类社会发展的重大问题。中国作为世界上最大的发展中国家，为解决贫困问题进行了长期不懈的努力。改革开放以来，特别是中共十八大以来，以习近平同志为核心的党中央把脱贫攻坚作为全面建成小康社会的底线任务和标志性指标，纳入“五位一体”总体布局和“四个全面”战略布局，以前所未有的力度推进精准扶贫、精准脱贫，扶贫开发成就举世瞩目，显著改善了贫困地区和贫困群众生产生活条件，具有重大的现实意义和深远的历史意义。身处中华民族几千年发展历史上将首次整体消除绝对贫困现象的伟大时代，如何更好地发挥地方志的存史、育人、资政的作用，是新时代全国地方志系统必须深入研究和着力解决的重大课题。

中共十八大以来，在党中央国务院的正确领导下，全国地方志系统深入学习贯彻习近平新时代中国特色社会主义思想，紧紧围绕党和国家事业发展需要，深入推进地方志改革创新发展，凝心聚力，稳扎稳打，勇于担当，主动作为，全国地方志形势和地方志工作者的精神面貌发生了深刻变化，取得了优异成绩。其中，为贯彻落实《全国地方志事业发展规划纲要（2015—2020 年）》，经中国地方志指导小组领导批准，中国地方志指导小组办公室于 2015 年、2017 年先后启动民族地区与贫困地区志书、年鉴出版资助工程（以下简称“志鉴出版资助工程”），对国家级贫困县（区、旗、县级市），中西部地区、少数民族边疆地区面临出版经费困难的志书和综合年鉴给予出版资助。实施志鉴出版资助工程是紧扣时代脉搏、坚持创新发展、传承弘扬中华优秀传统文化的一项创举，不仅有力推动了“两全目标”的实现，而且数十部资助出版的志书、年鉴及时记述了民族地区与贫困地区在全面建成小康社会伟大征程中取得的新成绩和新经验、出现的新情况和新问题、涌现的优秀人物和典型事迹，留住地方文化的“根”和“魂”，为这些地区的经济社会发展、地域文化传播、爱国主义教育、精神文明建设等提供了历史借鉴和智力支持，对全面提升民族地区与贫困地区文化建设水平、确保民族地区与贫困地区和全国其他地区同步全面建成小康社会具有重要意义。

尤为可喜的是，志鉴出版资助工程促成了一批扶贫志书的编纂出版，在文化脱贫攻坚中发挥了独特的作用。例如，《贵州省减贫志》全面系统客观记述了从 1978

年至2015年贵州省扶贫、减贫工作的历程及取得的经验，为贵州省实施大扶贫战略提供了有力的资政辅治参考，集中体现了地方志工作因时而动、顺势而为的新作为。前不久，由福建省地方志编委会和人民网共同编纂的《闽宁扶贫协作图志》，是全国首部扶贫协作图志，图文并茂、直观立体、全方位地展现闽宁扶贫协作波澜壮阔的历程，弘扬“闽宁一家亲”“携手奔小康”的深厚情谊和滴水穿石、久久为功的精神，是贯彻落实习近平总书记扶贫工作重要论述精神，服务国家精准扶贫、精准脱贫战略的有力举措。希望各地以此为鉴，编纂出版更多、更好的扶贫志书、年鉴，助力国家精准扶贫、精准脱贫战略的实施，充分展现地方志的独特价值和作用。

当前，我国脱贫攻坚已进入全面决战决胜的关键时期，尚未脱贫的贫困地区集中分布在中西部深山区、极端干旱山区、高寒阴湿地区等，文化建设还比较薄弱，文化产品还不够丰富，文化精品更是少之甚少。同时，这些地区往往是民族文化、历史文化、红色文化、生态文化富集区，具有发展文化旅游、推进文化扶贫的巨大潜在优势，也是繁荣发展地方志事业的巨大文化宝库。要发挥好文化扶贫凝聚人心的优势，善于利用方志文化优势为贫困地区“赋能”，在脱贫攻坚中做出方志人应有的贡献。要发挥好中国名镇志文化工程、中国名村志文化工程的引领作用，大力加强乡镇村志编纂，让百姓记得起乡情、记得住乡愁，凝聚贫困乡镇村庄的强大民心，补齐贫困乡镇村庄的文化短板，以“扶智”的方式“扶志”，践行习近平总书记强调的“扶贫先扶志，扶贫必扶智”的重要理念。

求木之长者，必固其根本；欲流之远者，必浚其泉源。扶贫扶起的是志气骨气，传承的是家国情怀，守护的是绿水青山。扶贫既要富口袋，也要富脑袋。必须坚持文化脱贫和物质脱贫两手抓，筑牢贫困地区文化之基，补足信仰精神之钙，引领脱贫发展之舵。全国地方志系统要围绕中心、服务大局，坚决投入脱贫攻坚这场必须打赢的硬仗，积极参与脱贫攻坚战，发挥优势和特长，深入挖掘文化资源，着力补齐文化短板，努力帮助民族地区与贫困地区的文化建设实现较大的发展提升，在全面建成小康社会、实现中华民族伟大复兴中国梦的征程中贡献方志人的力量。

是为序。

中国社会科学院院长
中国地方志指导小组组长　谢伏瞻

民族地区与贫困地区年鉴出版资助工程领导小组

组　　　长：高　翔

常务副组长：冀祥德

副　组　长：高京斋　邱新立

民族地区与贫困地区年鉴出版资助工程领导小组办公室

主　　　任：冀祥德

副　主　任：邱新立

成　　　员：于伟平　刘永强　冷晓玲　李　静

编 辑 说 明

一、《申扎县年鉴（2019）》以马克思列宁主义、毛泽东思想、邓小平理论、“三个代表”重要思想、科学发展观、习近平新时代中国特色社会主义思想为指导，坚持辩证唯物主义和历史唯物主义的立场、观点和方法。以国务院《地方志工作条例》为依据，坚持“存真求实、质量第一”的原则，翔实地反映2018年申扎县贯彻落实中共十九大、十九届一中全会精神，全县自然、经济、政治、文化、社会各方面的历史发展进程。

二、《申扎县年鉴》自2017年创刊至今，已出版3卷。《申扎县年鉴》记载申扎县各级党委和政府的主要工作，各乡（镇）、各单位在国民经济和社会各项建设事业发展等方面取得的主要成就，以及社会各方面的新进展、新情况、新经历，为各级领导了解县情、实施科学决策，为各行各业和有关单位及广大读者查询资料信息，推动事业发展，为国内外各界人士了解、研究、认识申扎提供服务；也为续修地方史志储备资料。

三、《申扎县年鉴（2019）》断限为2018年1月1日至2018年12月31日。采取分类编辑法，由类目、分目、条目构成。同时，以彩页客观地反映申扎县经济社会发展中取得的成就。

四、《申扎县年鉴（2019）》稿件由县各部、委、办、局、驻军部队、乡（镇）及公司提供。所用综合性资料、数据，全部截至2018年底，个别单位或部门资料缺漏。统计资料由县统计局提供，正文中的数据由各单位提供。由于统计数据的来源、口径、方式、时间的不同可能有差异，请读者以统计局提供的统计资料为准。

申扎县行政区划图

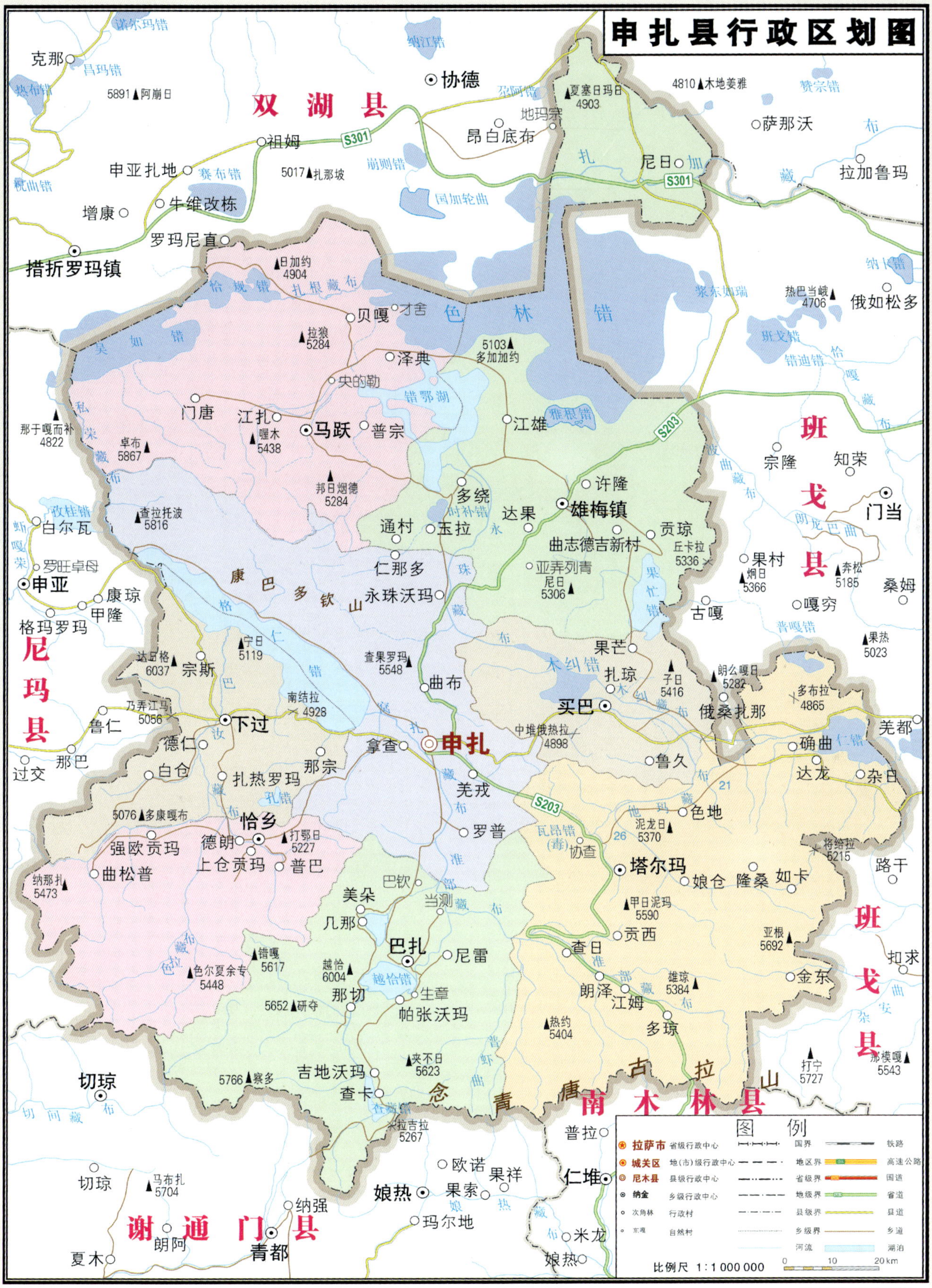

西藏自治区测绘院编制

审图号：藏S（2018）022号

数字申扎 2018

土地面积：25546 平方公里
年末总人口：22067 人
全县生产总值：58918.11 万元
第一产业：8966.43 万元
第二产业：12855.62 万元
第三产业：37096.05 万元
肉类产量：5830.94 吨
奶类产量：4224.45 吨
毛绒产量：554.99 吨
牲畜出栏率：41.89%
实施固定资产项目：170 个

全社会固定资产：12.41 亿元
税收收入：1780.83 万元
地方财政收入：2692 万元
地方财政支出：85627 万元
金融业存款余额：10.19 亿元
金融业贷款余额：3.63 亿元
社会消费品零售总额：7560 万元
城镇登记失业率：3%
人均纯收入：10031 元
人均现金收入：6389.34 元

10月26日，西藏自治区党委常务副书记、区政协党组书记丁业现（前排右三）到申扎县塔尔玛3村公安检查站检查指导工作，那曲市委书记松吉扎西（右二）陪同检查

3月19日，西藏自治区副主席江白（左三）、自治区环保厅厅长罗杰（左二）督导检查硼砂厂至双湖县城公路改建工程及马跃乡至三八二大桥改建工程的料场恢复整改情况，县委副书记、县长格桑多吉（右二）陪同

8月17日，西藏自治区党委常委、纪委书记王拥军（左一）到上仓贡玛村检查指导短期育肥基地工作开展情况，那曲市政协副主席、县委书记夏彦（左二）陪同

8月1日，北京建藏援藏工作者协会发放高原捡拾车现场（左四为国务院扶贫办原主任范小建，左三为那曲市政府副市长母兴斌，左二为市扶贫办书记旺堆次仁，左五为自治区扶贫办扶贫处李荣，左六那曲市政协副主席、县委书记夏彦，左七为县委副书记、政府县长格桑多吉）

2月3日，西藏自治区政协副主席雷桂龙（左九）到申扎县检查指导驻村工作，那曲市政协副主席、县委书记夏彦（右七）和县政协主席拉巴次仁（左八）陪同

4月16日，西藏自治区人民检察院党组书记、检察长朱雅频（左二）到申扎县人民检察院检查指导工作，县委副书记、政府县长格桑多吉（前排右二）陪同

5 月 15 日，那曲市政协副主席、县委书记夏彦（左四）到雄梅镇检查指导扶贫工作

9 月 12 日，那曲市政协副主席、县委书记夏彦在申扎县委督导检查组买巴乡意见反馈会上讲话

11 月 29 日，县级领导在第十二届畜产品展销会上对特色产品的价格、销售等各项情况进行了解

5 月 17 日，县委副书记、政府县长格桑多吉（右三）到下过乡六村督导检查易地扶贫搬迁配套附属设施工程的质量进度等相关工作

7月20日，那曲市政协副主席、县委书记夏彦（右三）督查养殖项目建设情况

9月25日，县委副书记、政府县长格桑多吉（左四）到雄梅镇6村实地查看惠民工程

3月1日，那曲市政协副主席、县委书记夏彦（右二）深入申扎县公安局指挥中心及各窗口服务部门检查指导工作，申扎县委副书记张志周（右一）陪同

5月18日，申扎县2018年财政工作会议召开

2月14日，申扎县2017年卫生工作总结暨最美乡村医生表彰大会召开

4月14日，那曲地委巡察三组巡察申扎县扶贫办（脱贫攻坚指挥部）动员部署会召开

5月15日，申扎县2018年上半年和谐模范寺庙暨爱国守法先进僧尼表彰大会召开

9月27日，申扎县民族团结进步模范表彰大会召开

5月4日，申扎县举行2018年“五四”青年节表彰大会

8月10日，申扎县妇联改革动员部署会召开

12月5日，申扎县2018年“先进双联户”创建评选表彰大会召开

9月15日，《申扎县志（2001—2010年）》复审会议在拉萨召开

目　录

政　治

中国共产党申扎县委员会

申扎县人民代表大会

申扎县人民政府

中国人民政治协商会议申扎县委员会

申扎县妇女联合会

法 治

公 安

检 察

法 院

司法行政

消防大队

社会民生·民族宗教

民 政

人力资源和社会保障

民族宗教

经济管理与监督

发展和改革

审　计

脱贫攻坚

扶贫开发

统　计

申扎县人民医院

申扎县藏医院

疾控中心

乡镇概貌

申扎镇

雄梅镇

塔尔玛乡

下过乡

巴扎乡

买巴乡

卡　乡

马跃乡

先进名录

统计资料

特　载

深入贯彻落实中共十九大、区党委九届三次全会、市第一次党代会精神
全力推进申扎县各项工作取得新的更大成绩

——中共申扎县委员会七届五次全委（扩大）会议上的报告

（2018 年 9 月 26 日）

那曲市政协副主席、申扎县委书记　夏　彦

2018 年以来，在党中央、区党委、市委的坚强领导下，中共申扎县委高举习近平新时代中国特色社会主义思想伟大旗帜，深入贯彻落实中共十九大、全国“两会”精神，深入贯彻落实自治区第九次党代会、区党委九届三次全会、自治区党委政府那曲工作会议精神和那曲市第一次党代会精神，紧紧围绕坚决打好三大攻坚战总目标，按照区党委提出的正确处理好“十三对关系”要求，紧扣市委“12345”发展思路和县委“555”发展思路，通过召开县委七届四次全委（扩大）会议、人大政协“两会”以及经济工作会议，明确全年工作总要求和进度目标。截至年末，全县各级各部门既牢牢盯住今年目标，又统筹考虑长远发展，在关键环节和重点领域集中发力，积极有效服务经济社会发展，推进各项工作取得了实效。

——着力推进从严治党责任落实。按照新时代党的建设要求，县委全面加强党的领导，落实全面从严治党主体责任，扎实推进党的建设各项工作取得了新的成绩。一是压实主体责任。按照党章要求，县委召开 1 次县委全委会，每半年听取一次县委各部委、党组、各乡（镇）党委工作汇报，安排部署有关工作，研究解决重大问题；召开党的建设工作领导小组会议 7 次，层层签订了党建工作目标责任书，开展大型专项督导检查 4 次，压实各级党组织从严治党主体责任。二是抓好理论引领。今年，在理论中心组学习内容中加入《共产党宣言》《反杜林论》等马克思主义经典原著内容，并以常委（扩大）会议、“两学一做”、党的政治规矩和政治纪律集中教育活动为抓手，持续开展习近平新时代中国特色社会主义思想和十九大精神学习贯彻，共开展中心组学习 9 次，常委（扩大）会议学习 23 次，马克思主义经典原著学习 9 篇，不断强化理论武装。同时，在全县开展习近平新时代中国特色社会主义思想和中共十九大应知应会测试。三是健全完善基层组织。根据工作需要，对全县党支部进行重新划分，明确各乡（镇）完小党支部关系隶属教育系统党总支，党建工作由教育系统党总支统一领导和指导，理顺工作关系；组织 236 名党组织书记和党员开展 2 期扶贫、财政业务培训；成立

"两新"工委，加强"两新"组织党建工作。2018年计划新建村级组织活动场所20个，已开工建设16个。四是规范党员干部管理。严格执行《那曲市机关单位干部职工请销假规定》，组派干部前往安多县取经学习，引进并推广"钉钉"请销假管理软件系统，使干部管理更加信息化、便捷化、规范化；各乡（镇）、县直单位干部职工坚持每天做早操，有效解决上班拖拉懒散迟到的问题，更加提振干部精气神；坚持严管和厚爱相结合，严肃处理未履行请销假手续、逾期未归、脱岗、睡岗人员共21人，其中通报20人，降职1人。扎实推进"主题党日"活动，组织开展主题党日活动800余次，初步形成常态化制度化党建品牌。五是充实基层干部力量。严格按照干部选拔任用程序，完成84名干部的调整，加强基层领导班子和干部队伍建设；加强大学生村官、第一书记、驻村工作培养和管理力度，充实大学生村官4名，配齐配强62个行政村党支部第一书记，选配6名正科级干部加强到驻村工作队中，每月驻村开展工作不少于7天，以点到面，全面提升强基工作水平。

——着力推进脱贫攻坚取得实效。一年来，县委坚持以脱贫攻坚统揽经济社会发展全局，狠抓"五个一批""六个精准"措施落实，突出产业扶贫和转移就业，推进脱贫攻坚取得实实在在的成效。一是思想重视方面，申扎县在2019年要实现脱贫摘帽，这是一场硬仗。今年以来，本着集中力量办大事的原则，主要精力财力人力物力都涌向精准扶贫、精准脱贫，形成逢会必讲扶贫、凡事必谈扶贫的格局，通过脱贫攻坚2次研讨会、5次领导小组会议、12次指挥部会议，对脱贫攻坚工作进行安排部署。同时，建立脱贫攻坚"5+2+9"组织体系，进一步压实责任，传导压力。调整充实县脱贫指挥部副指挥长，抽调工作责任心强、敢于担当负责的干部脱产到脱贫攻坚指挥部办公室和各职能组，县层面专职（脱产）人员达到26人；县政府落实200万元专项经费基础上，每年再安排30万元作为补充，为脱贫攻坚提供基础保障。二是发展产业方面，借脱贫之势、育本县产业，组建色林错扶贫开发公司和旗下牧业开发、惠民劳务公司发挥积极作用，全县实施产业项目24个，总投资2.78亿元，其中完工11个。"万千工程"全力推进，依托县牧场优势平台，着力打造牧业产业园，万亩种草基地已完成建设；肉（奶）牛养殖基地完成主体工程，育肥近500头牛和6000只羊，对接那曲市天牧公司，出栏有望突破千头（只）。"一乡一社""一村一合"全部完成组建、全面开工。实施"短平快"项目8个，完成3个，有序推进5个，完成投资2001.7万元，到位资金投资完成率52.98%。色林错公司与西藏安达实业合作开发了石材加工等项目呈现良好前景。扶贫小商品房总投资1.19亿元，到位7178.66万元，完成工程量44.2%。2017年以来，中信集团援助5000万元实施5个项目；中信那曲大酒店更名为"格拉丹东羌塘大酒店"，20年经营权已无偿转让给县城投公司，助力脱贫攻坚。县政府盘活资金5000余万元，由县城投开发建设扶贫商务中心，全部收入用于脱贫攻坚事业。三是易地搬迁方面，全县计划易地扶贫搬迁958户，通过实行"五级主体责任制"，投入专项资金聘请监理，带领全部搬迁户参与房屋建设，已完成587户搬迁入住，羊八井康复理疗搬迁4户，2018年，复工187户和新建184户，年内完工入住。同时，对集中搬迁点同步规划"十项提升工程"等公共基础配套设施和经济实体房等项目，确保群众稳得住、真脱贫。四是转移就业方面，共开展11期273人涵盖驾驶、建筑施工等多个领域的技能培训。强化岗位对接，累计完成转移就业2126人，其中培训后转移就业153人，实现收入1146.25万元。筛查可流动劳动力1944个，就业1524人，实行乡（镇）干部"零距离"服务管理。五是兜底保障方面，全面落实考入高等院校牧民子女学费、生活费和高中生路费。兑现2772人低保金103.3万元，实现民政低保与扶贫标准“两线合一”。实行“三个一批”医疗兜底救助政策，设立50万元医疗救助基金，实现建档立卡贫困户医疗费用零支付目标。

此外，还专门拿出48.8万元资金，对2017年脱贫攻坚工作中涌现出的先进乡（镇）、致富带头人、脱贫户、工作者进行表彰奖励，并结合“四讲四爱”的活动深入宣传脱贫攻坚各项政策，取得良好的效果；开展扶贫领域作风问题专项治理工作，强化监督执纪问责力度，并通过加强督导整改，实行“三清单”（问题、措施、整改）制度和销号管理，确保各项措施落到实处。

——着力推进经济平稳健康运行。一是经济发展态势良好。2018年上半年，预计生产总值完成22539.95万元，同比增长3.25%。其中，第一产业预计完成3047.72万元，同比增长3.24%；第二产业预计完成4504.99万元，同比增长9.04%；第三产业预计完成14987.24万元，同比增长1.63%；农牧民人均可支配收入预计完成4177.37元，同比增长9.24%。全县税收收入367.92万元，同比增长61%。二是招商引资工作积极推进。2018年全县招商引资目标任务1.2亿，年内完成1.28亿元，落地项目4个。完成申扎县30兆瓦光伏电站、液化气站、矿泉水开发项目、中信酒店升级改造项目、商务中心运营管理公司等5个意向项目招商引进工作。办理那曲市黄金宾馆升级改造项目前置手续。扶贫商务中心已招商成功，租金年收益可达280万元。完成那仓部落文化旅游公共服务设施建设项目、特色小城镇旅游公共服务设施建设两个1000万项目申报工作。三是项目建设稳步推进。坚持抓项目就是抓经济的理念，截至9月，全县项目开复工64项（不含援藏项目），总投资14.07亿元，已完成投资6.7亿元（其中，复工项目11项，总投资3.05亿元，新开工项目53项，总投资11.02亿元）。为支持民生改善，整合两年中信集团援助资金5000万元，实施县藏医院整体搬迁工程，完成主体工程的80%。四是牧业生产提质保量。全县上下始终把牧业工作作为重点基础工程来抓，以牧业增效、牧民增收为抓手，切实加大工作力度，推进产业发展实现稳步向前推进。深入开展接羔育幼、牲畜疫病巡医诊治工作，免疫注射率达到98%，加大羔宫、暖棚等牧业基础设施建设力度，提高牲畜抗寒能力，控制大畜死亡率和提高幼畜成活率，从今年开始全县62个行政村覆盖动物防疫栏项目，实施高寒牲畜棚圈74座和市财政配套的高标准高寒棚圈复工119座。新培育发展申扎镇8村、买巴乡5村等专合组织并指导开展成立登记和注册等工作。深入推进农村集体资产清产核资，预计10月之前完成核资和电子信息录入工作。

——着力推进生态文明建设进程。始终坚持环保优先，保护与开发并重的原则，紧紧围绕“美丽申扎、生态申扎、和谐申扎”目标，促进环境与经济、社会协调发展。一是铁腕整治，有序推进。盯住环保整改任务，成立县委主要领导亲自挂帅的整改工作领导小组，下设四个职能组。以严格把关为己任，落实国家产业政策，从源头上控制新污染源产生；以严格执法为手段，切实做好垃圾、污水、废水排放，推进河长制、加大环保宣传、落实生态岗位、强化环保督查。责任部门单位不间断专项检查51次，下发整改通知书30期，逐项分解、跟踪督查；全县18项环境保护整改工作中，15项完成整改，3项全力整改中。二是部门联动，协作推进。县委专题研究部署生态环境保护1次、党委（党组）理论中心组专项学习4次、生态环境保护推进会议15次、网信申扎宣传报道25条。明确责任主体，层层签订大气、水、土壤污染防治目标责任书，切实做到认识上提升层次、责任上提升境界、工作上提升水平、整改上提升质量。加强对新、扩、改建项目的环境管理，严把项目审批关，审批建设项目环评文件 102 份，县级环评执行率 100%。三是共创共建，建章立制。积极申报自治区级生态乡 2 个、生态村 21 个。投入 33 万元聘请第三方开展监测工作。坚持每周五大扫除制度，干部群众广泛参与，起到良好的带动作用。全县 42 名野保员、64 名湿地监管员、508 名湿地管护员各司其职。四是强力推进河（湖）长制。扎实推进水生态建设，全面落实河（湖）长制工作，委托中水数易公司编制全县河（湖）长制“一河（湖）一册一档案”，完善县、乡、村三级《全面推行“河长制”管理工作方案》和“八项制度”，完成 22 条河流公示牌制作。

——着力推进社会局势和谐稳定。紧紧围绕各级关于维护稳定的决策部署，突出重点、强化治理，社会局势实现持续和谐稳定。一是强化重要节点维稳防控。发挥群防群治队伍作用，在“三大节日（元旦、春节、藏历新年）”和重点敏感时段，始终坚持每日维稳碰头会，常态下坚持周一维稳通气会议制度，以 8 个乡（镇）和县城四个片区为重点，采取“显隐结合、警便结合、车步结合”的方式，严管严控。加强僧尼教育管理，实现累计 1599 名群众参与的 12 场宗教活动秩序井然。加强道路交通安全管理，按照属地管理，实行“路长制”，进一步强化责任落实。二是深入推进依法治县进程。组织开展法制宣传教育活动共 87 场，1.22 万人次受教育。以“扫黑除恶、打非治乱”为契机，严厉打击各类违法犯罪行为。开展文化市场清理整顿和“扫黄打非”专项工作 88 次，与毗邻的 5 个县签订《平安边界目标责任书》。三是多项措施落实综治工作。层层签订目标管理责任书，全县共组建联户单位 640 个，实现全覆盖、全民参与的目标。进一步健全矛盾纠纷排查调处工作机制，排查各类矛盾纠纷 39 起，已调处 39 起，调解成功率达 100%，未发生群体性事件和集体上访事件。四是发挥宣传导向作用。借助传统宣传方式和新兴媒体宣传模式，以民族传统节日、“3 · 28”、“民族团结月”为契机，县委、县政府综合统筹，县、乡（镇）、村三级联调联动开展宣传，受教育人数 1.4 万余人；全县 11 所学校邀请法制副校长每月开展一次入校法制宣传，切实做到从娃娃抓起，从正规的教育渠道抓起；在全县寺庙中开展“送温暖、献真情”“四讲四爱”“遵行四条标准、争做先进僧尼”以及“爱、讲、树”系列主题教育实践活动等，出台宗教标志物清理规范性文件。五是发挥服务保障作用。健全少数民族流动人口数据库，对存在问题进行分析研判，跟踪服务管理，做到全覆盖、无盲区；将民族流动人口纳入村居委会流动人口服务管理，动员协调参与社会活动。六是发挥机制保障作用。将党的民族宗教政策、各级民族工作会议精神学习纳入各级党委（党组）理论中心组学习内容，开展“两个共同”“三个离不开”“五个认同”等民族政策及法律法规学习和宣传。完善目标责任考核机制，将民族团结工作与全县党的建设、经济建设、精神文明建设同安排、同部署、同考核。完善激励表彰机制，县委每年对在民族团结进步创建活动中，表现特别突出的模范单位和模范个人进行表彰。建立融情结对联系机制，在县机关单位内部广泛开展结对子“藏汉”双语学习活动。

——着力推进民主政治建设，监督力度持续增强。县人大行使职权依法监督各类物资采购 13 次，涉及资金 250 余万元。充分发挥人大代表权利，向自治区提交建议案 8 件、那曲市建议案 10 件，县议案 22 件、建议案 142 件。建立健全民主协商制度体系，县政协依据章程对各行业部门贯彻落实国家大政方针政策监督力度进一步强化，充分发挥县政协委员主体作用，提交自治区级提案 4 件、那曲市级 9 件、县级 31 件。深入推进司法体制改革，法院共受理案 21 件，结案 17 件，4

件审理中，结案率达81%，诉前成功调解31件；人民检察院受理审查起诉4件6人，依法提请公诉3件4人。不断巩固和发展爱国战线，召开2018年上半年和谐模范寺庙暨爱国守法先进僧尼表彰大会，对4座和谐模范寺庙、1个先进寺管会、37名爱国守法先进僧尼、2名优秀驻寺干部进行表彰，共发放表彰资金47000元。扎实推进党外人士各项工作，深入全县8个乡（镇）对65名寺庙僧尼、25名驻寺干部、党外爱国人士开展“三大节日（元旦、春节、藏历新年）”慰问活动。着力开展非公有制经济各项工作，不断鼓励、支持和引导非公有制经济健康发展。积极开展国防教育，充分发挥人民武装、民兵连在维护社会稳定中的作用；消防部门牵头，对人员密集场所、易燃易爆、宗教活动场所等进行全面的安全隐患排查。在值班备勤、处突演练等工作中，武警中队全体官兵率先垂范，听党指挥，以高度的政治责任感和使命感顺利完成了各项工作任务。金融体制改革、税务体制改革等向前推进。邮政通乡率、电信、移动通信率得到大幅提高。

在看到成绩的同时，也要清醒地看到前进路上面临的困难和挑战，比如：维稳形势依然严峻复杂，达赖集团的渗透破坏仍然是阻碍发展的最大干扰，影响稳定的深层次问题尚未得到根本性解决；产业发展缓慢，转移就业针对性不强，打赢脱贫攻坚战、全面建成小康社会任务艰巨；社会事业总体滞后，城市规划与建设，民生改善，公共服务等领域还有不少短板；部分干部士气低落，一些党员干部不作为、慢作为、乱作为和形式主义、官僚主义等“四风”问题还不同程度存在，党风廉政主体责任和监督责任落实力度不够等等。我们必须保持清醒头脑，强化底线思维，增强忧患意识，不惧艰难、敢于担当、不断夺取新的更大胜利，全力推进各项工作迈上新台阶。

下面，我就深入贯彻落实党中央、区党委、市委一系列重大决策部署，特别是贯彻落实市第一次党代会精神，讲几点意见。

一、认真学习领会那曲市第一次党代会精神，以此作为推动工作的根本遵循和行动指南

根据《中国共产党地方委员会工作条例》相关规定，2016年8月31日，区党委八届九次全委会审议通过《关于同意撤销那曲地区设立地级那曲市的建议的决定（草案）》。2017年7月18日，国务院下发《关于同意西藏自治区撤销那曲地区设立地级那曲市的批复》，正式批复那曲地区撤地设市。2018年4月27—29日，召开中国共产党那曲市第一次代表大会，标志着中共那曲市委正式成立，这对那曲来说具有里程碑式的意义。会上，松吉扎西作题为《高举习近平新时代中国特色社会主义思想伟大旗帜、立足新起点、把握新机遇、为决胜全面建成小康社会、推进那曲长足发展和长治久安而努力奋斗》的报告，明确大会的主题，回顾总结过去五年取得的工作成绩，提出“12345”工作思路，也就是紧紧围绕“一个目标”（实现决胜全面建成小康社会、加快建设社会主义现代化那曲这一宏伟目标）、筑牢“两个基石”（筑牢加强民族团结、维护社会稳定和建设国家生态安全屏障的基石）、打好“三大攻坚战”落实“三大责任”（坚决打好防范化解重大风险、精准脱贫、污染防治攻坚战；全面落实党的建设、党风廉政建设、意识形态领域主体责任）、实施“四大战略”［大力实施改革强市、乡（镇）振兴、依法治市、产业兴市战略］、推进“五大工程”（全力推进思想解放创新、基础设施建设、公共服务提升、招商引资促进、党的建设全面加强工程）。明确今后五年的奋斗目标，也就是生产总值年均递增15%；社会固定资产投资年均递增25%；一般公共预算收入年均递增15%；城乡居民人均可支配收入年均分别增长10%和13%，经济社会发展主要指标达到或接近全区平均水平。松吉扎西从“七个全力推进”对下步工作进行安排部署，提出具体工作要求。松吉扎西书记的讲话政治站位高、总结成绩客观真实、分析问题深刻透彻、目标任务明确、部署工作详细全面，是我们做好下步工作的根本遵循和行动指南。全县各级各部门要认真学习掌握会议精神实质，切实用会议精神指导实践、推动工作。要抓好学习。要通过理论中心组、专题贯彻会议、“三会一课”等形式，深入学习市第一次党代会精神，特别是各县级领导干部、单位负责同志要先学一步、学深一层，在学习贯彻上起到榜样作用，确保学出忠诚、学出干净、学出担当、学出廉洁、学出本领。要加强宣传。要把宣传市第一次党代会精神宣传融入“四讲四爱”群众教育活动中，向群众宣传今后五年的目标任务、工作举措，激发群众脱贫攻坚内生动力，凝聚决胜全面建成小康社会的强大正能量。要通过LED、广播电视、微信公众平台，广泛宣传会议精神，在全县上下营造浓厚的学习贯彻氛围。要贯彻落实。各级各部门要以更加务实的作风、更加有力的举措、更加饱满的状态，对标市第一次党代会各项目标任务，结合自身工作实际，不折不扣抓好会议精神贯彻落实，确保会议精神在全县落地生根、开花结果。

二、以那曲市第一次党代会精神为指导，狠抓五大责任落实，确保2018年各项重点工作圆满收官

我们要以那曲市第一次党代会精神为指导，狠抓维护社会稳定、脱贫攻坚、民生改善、生态环保、传导压力这五大责任落实，各级领导和干部职工要撸起袖子、加快步伐、持续奋斗，以全县上下大干100天的劲头，奋力推进2018年各项工作扎实有序开展，确保取得实效、圆满收官。

（一）狠抓维稳第一责任落实，为经济发展民生改善赢取时间、奠定基础

习近平总书记指出，“西藏工作的着眼点和落脚点必须放到维护祖国统一、加强民族团结上来，核心是做好反分裂工作、维护国家安全”，我们要把深入开展针对达赖集团的斗争作为硬任务，抓重点、抓关键、抓薄弱环节，确保社会大局持续稳定、长期稳定、全面稳定。一是深入开展反分裂斗争。全县上下要坚决贯彻中央对达赖集团的斗争方针，牢固树立“稳定压倒一切”和“一盘棋”思想，始终把维护稳定作为硬任务和第一责任，坚持抓好社会面稳控、矛盾纠纷排查、反分裂斗争等工作，下好先手棋、打好主动仗，牢牢掌握斗争主动权。深入开展反分裂教育，揭批十四世达赖政治上的反动性、宗教上的虚伪性、手段上的欺骗性，教育引导各族干部群众自觉与十四达赖和达赖集团划清界限，坚定政治立场，统一思想行动，为全县经济社会发展营造良好环境。二是扎实推进平安申扎建设。各级各部门要把专项治理和系统治理、综合治理、依法治理、源头治理结合起来，进一步提升治理能力。要完善乡村治理体系，充分利用驻村驻寺工作队、“先进双联户”创建等健全基层综合服务平台，努力打造共建共治共享的乡村治理新格局。要加强社会防控体系建设，全面落实重点行业、重点领域和重大事项社会稳定风险评估制度，实施群防群治，健全联防联控机制，加强信息网络管理，不断推动社会治理由“要我稳定”向“我要稳定”转变。要加大矛盾纠纷排查调处力度，把矛盾纠纷排查调处作为维护社会稳定的有效载体，通过建立工作台账、领导包案调处、重点问题挂牌督办等方式，着力解决好群众关心的热点矛盾和问题，对排查出的纠纷按照逐件进行梳理建立台账，仔细研究，妥善解决，把各类不稳定因素消化在萌芽状态。要强化法制宣传教育，扎实开展普法宣传，教育广大群众增强法制观念，树立法律意识，做到知法、懂法、尊法、守法，从源头上预防和减少社会矛盾。要深入开展扫黑除恶打非治乱专项斗争，政法委要牵头，组织公、检、法、司等部门对黑恶势力犯罪案件线索进行会商，公安局要承担专项斗争具体主导部门和“主力军”的责任，实现打早打小和累积打击，及时全面掌握涉黑恶非乱线索、案件和人员。纪委监委要落实好专项斗争中的监督执纪问责，确保全县扫黑除恶打非治乱专项斗争取得实效，让全县各族人民有更多的安全感。三是依法做好宗教工作。要坚持党的宗教工作基本方针，深刻认识宗教的长期性、群众性、民族性、国际性、复杂性，着力在“导”上下功夫。要加强宗教事务管理，加强驻寺干部队伍建设，发挥好驻寺干部优势作用，做好防渗透各项工作，确保寺庙管理权牢牢掌握在党和政府的手中。要强化分级负责、属地管理责任，完善寺庙公共服务，建立宗教工作领导干部考核评价体系，严格宗教活动审批，严守“三个不增加”底线和宗教活动“三项要求”，坚决防止宗教热和宗教极端。要扎实做好教育引导，用社会主义核心价值观引领和教育宗教界人士和信教群众。要深化落实关心关爱僧尼的政策措施，把寺庙“9+X”工作进一步加强，改善寺庙基础设施建设，为僧尼创造良好的修行环境，让僧尼和信教群众切身感受到党和政府的关心关怀，确保宗教和睦、佛事和顺、寺庙和谐。四是不断加强民族团结。全县各族干部群众要牢固树立“三个离不开”思想，牢牢把握各民族共同团结奋斗、共同繁荣发展主题，不断巩固发展平等团结互助和谐的社会主义民族关系。要广泛开展民族团结宣传教育，围绕重大节庆节点，发挥爱国主义教育基地作用，充分利用传统媒体和新媒体，针对不同受众开展“滴灌式”教育；要开展民族团结宣传教育“进校园”工作活动，把民族团结融入到校园文化建设中，做到民族团结从娃娃抓起、从幼儿园抓起，让民族团结深深烙印在每个孩子心里。要深入推进藏汉双语互学活动，营造各族群众共居、共学、共事、共乐的浓厚氛围。五是持续狠抓安全生产。要加强道路交通管治，公安局和交通局针对辖区内道路交通安全形势进行分析研判，不断深化工作方式方法，对事故多发路段、施工路段、桥梁等重点地段的警示标志、反光锥筒设置情况进行全面排查，严肃查处无牌无证、超速超载、酒后驾车、违规载人及车辆乱停乱放等现象，扎实有序开展道路交通事故预防工作，建立健全完善“路长”责任制，全面落实道路交通安全责任制，确保道路交通安全防范责任落到实处。要加强食品药品安全监管，药监局要定期或不定期组织相关单位对食品药品进行拉网式排查，夯实食品药品安全工作责任，重拳打击食品药品安全犯罪，严肃查处食品药品违规违纪现象，大力开展食品药品安全知识宣传活动，增强消费者食品药品安全意识和自我保护意识，确保全县食品药品安全。要加强校园周边安全隐患排查，安监局和教体局牵头，组织相关单位开展校园周边安全隐患大排查工作，进一步加强校园安全防范，切实维护校园及周边社会治安秩序，切实保障师生生命财产安全，促进校园平安和谐。安监局牵头，组织相关单位对危爆物品、工地、矿山等领域隐患进行排查，及时消除隐患，确保安全稳定。

（二）狠抓脱贫攻坚第一工程，决胜全面建设小康申扎，确保打赢脱贫攻坚战

全面贯彻落实党中央、区党委、市委一系列决策部署，强化“五级书记”抓脱贫攻坚的责任制，大力实施“4+6”脱贫措施，有步骤、分阶段实施好“五个一批”工程，依托“一乡一社”“一村一合”等脱贫产业和转移就业，今年实现 232 户 922 人脱贫，7 个贫困村整体退出，2019 年实现全县脱贫摘帽，确保到 2020 年全县所有贫困人口如期脱贫、贫困村如期退出，决不让一个贫困群众在小康路上掉队。一是加强教育引导，把扶贫同扶志扶智相结合，教育引导群众从“要我脱贫”向“我要脱贫”转变，鼓励他们一定通过自己的双手勤劳致富，早日脱贫。二是做大做强特色产业，处理好投入与产出的关系，促进牧业转型升级和牧民不断增收，依托牧业主导产业，同步兼顾其他产业发展，让贫困群众不离家不离土就能产业发展，实现脱贫致富。三是抓好易地搬迁脱贫，要大力推进今年371户复工和新建易地搬迁各项工作，提升进度，确保如期建成入住，积极妥善推进易地扶贫搬迁，确保贫困群众通过易地搬迁实现脱贫。四是加强转移就业工作，发挥好劳务公司作用，加强对富余劳动力培训的普惠性和针对性，加强“劳动光荣、勤劳致富”宣传教育，引导群众自觉参与转移就业，确保贫困群众有尊严地脱贫。五是落实责任推动脱贫，严格执行各乡（镇）书记、乡（镇）长不脱贫不调离的要求，建立乡（镇）干部、驻村工作队、村居干部脱贫攻坚考核评价体系，形成推动脱贫攻坚激励与约束相结合的长效机制。六是严格考评验收办法，脱贫攻坚指挥部要严格执行考核验收规定，脱贫成效让社会来监督、让当地群众来评价，确保脱贫攻坚经得起历史和人民的检验。

（三）狠抓民生改善第一要务，坚持以人民为中心的思想，不断为群众谋福祉

大力实施乡村振兴战略，促进城乡全面发展。加快完善饮用水系统工程建设，加快实施自来水工程，确保城乡居民饮用水便捷、安全、舒心。加强供电工程建设提升。尽快建成覆盖乡（镇）、村（居）的国家电网格局，确保国家电网乡乡通、村村通。加强通乡通村公路建设，加快巴扎乡、下过乡、卡乡公路修建进度，解决好“最后一公里”问题，建成覆盖全县8个乡（镇）的公路网格。加快通信网络基础设施建设。建成移动、联通、电信全覆盖的网络格局，着力解决乡（镇）通信不便、信号差的问题。加大牧业产业研发，助推牧业整体协调高效发展。利用传统藏医药优势，加大藏医药研发工作。大力发展教育事业，落实好教育发展方针政策，巩固好义务教育均衡发展成果，不断提高办学水平。加强未就业大学生、高中生职业技能培训，不断提高就业率。不断加强师德师风建设和培训力度，为办好人民满意的教育提供人才支撑和保障。继续探索“6+1+3”寄宿制办学模式，着力实施好下过乡2村村级幼儿园建设。继续落实好教育“三包”政策、“两金”补助，奋力保障贫困家庭学生就学。大力推进文化事业发展，结合申扎实际，充分挖掘那仓文化等申扎文化资源，鼓励县民间艺术团及个人创作具有申扎特色的文艺作品。大力推进卫生事业发展，深入贯彻落实好各级卫生与健康大会精神，为广大群众提供全方位全周期的健康服务。落实好高海拔地区乡（镇）卫生院专业技术人员特殊岗位奖励补助政策，探索实施将落榜高中生通过职业教育，定向培养成为村医的乡村医务人员培养计划，解决偏远牧区医务人员紧缺问题。进一步健全完善社会保障体系，织牢基础保健、计划免疫不出村，小病不出乡，常规手术治疗不出县医疗保障网络格局。深入强化全县城乡居民医疗养老保险全覆盖社保工作，提高大病保险额度，健全贫困户、残障人士免费就医保障制度机制。

（四）狠抓生态环保第一根本，坚持生态环境保护优先理念，筑牢生态安全屏障

各级各部门要牢固树立社会主义生态文明观，增强生态文明思想生动实践的自觉性和责任感，牢牢把握绿水青山就是金山银山，冰天雪地也是金山银山的发展理念，像对待生命一样对待生态环境，以对人民群众、对子孙后代高度负责的态度，切实保护好申扎自然生态，打好污染防治攻坚战，筑牢国家生态安全屏障。积极完善各类环境保护制度举措，不断创新生态环保方式方法，严格压实环保工作责任。处理好富民利民与保护生态的关系，加大生态环保宣传力度，落实好生态补偿机制和草原生态补助奖励政策，让群众得到实惠。大力实施“去煤化”工程，持续实施大气污染防治行动，坚决打赢蓝天保卫战。要全面推进“河长制”“湖长制”，加快水污染防治。坚持“党政同责、一岗双责”，以环保制度机制改革、严格项目环评、强化督查检查等方式，严格落实环境保护“一岗双责”和“一票否决”制度，严禁“三高”项目进入申扎。全面实施环境保护考核，实行生态环境损害终身追究制度，对破坏生态环境的行为发现一起、查处一起。纪委要加大对环保领域的问责力度，倒逼责任落实，努力实现经济社会发展和生态环境保护协调共进。

（五）狠抓传导压力第一关键，坚持落实各级组织主体责任，筑牢党的执政根基

一是坚定不移加强党的建设。习近平总书记指出，“加强和改进党的建设是做好西藏工作的根本保证”。我们要按照新时代党的建设总要求，全面从严治党，用实际行动践行对以习近平同志为核心党中央的坚决拥护和绝对忠诚。要加强思想建设。加强理想信念教育，坚定理想信念，自觉用党的最新理论成果、习近平新时代中国特色社会主义思想武装头脑，解决好世界观、人生观、价值观、民族观、宗教观这个“总开关”问题。继续深入开展“不忘初心、牢记使命”主题教育，推动“两学一做”学习教育常态化制度化，使“四讲四有”合格党员标准内化于心、外化于行。要加强干部队伍建设。坚持党管干部原则，把好干部标准落到实处，认真贯彻落实干部任用条例，选优配强各级领导班子，努力建设一支忠诚干净担当的干部队伍。统筹做好培养选拔女干部、少数民族干部、长期在藏的汉族干部，大胆培养使用长期在基层的汉族干部。严格按照“三个区分开来”的要求，处理好鼓励干部担当干事和容错纠错的关系，为敢于担当的人担当，为敢于负责的人负责。大力培养急需紧缺人才和专业技术人才，用好现有人才，创造良好的环境留住人才。要加强组织建设。加快推进村级组织活动场所标准化建设力度，加大基层党员教育培训，切实把基层党组织建设成宣传党的主张、贯彻党的决定、领导基层治理、团结动员群众、推动改革发展、反对分裂、脱贫攻坚的坚强战斗堡垒。坚持“三会一课”制度，继续抓好党支部规范化建设，把基层党建摆在重中之重，坚持抓党建与乡村振兴、脱贫攻坚、维护稳定、民族团结等重点工作紧密结合，充分发挥党员先锋模范作用。二是坚定不移狠抓党风廉政建设。要把党风廉政建设和反腐败斗争作为长期的重大政治任务，持之以恒、常抓不懈。各级党委（党组）要切实履行好主体责任和纪委监督责任，把握运用监督执纪“四种形态”，坚持警示在先、教育在先、预防在先，对干部存在的苗头性、倾向性问题，通过提醒谈话、组织约谈等方式及早提醒纠正，防止小错酿成大错。完善党委巡察制度，建立巡察上下联动的监督网，加大整治群众身边腐败问题的力度。要加强制度建设，强化不敢腐的震慑，扎牢不能腐的笼子，增强不想腐的自觉，努力营造风清气正的政治生态。要继续开展作风建设，坚决反对和纠正“四风”，严查不落实的人和事。要充分发扬“老西藏精神”“那曲精神”，以担当作为看干部，以优良作风管干部，以落实责任提干部，树立鲜明的导向，杜绝少数干部钻高海拔地区提前退休，在岗位上熬日子、混日子的现象。三是坚定不移维护意识形态领域安全。进一步建立健全各级党委（党组）主要领导是意识形态工作第一责任人，班子其他成员分工负责的“一岗双责”工作体制，把意识形态工作纳入党建工作责任制，纳入领导班子、领导干部目标管理，纳入巡察范畴，确保各级党委（党组）对抓意识形态工作的重视度，保障对意识形态阵地管理各项工作措施落地落实。严格落实意识形态工作主体责任，旗帜鲜明支持正确思想言论，旗帜鲜明抵制各种错误思潮。加大文化市场综合执法力度，构建健康有序、清洁文明的网络舆情空间，推动互联网这个“最大变量”释放“最大能量”。

三、以机构改革为契机，强化领导压实责任，为顺利推进各项工作提供坚实保障

一分部署、九分落实。要进一步压实工作责任，狠抓工作作风建设，加大督导检查力度，以高标准、硬作风、严要求，着力推进各项工作有力落实。

（一）压实工作责任。各级党组织要提高政治站位，突出主体责任，层层抓好落实。一是加强领导。各级各部门主要负责人是各项工作的第一责任人、第一实践人、第一推动人，对重大工作要亲自参加、亲自接洽、亲自推动，对存在的困难和问题要及时研究解决，绝不拖延。二是形成合力。各级各部门要加强沟通衔接，协调配合，对上级的重要会议精神和重大决策部署，要及时组织学习，以钉钉子的精神狠抓工作的贯彻落实，保证各项工作扎实有效推进。三是强化担当。落实全面从严治党，层层压实主体责任，要将各项工作逐一明确任务，层层进行分解，制定责任清单，确保压实责任，层层传导压力，真正把各项工作责任扛在肩上、抓在手上，落实在行动上。县纪委监委要强化监督执纪问责，督促党委（党组）切实担负起主体责任，对重视程度不够，工作推动无力、走过场等问题，要严肃问责并通报。

（二）狠抓作风建设。作风建设永远在路上。要坚决贯彻落实中央八项规定实施细则和区党委实施办法，紧盯“四风”问题新形式新动向，着力整治不作为、慢作为、乱作为和形式主义、官僚主义等问题，坚决防止不良作风反弹回潮，严查不落实、慢落实的人和事。巩固深化党的群众路线教育实践活动、“三严三实”专题教育、“两学一做”学习教育成果，持续开展“转作风、鼓士气、抓落实”专题教育，引导党员干部主动作为、主动担当。要大兴调查研究之风，将每年的8月中旬定为“调研旬”，各级领导干部要带头扑下身子、沉到一线，坚持问题导向和需求导向，贴近群众、贴近实践，深入开展调查研究，切实把问题搞透、把思路找准、把措施想实，为县委、县府更好地做出决策部署提供科学依据。要完善党员干部直接联系服务群众制度，深化干部驻村驻寺和村（居）党支部第一书记选派工作。要加强纪律教育，强化纪律执行，以“党的政治纪律和政治规矩”集中学习教育为契机，教育党员干部守住“底线”，远离“红线”，不碰“高压线”，不因高寒缺氧而放松对党员干部的纪律要求，不因条件艰苦而对党员干部的小问题小毛病网开一面，不因维稳任务重而减轻正风肃纪的力度。大力推进党员干部家庭、家风、家规建设，以良好党风带政风促民风。

（三）深化督导检查。要加大督导检查力度，把督导作为防范问题、发现问题、堵塞漏洞的关键举措，作为推动落细落小落实工作的有力抓手，狠抓督导检查，确保各项工作顺利开展、扎实推进、真见实效。一是督导检查要具体化。县委办、政府办充分发挥两办督查作用，认真落实县委“大督查”机制，始终坚持严格的标准，严格的纪律，紧盯现实问题和薄弱环节，采取定期检查与随机检查、深入检查与电话检查相结合的方式方法，对各项重大决策落实情况进行全面细致地督导检查，真正做到以检查传导压力，以压力激发动力，以动力推动落实。二是督导检查要常态化。各级督导组要切实发挥好指示灯的作用，定期与不定期地对各项工作落实情况进行认真督导，及时纠正，帮助改进，使督导工作真正成为定措施、纠问题、促提升的过程，真正发挥“定音锤”作用。三是督导检查要严肃化。各级党委（党组）要按照分级实施、分工负责的工作原则，抓好各项工作的贯彻落实。县委办、政府办要跟踪督导，对高度重视、认真负责、成效显著的单位和个人，要广泛宣传，切实传递正能量；对应付了事、弄虚作假的单位和个人，要及时反馈县委、县政府，要严肃问责，从严处理。

宏图伟业、落实为要，空谈误国、实干兴邦，“知者行之始，行者知之成”，让我们更加紧密地团结在以习近平同志为核心的党中央周围，高举习近平新时代中国特色社会主义思想伟大旗帜，在区党委、市委的坚强领导下，不忘初心、牢记使命，敢于担当、主动作为，埋头苦干，为胜利完成2018年各项工作任务，坚决打好三大攻坚战、决胜全面建成小康社会，推进新时代申扎长足发展和长治久安，谱写中华民族伟大复兴中国梦的申扎辉煌篇章而努力奋斗！

申扎县人民代表大会常务委员会工作报告

——在申扎县第十二届人民代表大会第五次会议上

（2019年2月23日）

申扎县委副书记、县人民代表大会常务委员会主任　旦增旺久

2018年主要工作

在申扎县委的坚强领导下，在那曲市人大常委会的关心指导下，在“一府一委两院”的支持配合及各级代表的共同努力下，申扎县人大常委会始终坚持以习近平新时代中国特色社会主义思想为指导，深入贯彻落实中共十九大、十九届二中、三中全会精神，主动服从和服务于县委中心工作，切实履行好宪法和法律赋予的职责，努力提升县人大常委会工作的整体水平，充分发挥地方国家权力机关的作用，充分调动各级代表的履职积极性、主动性，积极听取和审议“一府一委两院”专项工作报告，检查法律法规实施情况，任免一批国家机关工作人员，圆满地完成申扎县第十二届人民代表大会第四次会议确定的各项任务，为全县经济建设、政治建设、文化建设、社会建设和生态文明建设做出新的贡献。

一、周密部署，彰显组织意图

2018年1月14—16日，召开了申扎县第十二届人民代表大会第三次会议。会议上选举了主席团提名的人大常委会委员3名，人大常委会副主任1名，监察委员会主任1名，自治区第十一届人民代表大会代表6名。11名被提名为候选人，经过全体参会代表的投票选举均以高票当选，无一人落选，选举成功率达到100%，选举程序规范、合法有效。

2018年4月23—25日，召开申扎县第十二届人民代表大会第四次会议。大会审议通过《县人民政府工作报告》《县人大常委会工作报告》《县人民法院工作报告》《县人民检察院工作报告》；审查通过《申扎县2017年国民经济和社会发展计划执行情况报告及2018年国民经济和社会发展计划草案报告》《申扎县2017年财政预算执行情况报告和各单位预算调整情况报告以及2018年财政预算草案报告》。大会批准六大报告并做出审议和审查决议。大会选举出席那曲市第一届人民代表大会代表16名，有力确保上级组织的意图通过法定程序变为全县人民的共同意志和行动。

县人大常委会共召开十二届人大常委会委员会议10次，常委会主任会议14次，主要研究确定人大常委会会议和县乡人民代表大会的召开时间，会议议程、代表辞职、暂停代表职务、代表补选、培训及其闭会期间相关工作的安排部署。

2018年5月16—18日，八个乡（镇）分别召开第十二届人民代表大会第四次、（五次）会

议，会议审议通过乡（镇）人民政府工作报告、人民代表大会工作报告，大会选举主席团提名的人大主席2名、副乡长8名。

二、依法履职，增强工作实效

（一）依法依规履行工作监督。一是区、市、县、乡四级人大代表在各级党委和县人大常委会、乡（镇）人大主席团的指导下，结合脱贫攻坚指挥部的工作要求，充分发挥基层人大代表的参政议政作用，进一步加强对各乡（镇）扶贫惠民政策的落实情况进行监督；及时监督扶贫领域各项资金落实落地，确保专款专用，真正体现扶贫工作“六个精准”，助推全县广大牧民群众早日脱贫、奔赴小康社会。二是积极参与政府采购过程监督，累计38次，涉及资金1342.51余万元，其中验收不合格1项，涉及资金19720元；以上采购验收提出整改建议共8条；干部调动工作交接监督9次；督导检查乡（镇）人民代表大会工作、村（居）“人大代表小组”3次，12人次。

（二）依法依规履行法律监督。人大常委会把保障宪法和法律在全县依法依规实施，作为法律监督的重点，积极开展监督。2018年审议《关于在全县公民中开展法制宣传教育工作第七个五年规划》草案、《关于实施县城规划内商业用地国有土地使用权拍卖出让的方案》草案等5件，审议通过4件；听取审议（审查）专项工作报告6项，听取政府机关主要负责人工作汇报3次，视察调研3次，执法检查1次，督促落实规范性文件5起，参与法院开庭2次，2人次；参加教体局招标会1次。有力促进“一府一委两院”依法行政、依法监察、公正司法。

（三）依法依规进行人事任免。县人大常委会始终坚持“党管干部与依法任命”相结合的原则，依法行使人事任免权。2018年，县人大常委会依法任命县人大常委会委员3名，人大常委会副主任1名，县监察委员会主任1名，县（直）机关主要负责人6名，所有被任命人员在就职时公开进行宪法宣誓。依照《中华人民共和国地方各级人民代表大会和地方各级人民代表大会代表法》，依法免去2名同志申扎县十二届人大常委会委员职务、同意3名同志辞去申扎县第十二届县级人大代表职务、同意1名同志辞去自治区第十一届人大代表职务，暂停1名同志县级人大代表职务。

（四）调动代表积极献言献策。向自治区第十一届人民代表大会第一次会议提出建议8条，向那曲市第一届人民代表大会第一次会议提出建议10条，充分体现为民办实事、解难事，充分反映人民呼声、代表意愿。

（五）执法检查成效显著。根据区市人大工作规划和工作要求，结合申扎实际，利用一周的时间开展《中华人民共和国教师法》和《西藏自治区关于贯彻落实“中华人民共和国教师法”实施办法》的专项执法检查，通过检查，进一步端正全县正确的社会主义办学方向，进一步营造尊师重教的氛围，保障教师的合法权益；进一步加强教师队伍建设，规范教育教学工作；助力教育事业健康科学发展，助推全县经济社会快速发展和长治久安。参与此次执法检查达50余人次，检查中小学及幼儿园共7所。

三、改进方法，提高履职能力

一是坚决贯彻落实习近平新时代中国特色社会主义思想和治边稳藏重要论述，紧紧围绕县委关于维护稳定的各项决策部署，认真落实值班带班制度，在做好单位内保工作的同时，全力以赴做好3月敏感期、重要时段、敏感节点维稳工作。其间，人大常委会主任、副主任5名同志深入县（直）单位、各乡（镇）、村（居）、寺庙开展维稳督导检查工作，累计150余天；督导过程中发现的问题及时督促整改，有力化解各类矛盾纠纷，消除各类安全隐患；二是进一步加强和改进代表工作。注重提高代表素质，为代表发放《西藏自治区地方性法规》《代表履职问答》等学习资料，畅通代表的知政渠道；三是推动基层人大代表履职工作，组织举办各乡（镇）人大主席、人大专干履职培训会，代表认真学习《人大代表初任法律规范与履职常识》《如何提出议案及建议》等内容；四是由1名人大常委会副主任担任县脱贫攻坚指挥部副指挥长，全力协调配合指挥部开展扶贫工作。

四、立足实际，增强代表活力

（一）拓宽代表依法履职平台。在各级党委的高度重视和各级政府的大力支持下，人大及其常委会经过2年努力，因地制宜地创建9个“人大代表之家”，50个“人大代表小组”覆盖县、乡（镇）、村（居）。全县400多名四级人大代表以代表小组为基本单位，依托“人大代表之家”开展闭会期间活动，代表履职平台建设和作用发挥实现预期目标，促进人大工作职能发挥和工作提升。截至年末为止，人大机关、乡（镇）“人大代表之家”，村（居）“人大代表小组”学习培训23次，531人次；集中视察14次，327人次；专题调研2次，55人次；联系选民104次，1584人次；落实结对帮扶资金18.4368万元。

（二）丰富闭会期间代表活动。邀请10余名代表列席人大常委会等有关重要会议。视察县人民法院、县人民检察院、教体局、各学校、国土局等部门工作，保证代表更好了解民意、知情知政。组织7名代表在外地参加各类培训，全面提高人大代表的政治理论素质、履职能力和法治意识。

（三）提高议案建议办理质量。在第十二届人民代表大会第四次会议期间，代表们共提出议案和建议164条。县人大常委会经过认真研究每条建议，按照每个建议反映问题的管理权限确定具体的承办单位25家，在规定期限内已全部办理完毕，并答复代表。人大常委会高度重视加强对重点建议的督办，开展跟踪检查，代表对建议办理过程和办理结果的满意率比往年均有所上升。

五、加强学习，增强自身建设

（一）坚持正确政治方向。人大常委会牢固树立“四个意识”，始终坚定“四个自信”，坚决做到“两个维护”，以习近平新时代中国特色社会主义思想统领人大各项工作，毫不动摇地走中国特色社会主义政治发展道路、法治道路，深入学习贯彻党的十九届二中、三中全会精神和贯彻落实宪法修正案主要内容，推进人大监督、决定、任免等各项工作，保证党的决策部署在人大工作中得到全面贯彻和有效落实。

（二）党建工作扎实有效。人大工作坚持把党的政治建设摆在首位，充分发挥人大党组在人大工作中“把方向、管大局、保落实”的领导作用，坚持重要工作、重大事项向县委请示报告制度，紧紧围绕县委决策部署，科学谋划、扎实推进人大各项工作，充分发挥地方国家权力机关的作用。切实加强人大党组对人大常委会、人大支部的领导，积极组织开展各项教育、学习和活动。

（三）加强思想作风建设。人大常委会党组和人大支部坚持“两学一做”教育常态化，结合“三会一课”，落实“主题党日”活动制度，积极履行党风廉政建设主体责任和监督责任，认真学习贯彻执行《中国共产党章程》《关于新形势下党内政治生活的若干准则》《中国共产党党内监督条例》《中国共产党纪律处分条例》《习近平关于严明党的政治纪律和政治规矩论述》，严格落实中央“八项规定”及其实施细则，积极配合县委巡察组的专项巡察，狠抓整改落实，全面推进人大常委会和人大机关思想、组织、作风和能力建设。据统计，2018年人大常委会组成人员、人大代表、人大工作人员赴拉萨、那曲市、四川等参加人大业务培训，参训7人，培训天数共达49天，集中学习12次，46人次。

人大常委会在过去一年取得的工作成绩，是

在县委正确领导和那曲市人大常委会的关心指导下，各位人大代表、常委会组成人员、人大工作人员兢兢业业、履职尽责、扎实工作的结果，是县“一府一委两院”、乡（镇）各级人大密切配合、团结协作的结果，是全县广大干部群众、社会各界充分信任、大力支持的结果。同时，我们也要清醒地认识到，人大常委会当前的工作与形势的发展、人民的期望、代表们的要求相比，还存在一定的差距和不足。监督机制有待继续完善，监督实效有待提高，重大事项决定权科学行使还需探索完善，闭会期间代表活动还不够丰富，代表作用需要进一步发挥，党的建设和代表队伍建设有待进一步加强。对此，我们要高度重视，采取切实措施认真加以解决。

中国特色社会主义进入新时代，党和人民对人大工作提出新的更高要求。让我们更加紧密地团结在以习近平同志为核心的党中央周围，在申扎县委的坚强领导下，高举中国特色社会主义伟大旗帜，以习近平新时代中国特色社会主义思想为指导，依法履职尽责，积极开拓进取，为决胜全面建成小康社会、加快建设社会主义现代化新申扎而不懈奋斗，以优异的成绩迎接中华人民共和国成立70周年、西藏民主改革60周年和申扎县建县60周年。

名词解释

“一府一委两院”：人民政府，监察委员会，人民法院、人民检察院。

政府工作报告

——在申扎县第十二届人民代表大会第五次会议上

（2019年2月22日）

申扎县委副书记、政府县长　格桑多吉

2018年工作回顾

2018年，是全面贯彻落实中共十九大精神的开局之年，是改革开放40周年，是那曲撤地设市之年，也是申扎发展进程中不平凡的一年。2018年，我们认真贯彻中共十九大和十九届二中三中全会精神，坚持以习近平新时代中国特色社会主义思想武装头脑，树牢“四个意识”，坚定“四个自信”，坚决做到“两个维护”。2018年，我们坚持新发展理念，坚持“稳中求快、快中求好、补齐短板、缩小差距”工作总基调，坚决打好“三大攻坚战”，落实县委“555”发展战略，按照“三大定位”战略布局，在县人大、政协的依法监督下，加快高质量发展，经济社会取得新成效。

初步核算，全县完成生产总值5.89亿元，增长14.37%。农牧民人均可支配收入完成10031元，增长13.08%。地方财政收入完成2692万元，增长17.86%。社会消费品零售总额达到7560万元，增长16.3%。固定资产投资完成12.41亿元，增长4.55%。城镇登记失业率控制在3%以内。金融机构各项存贷余额分别达到10.19亿元、3.63亿元，分别增长17.13%、11.69%。一年来的主要工作和成效是：

项目建设强力推进。按照项目投资拉动、补齐发展短板的战略部署，不断优化建筑领域发展环境，积极加快项目建设。全年，开复工项目170个，总投资26.28亿元，完成投资12.41亿元。其中，复工17个，总投资3.34亿元，完成投资

1.99亿元；新开工153项，总投资22.94亿元，完成投资10.41亿元。实施县城集中供暖、县城老垃圾填埋场恢复治理工程等。开工建设3条通乡油路，至此全县所有乡（镇）通油开工率达到100%。水利口PSL贷款项目落实5个。实施村级组织活动场所标准化建设16个，等等。

畜牧产业良好发展。抓住“1234”畜牧业发展思路，加大“三牧”工作力度。全面实施乡村振兴战略，启动编制村级发展规划。深入开展牲畜疫病巡医诊治，牲畜强制免疫密度达100%。幼畜成活率93.46%，增长1.48%；成畜死亡率有效控制在1.57%以内。各类牲畜总存栏54.27万头（只、匹），总出栏22.03万头（只、匹），牲畜出栏率：41.89%市县两级畜产品展销会直接创收2860.74万元。兑现落实2018年草奖资金5022万元。扎实推动牧业产业发展，全县已登记注册专合组织65家，获得版权商标5家，探索建立“市场+合作组织+牧户”模式，在拉萨开设田心申扎矮脚牦牛肉样板店。农村集体产权制度改革顺利开展，完成清产核资和自验。全市农村土地（草场）承包经营确权登记颁证在申扎县启动试点。防抗灾体系不断完善，设立防减灾基金300万元，投入50万元购买饲草料156吨，新建暖棚224座、羔宫568个，投资901万元实施1个乡级和11个村级防抗灾物资储备库。

精准扶贫扎实推进。以脱贫攻坚统领全县各项工作，积极落实“两不愁三保障”等扶贫政策，突出实施“五个一批”工程。完成动态调整信息录入，剩余建档立卡贫困1085户4549人。开展扶贫干部、村两委和驻村工作队培训6次。扶贫领域问题234项，完成整改89.87%。产业扶贫项目完工18个，投产14个，实现总收入972.45万元，吸纳贫困人口就业151人。组建8个“一乡一社”和56个“一村一合”。“万千工程”人工种草超万亩，牛羊养殖场全部竣工。新开工建设易地搬迁184户，累计完工入住801户，每户按6000元标准配置家具。大力实施“金翅膀工程”，累计转移就业2611人，增收2075.42万元。9596个生态岗位落实补助资金3358.6万元。民政低保和扶贫标准“两线合一”，为2449人兑现定向扶贫补助资金63.67万元，兑现2372人农村低保金366.92万元。建档立卡贫困户医疗费用实现零支付。结对帮扶贫困户1961户。全年，顺利完成223户915人脱贫和7个行政村退出任务，贫困发生率降至24.2%，预脱贫贫困户实现人均可支配收入9007.2元，全面完成年度脱贫任务。

生态建设成效显著。始终坚持环保优先、开发与保护并重的原则，促进环境与经济、社会协调发展。加大土地矿产执法监督，完成74宗地填报、录入系统工作。委托相关机构对矿产进行勘查、测量，95个矿点已列入矿产资源规划编写中。将35宗地列入村镇、城市第一批次建设项目用地报件中。扎实推进水生态建设，压实县乡村三级河长责任，“一河（湖）一策”工作有序开展。切实改善生态环境质量，推动大气、水、土壤污染治理行动，以中央环保督查、自治区第八环保督查和“2018绿盾行动”问题整改为契机，先后召开15次会议和58次专项检查研究环保整改事项，全年完成环保问题整改23项。聘请第三方公司按季度监测县域环境质量。投入216万元为县城新区和5个乡（镇）配置垃圾转运车和垃圾箱。认定自治区级1个优美乡（镇）及7个生态村。加强环保督导检查力度，下发并完成环保整改通知书41份。改造县城集中水源地。自然保护区人类活动行为得到有效整治。积极发挥野保员、湿地监管员等岗位职能作用，切实推进管护全覆盖。世界自然基金会（WWF）确立色林错湿地为国际重要湿地。第五次全国污染源普查工作全面启动。

重大改革不断深化。“互联网+政务服务”工作有序推进，县乡村三级组网成功。国库集中支付改革全面铺开，开启乡（镇）财政所标准化建设。编制完成申扎县土地利用总体规划及矿产资源规划。加强土地利用管理，县城城区内盘活土地用地7宗，拍卖交易2宗地块使用权。全县不动产统一登记发证和农村集体土地确权发证工作有序开展，完成1031宗地内外业全部工作。撰写了申扎县商标品牌战略规划，推行商标“六书二卡”制度。品牌商标建设力度不断加大，申报各类商标品牌7个。深化“放管服”改革，实现“三十三证”合一。转变经营理念，采取合作共赢的方式，城投公司实现收入413万元，色林错公司及劳务公司创收714.98万元。大力支持非公有制经济，全国第四次经济普查完成389家法人单位、761家个体户的基础统计。完善招商引资项目库项目20个，全年，引资1.37亿元，落地0.78亿元。年接待游客2万人次，旅游创收712.99万元。中信集团年度援藏资金达到3000万元，援建项目5个。首次引入政府法律顾问制度，依法行政步入轨道。

民生保障更加有力。始终坚持以人民为中心的发展思想，公共服务水平进一步提升，民生保障进一步完善。尽力而为、量力而行，实施“阳光工程”、“金翅膀工程”和环卫工、临时工提标工程，大力表彰“最美乡村教师、医生”，推进乡（镇）美化亮化工程，购买牧民群众人身意外伤害保险等。建设干部职工周转房44户。棚户区改造签订拆迁协议并开工建设146户。完成农牧区危旧房排查，落实2017年农村危房改造资金75万元，兑现44户租赁住房补贴资金19.29万元。总投资900万元实施安全饮水巩固提升工程。6个乡（镇）农村电网延伸工程初设报告通过评审，在施工招标。开工建设通村硬化路29条、市政道路1条。行政村宽带光纤全覆盖。城乡医疗救助1121人次，救助资金155.65万元。临时工工资落实提标250元。兑现农村低保和城镇低保资金535.54万元。兑现60周岁以上养老金302.2万元。“双集中”工作扎实有效，实现两个100%。全民参保有序推进，严格征缴民工工资保障金和工伤保险金。不断加大劳动监察力度，受理办结拖欠民工工资案件40起。

社会事业不断进步。财政收入27%支持教育事业发展。加强师资队伍建设，素质教育全面启动。完成申报国家“三区三州”项目库。继续对牧区考入高等院校申扎籍大学生报销全部学费、生活费。学前一年毛入园率93.95%，小学净入学率99.95%，初中毛入学率100.55%，义务教育巩固率达97.82%。申扎县第六届甲岗山（色林错）物资交流会暨赛马艺术节取得圆满成功。基层文化设施全部免费开放，县电影院主体和内部装修全部完工，投入190万元维修扩建3个乡（镇）文化站。西藏作家协会“深入生活、扎根人民”笔会在申扎县顺利召开。申扎文联编辑出版《申扎岩画》等丛书。《申扎县志》二轮修志进入终审阶段，第一部年鉴出版。全面落实即时结报制度，上级转诊定点医院增至12家。落实“一孩双女”计划生育家庭奖励扶助和独生子女伤残死亡、特殊困难家庭扶助资金48.44万元。住院分娩率95.1%。家庭医生签约率100%。设立50万元医疗兜底保障金，建档立卡贫困户医疗费用报销达到100%。落实“三个一批”行动计划。继续推进包虫病筛查治疗和居民健康体检工作，包虫病筛查率100%，药物治疗率100%，手术治疗率96.07%。8个乡（镇）配备卫生流动服务车。4个乡（镇）卫生院推行标准化建设。申扎藏医藏药声誉不断提升，藏医院工程已完工验收。采取措施及时查处食品药品领域违法案件5起，全年未发生食品药品安全事故。

社会大局和谐稳定。严格落实党的民族宗教政策，积极引导藏传佛教与社会主义社会相适应，进一步理顺“管理、教育、服务”工作职能，突出重点，强化治理，切实加强寺庙属地管理。以“3个专项”斗争为抓手，加强社会治安管理，主动防控重点关注人员和流动人员，采取比往年更严的措施惩处交通违章违规行为。加强安全生产管理，实时督导全县范围内宗教活动场所、重点行业、重点部位、公共场所的安全生产，开展重点领域安全隐患大排查788家次。各级人民调解组织成功排查调处各类矛盾纠纷55起，坚持做到早发现、早化解，着力把各类矛盾纠纷化解在基层，消灭在萌芽状态。加大服务对接，尤其盯住政府性投资项目“双拖欠”隐患，受理（转办）信访案件31起，有效避免越级上访事件。

在加快发展的同时，我们努力提升政府治理能力和治理水平。严格依法履职，自觉接受人大监督、政协监督、监察监督和社会监督。审计监督进一步加强。严格落实中央八项规定及其实施细则精神，驰而不息整治“四风”。

同时，我们也清醒地认识到，全县经济社会发展还面临不少困难和挑战，主要体现在：县域经济总量小，综合实力弱，人均收入少的基本面还没有根本改变。城镇化水平较低，市政道路、供水、休闲等公共功能欠缺。经济结构不科学，项目投资拉动已是主旋律，社会资本难以找到切入点。产业发展滞后，扶持难度大，牧场与市场最后一公里尚未打通。基础设施、生态环境以及民生保障等方面还有不少短板，发展后劲不足。公共服务保障水平仍然不高，行政服务效能还有不少提升改善空间，政府自身建设仍需加强，等等。对此，我们将以高度的责任感和紧迫感，更加积极应对、更加科学谋划，更加精准施策，着力破解发展难题，加快推进追赶跨越式发展。

部分名词解释

1. 坚决做到“两个维护”：坚决维护习近平总书记核心地位；坚决维护党中央权威和集中统一领导。

2. 正确处理好“十三对关系”：国家投资和社会投资的关系，重大项目和民生项目的关系，发挥优势和补齐短板的关系，城镇就业和就近就便、不离乡不离土、能干会干的关系，扶贫搬迁向城镇聚集和向生产资料富裕、基础设施相对完善地区聚集的关系，央企在藏资源开发和解决当地农牧民增加收入的关系，保护生态和富民利民的关系，城市发展和提高农牧民基本公共服务能力的关系，高校毕业生政府就业和市场就业的关系，简政放权和地方承接的关系，企业增产提效和改善企业职工福利、促进农牧民群众增收的关系，中央关心、全国支援和自力更生、艰苦奋斗的关系，鼓励干部担当干事和容错纠错的关系。

3. 县委“555”发展战略：“十三五”时期建设五大基地、提升五大工程、推进五项事业。

4. “三大定位”战略布局：羌塘草原融入后藏农区桥头堡、那曲西部商贸旅游大通道、那仓部落文化宗源追溯地。

5. “1234”畜牧业发展思路：突出一个载体（专合组织）、夯实两个基础（防减灾和动物疫情防治）、做好三篇文章（人、畜、草）、强化四项措施（科技带动、政策推动、项目拉动、创新驱动）。

6. “万千工程”：万亩草场、千头牲畜。“一乡一社”：一个乡（镇）一个合作社。“一村一合”：一村一个经济实体。

7. 乡村振兴“20字”总要求：产业兴旺、生态宜居、乡风文明、治理有效、生活富裕。

8. “PSL”：水利建设项目抵押补充贷款，中国农业发展银行金融支持水利建设的重大优惠政策，执行利率较中长期贷款基准利率低15%以上，大大降低项目融资成本。

9. “五个100%”：“中小学双语教育普及率100%、小学数学课程开课率100%、中学数理化生课程计划完成率100%、中学理化生实验课程开出率100%、职业技术学校国家目录规定课程开出率100%”。

10. 落实“三个一批”行动计划：大病救治

一批、慢病签约一批、重病兜底一批。

11. **“蹲苗”意识**：干部成长如同庄稼生长一样，年轻干部从不适应到适应，从不成熟到成熟，就是一个“蹲苗”成长过程。

12. **“一河（湖）一策”**：不是应急之策，而是长效之策；不仅仅是治理河道之策，还是治理岸上之策。

13. **“3个专项”斗争**：指扫黑除恶、打非治乱和扫黄打非。

14. **厕所革命**：对厕所进行改造、改善厕所卫生状况的一项举措。

15. **“两山理论”**：习近平总书记提出，绿水青山就是金山银山。

16. **内外业工作**：实地测量和数据录入工作。

中国人民政治协商会议第二届申扎县委员会常务委员会工作报告

——在政协第二届申扎县委员会第四次会议上

（2019年2月21日）

县政协二届三次会议以来工作回顾

二届三次会议以来，县政协常委会在县委的坚强领导下，在县政府的大力支持下，在区、市两级政协的有力指导下，常委会广泛团结带领全县广大政协委员和各界人士，始终高举习近平新时代中国特色社会主义思想伟大旗帜，牢牢把握团结和民主两大主题，全面贯彻中共十九大、十九届二中、三中全会和区党委九届三次、四次、五次全会精神，全面贯彻那曲市第一次党代会精神和县委七届四次、五次全会精神，认真学习贯彻习近平总书记关于加强和改进人民政协工作重要思想，学习贯彻习近平总书记关于治边稳藏重要论述和“加强民族团结、建设美丽西藏”的重要指示以及给隆子县玉麦乡群众回信精神，坚持统筹推进“五位一体”总体布局，协调推进“四个全面”战备布局，认真落实中共中央《关于加强社会主义协商民主建设的意见》、中共中央办公厅《关于加强新时代人民政协党的建设工作的若干意见》，紧紧围绕县委政府中心工作，切实履行政治协商、民主监督、参政议政职能，有效发挥协调关系、汇聚力量、建言献策、服务大局作用，为助推申扎县经济社会长足发展和长治久安做出积极贡献。

二届三次会议以来，县政协常委会坚持在继承中发展，在发展中创新，开展工作有重点，履行职能有成效，突出表现在五个方面。

一、注重思想建设，理论学习采取新方式

人生最宝贵的是生命，人生最需要的是学习。县政协常委会谨遵习近平总书记“一定要善于学习，善于重新学习，依靠学习走向未来”的教诲，自觉按照中央、区党委、市委及县委的安排部署，始终坚持把思想政治建设摆在首位，坚定政治立场，提高政治站位，严守政治纪律，团结引导广大政协委员把思想认识和行动统一到党中央大政方针上来，认真落实中央、区党委、市委及县委的部署要求，始终保持人民政协事业沿着正确方向前进。

县政协常委会始终牢固树立“四个意识”，筑牢“四个自信”，践行“两个维护”，进一步坚定正确的政治方向。抓好日常政治理论学习。通过召开常委会、专题报告会、座谈会等形式，采取集中学习与个人自学、学习中交流、讨论中发言、学习中互相检查笔记、互相提问的学习方式，扎实推进“两学一做”学习教育常态化制度化，积极组织和带领全县广大政协委员、机关干部深入学习贯彻党中央、区党委、市委及县委的系列会议精神，切实把思想和行动统一到党中央、区党委、市委及县委的决策部署上来。一年来，积极参加县委理论中心组学习 12 次、“两学一做”学习教育 25 次、政协理论中心组专题学习 12 次、区市县三级综治维稳会议文件精神学习 29 次、政协党组书记讲党课 4 次，支部书记讲党课 4 次，较好地提升广大政协委员和机关干部的政治理论水平和思想政治素质，进一步树立“人民政协为人民”的理念。抓好理论与实践相结合。常委会历来重视理论与实践相结合，尤其理论实践运用。根据县委安排部署，政协主要领导深入雄梅镇、买巴乡，在全县村支部书记、村委主任培训班会上讲党课 2 次，安排 1 名政协干部深入各乡（镇）、寺庙、村及企业开展“四讲四爱”巡回宣讲活动 10 余次。抓好民主集中制落实。组织召开 2017 年度申扎县政协党组班子民主生活会和 2018 年度政协支部组织生活会，通过敞开心扉交心谈心，消除班子之间的隔阂，进一步增进班子间的团结，凝心聚力共谋政协事业发展。

不忘本来才能开辟未来，善于继承才能更好创新。中国特色社会主义进入新时代，当今中国高质量发展的时代步伐越来越快，要求我们强化学习，提高学习能力，适应日新月异的新时代。

二、注重履职尽责，服务大局做出新贡献

政协工作聚焦中心越紧密，履职成效就越显著。常委会始终围绕“政治协商、民主监督、参政议政”三大职能履职尽责，自觉把政协工作放到全县大局中去思考、谋划和推进，紧扣全县经济社会发展中心工作建言献策，坚持议大事、献良策、谋实效、建真言。一年来，共参加四大班子联席会议 12 次，对我县脱贫攻坚、生态环境、牧业发展、项目建设、巩固教育均衡发展成果等方面协商议政，提出许多可行性意见建议。

发挥政协作用，助推脱贫攻坚。常委会坚持脱贫工作没有局外人的原则，定期深入下过乡、买巴乡、塔尔玛乡、雄梅镇等地，深入了解乡（镇）脱贫攻坚工作开展情况，共谋脱贫攻坚良策。一年来，共开展脱贫攻坚督导工作 20 余次。按照县委统筹安排部署，常委会安排 1 名主管脱贫攻坚工作的副主席于 10 月到聂荣县参加全市脱贫攻坚验收和督导工作，与脱贫攻坚指挥部数次座谈交流，从就业扶贫、搬迁扶贫、生态补偿扶贫等方面提出许多建设性意见建议，得到县委、县政府高度重视。

坚持服务大局，维护社会稳定。常委会始终坚持维稳工作是第一政治任务，积极响应各级党委号召，安排政协 1 名副主席深入下过乡，卡乡等地，扎根基层维稳蹲点为期 2 个月，政协主要领导对敏感节点维稳面上督导为期 1 个月，同时深入对口寺庙联系工作 12 人次，帮扶物质折合 3000 元，及时了解寺庙僧尼思想动态，教育引导寺庙僧尼爱国爱教，让广大群众和寺庙僧尼知晓“惠从何来、惠在何处”，强化知党恩、感党恩、跟党走决心，为申扎和谐稳定做出积极的贡献。

落实结对帮扶，解决实际困难。常委会始终坚持“全心全意为人民服务”的宗旨，按照县委部署要求，在困难群众中深入开展结对帮扶认亲交友活动，以扶贫扶志的目的深入牧户一对一进行思想帮扶、物质帮扶，解决牧民群众实际困难，拉近常委会与群众之间的距离，增进彼此之间的感情。一年来，共看望慰问 18 户结对帮扶、5 名僧尼、捐赠慰问资金 29000 余元。积极争取 5 万元资金，用于改善雄梅镇 10 村幼儿园基础设施。同时常委会充分发挥政协联系范围广、最接近基层群众的优势作用，多次深入基层耐心教育引导群众，成功调解雄梅 7 村挑事闹事的牧民纠纷问题，解决牧民群众的实际困难，进一步密切党群干群关系。

做好协商议政，发挥委员作用。一年来，组织委员对我县经济社会发展情况、项目建设、扶贫资金使用情况等方面视察调研 3 次，并以召开座谈会形式形成民生改善和草场使用方面的专题调研报告，组织委员参加自治区级政协会议 1 次，市级政协会议 2 次，县级政协会议 1 次，组织委员业务培训 3 次，增强委员的责任感和使命感，激发委员视察调研、履职尽责的积极性，发挥委员主体作用。

加大提案工作，做好参政议政。常委会高度重视提案收集、审查、交办工作。在区政协十一届一次会议上，积极组织区政协委员，提交“关于教育组团式援藏的提案、关于兽医专业的大学毕业生分配到牧区行政村工作的提案”等 4 件提案。在市政协一届一次会议上，常委会高度重视，召开常委会议专题讨论研究关于申扎教育发展、脱贫攻坚、民生等方面的 6 件提案。在政协第二届申扎县委员会第三次会议以来，共收到提案 31 件，提案委员会认真履行职责，按照章程进行科学的立案审查。经审查，立案 31 件，其中教育类 1 件，占总立案的 3.2%；经济发展类 3 件，占总立案的9.6%；文化类1件，占总立案的3.2%；民生类 12 件，占总立案的 38.7%；项目类 2 件，占总立案的 6.4%；生态环保类 5 件，占总立案的 16.1%；宗教类 3 件，占总立案的 9.6%。扶贫类 4 件、占总立案的 12.9%。全委会召开后一个月内，安排 1 名主管提案工作副主席牵头整理分类提案，确定提案承办单位、部门后，邀请县委、县政府主管领导召开各成员单位及相关单位参加的提案交办专题会议。各相关单位和部门的提案答复工作已完成，并向委员反馈工作到位，全部办理完毕。同时，常委会在调研的基础上形成关于专合组织产业发展调研材料，并在市政协专题会议上交流发言。

按照党委部署，认真履职尽责。按照县委统筹安排部署，在第六届申扎县赛马物资交流会上，常委会从筹备工作以及各项活动中积极主动作为，在各组、各乡（镇）、各单位的配合支持下，顺利完成各项议程。按照县委统筹安排部署，历时 8 天到 8 个乡（镇）进行全年社会经济发展目标责任制考评，并形成一份专题调研报告提交县委。按照县委统一部署，常委会安排 1 名副主席下乡调研 2 次，县委专项工作督导 1 个月，形成 3 份专题调研材料上报县委，做到围绕中心，服务大局、主动参与，为推进全县工作作出积极的贡献。

国事是国家的公事，不是一党一派的私事。有事好商量，众人的事情由众人商量，是人民民主的真谛。我们每一位委员都要履行好权利和义务，以维护人民利益为己任，一切为人民，一切服务人民。

三、注重视察调研，议政建言着眼新视野

常委会深入贯彻落实习近平总书记提出“调查研究是谋事之基、成事之道。没有调查，就没有发言权，更没有决策权”重要指示精神，始终坚持把深入调查研究作为提高议政建言质量的切入点和突破点，注重总结以往视察调研经验，寻求新的调研视野、调研方向，从注重民生转变为经济、环境综合视察调研。

组织委员视察调研。按照政协 2018 年初既定工作要点，在县委、县政府大力支持下，在市政协具体指导下，在申扎县政协与林芝市政协积极主动沟通衔接下，7 月初，常委会安排 1 名副主席带队的 19 名政协委员及政协干部赴林芝视察调研加强政协党的建设、委员管理的新办法、新经验以及如何服务于经济社会发展改革各项事业，更好履行“政治协商、民主监督、参政议政”三大职能等先进经验进行学习交流，通过为期 7 天的视察调研使广大政协委员增长视野见识，拓宽调研思路，并撰写视察调研学习个人心得体会，形成申扎政协委员赴林芝视察调研报告 1 篇。按照常委会年初安排，于 11 月 5—6 日尼玛县组织的人大代表、政协委员及5个专合组织负责人共20名，莅临我县下过乡三村、申扎镇六村、七村开展牧业经济合作组织从初步成形到运行成熟成果和经验上视察调研，并学习交流，做到相互学习、相互促进，同时对牧业合作组织成形、运行、管理、服务、成果等方面交换诸多意见建议。

深入基层视察调研。常委会积极深入我县乡（镇）、寺庙、日追、拉康开展视察调研，采取“查、看、听、访”等方式与当地牧民、僧尼面对面交心谈心，进一步掌握牧民群众和僧尼所思所想所求。一年来，常委会共开展视察调研活动50余次，及时准确地把牧民群众、僧尼的困难反映给党委、政府及相关单位，形成《牧业视察调研报告》。

牧业发展工作视察调研。组织政协委员开展牧业专项调研活动，下过乡政协委员提出的《关于解决牧区缺少兽药问题》提案，常委会召开协调会议，县政协办与县农牧局组成调研小组，深入3个乡（镇）和11个行政村，专题调研牧业发展工作中存在的实际困难，形成专题调研报告提交县委、县政府和市政协，县农牧局作为承办单位解决了全县62个行政村缺少兽药问题，并形成关于牧区改革中完善草畜结构调研报告，县农牧局评为提案办理优秀承办单位，并颁发和给予5000元奖励资金。

河长制工作情况调研。绿水青山就是金山银山。根据县委统一部署，在政协党组高度重视下，深入实地调研河长制工作4人次，并形成调研报告。

实践出真知，常委会必须始终坚持把深入调查研究作为提高议政建言质量的切入点和突破口，注重研究论证、成果转化，建言献策才有说服力，政协才有话语权。希望我们每一位委员，深入基层，沉下心来认真视察、认真研究，确保建言建到点子上，献策献出真水平。

四、注重真抓实干，事务工作谋求新作为

天才就是长期劳动的结果。常委会始终坚持团结协作、艰苦奋斗的工作作风，不断丰富和创新事务性工作的内容与形式，努力使政协工作规范有序、富有成效。

文史资料工作方面。常委会高度重视文史资料的搜集整理工作，充分发挥政协文史“存史、资政、团结、育人”的重要作用。召开专题主席会议6次，政协主要领导亲力亲为到拉萨、那曲开展文史资料翻译、撰写、出版、审定等协调工作，反复修订文史资料编撰方案，发动政协委员和8个乡（镇）作用，加强文史资料收集编纂工作。在与县组织部沟通协调后，从乡（镇）专门选调2名优秀工作人员，开展《奉献、燃烧的青春——我的申扎回忆录》、《申扎历史》（藏文版）翻译成汉文版等的相关工作，现已全部编撰整理完毕，拟定于2019年初进行初审，并争取于建国70周年和西藏民主改革60周年及建县60周年之际出版。

政协财务工作方面。严格按照国库集中制原则，一是强化组织领导。县政协党组和办公室统一安排部署，专门安排2名同志负责财务工作，制定相应财会制度；二是全面落实财务工作。在县财政局业务指导下，积极参加各类财会培训，及时落实了干部职工每月工资及下乡出差等经费，严格把好报销关，全面遏制虚报、假报等行为；三是认真整理、记账支出情况，根据县财政局要求，全面梳理完善2018年度各类支出情况，严格整理记账做账各类财务票据等。

信息宣传工作方面。常委会不断推进信息化建设，以党政信息网、网信申扎、组织委员牧区宣传等方式，大力宣传学习“两学一做”学习教育的重要性；大力宣传习近平新时代中国特色社会主义思想和中共十九大精神。一年来，共编辑简报108期，扩大政协的影响力。社情民意信息工作授予全区政协系统2018年度先进集体。

内保工作方面。制定各敏感节点和重要时段维稳安保工作方案，不断强化组织领导，严格落实带班值班制度，扎实做好政协内保工作，确保各敏感节点和重要时段安全和谐。

档案保密信息工作方面。强化制度落实，明确保密人员，精确资料拷贝工具，禁止使用优盘办公，规范涉密文件存放保管。制定档案管理制度，配齐档案管理设施，强化档案业务培训，完成各类文件的分类管理与储存。

精文简会方面。常委会坚持贯彻“精简会议活动、精简文件简报”中央八项规定和相关文件精神，向县委提交《关于申扎县精文简会的建议》文稿1篇。

工作不养闲人，团队不养懒人。让我们携手锐意进取、攻坚克难，再创佳绩、再创辉煌。

五、注重强基固本，自身建设彰显新成效

打铁还需自身硬。常委会不断加强政协自身建设，坚持把自身能力建设贯穿于委员、界别和机关建设的全过程，坚持改革创新，使得政协协商制度化、规范化、程序化水平不断提高。

加强委员队伍建设。政协委员是人民政协工作的主体，委员积极参加政协各项活动是政协有效履行职能的前提和基础。一是进一步调动委员的积极性，增强委员履职尽责的使命感和责任感，发挥委员在政协工作中的主体作用，根据《中国人民政治协商会议章程》和有关文件精神，结合县政协工作实际，制定《政协申扎县委员会关于加强委员队伍建设实施办法》，并在2018年3月23日政协第二届申扎县委员会第七次常务委员会上通过。二是积极组织委员强化政治理论学习，提高政治敏锐性和政治鉴别力；组织委员进行提案撰写培训，提升委员建言献策能力；组织委员视察调研现场观摩，提高委员调研能力；组织委员为民办实事、办好事，增强委员为民服务自觉性积极性。

发挥各界别职能作用。常委会不断教育引导政协委员履职能力，鼓励政协委员积极参与“四讲四爱”宣讲活动，组织政协委员1名深入8个乡（镇）、寺庙、日追、拉康扎实开展“四讲四爱”活动巡回宣讲10余次，被评为自治区级优秀宣讲员。

加强政协党的建设。常委会始终坚持党对政协工作的绝对领导，以加强党的建设来推动和保证我县政协工作的圆满完成，用完成政协工作的效果来检验党建工作的成效。深刻领会中央、区党委、市委及县委从严治党要求，严格落实党建主体责任，着力推进党的建设各项工作落实，注重党员发展质量，充实政协党员队伍。党建工作和政协工作同部署、同检查、同考核，形成党建工作和政协工作相互促进、协调发展。政协积极与人大沟通协商，于7月成立人大政协党组和支部活动室，制定相关规章制度。全年政协支部组织学习48次。

加强政协党风廉政建设。常委会多次召开会议，以反面典型案例为例，始终强化政协自身廉洁自律教育。组织广大政协委员和机关干部深入学习贯彻中央“八项规定”及实施细则，严格落实党风廉政建设主体责任，深化政协干部作风建设，加强“四风”整治，紧盯节日庆典，严格要求政协干部自重自律，树立厉行勤俭节约、反对铺张浪费的良好形象，形成政协风清气正的政治生态。一年里“党的政治纪律和政治规矩”集中教育学习42次、区市县三级纪委党风廉政建设会议文件精神学习23次。

时代在召唤。在习近平新时代中国特色社会主义思想引领下，政协锐意进取、勇于改革，自身建设彰显新成效。我们要在已有成果的基础上，戮力同心、攻坚克难，促进政协工作迈向新的台阶！

过去一年来县政协工作所取得的成绩，是以习近平同志为核心的党中央坚强领导、亲切关怀的结果，是区市县三级党委坚强领导的结果，是区市两级政协精心指导的结果，是县政府大力支持帮助的结果，是广大委员、政协各参加单位以及政协机关干部共同努力的结果。

当然，一年来，我们虽然取得好的成绩，但也应该清醒地认识到，对照县委的要求和群众的期待，工作中还存在着差距和不足，主要表现在：民主监督力度有待进一步加强；协商民主的内容和领域亟待进一步拓宽；委员履职能力有待进一步提高；提案、调研等方面的成果转化机制有待进一步完善；政协机关工作机制和运行效率有待进一步完善和提高；作风建设有待进一步加强。对于这些不足，我们一定要高度重视，认真研究解决方法，也希望委员们多提宝贵意见，帮助我们加以改进。

大事记

1月

1日 申扎县召开老干部慰问座谈会。

10日 申扎县旅游发展委员会对县城旅馆、饭店排查安全隐患工作。

10—18日 县委常委、统战部部长、民宗局局长阿旺带队的涉宗干部深入乡（镇）和村（居）调研传统类佛事活动和民俗类佛事活动。

11日 启动国库集中支付改革，通过国库集中支付系统发放申扎县2018年第一月工资。

同日 县旅发委对重点旅游行业进行夏季消防安全检查。

14—16日上午 召开申扎县第十二届人民代表大会第三次会议，会议选举申扎县第十二届人民代表大会常务委员会委员3名；县人大常委会副主任1名；县监察委员会主任1名；自治区第十一届人民代表大会代表6名。

15日 召开申扎镇2018年脱贫攻坚工作安排部署会。

16日 申扎县召开第十二届人民代表大会常务委员会第五次会议，会议审议通过县人民政府县长、人民法院院长、监察委员会主任的任命请示。

同日 申扎县监察局改名为监察委员会。

19日 申扎县安监局党支部成立。

22日 沿驼拉赞合作社开展年前分红活动。

同日 各村开展形式多样的小年文体活动。

23日 县直机关工委召开2018年度县党支部书记抓基层党建述职评议会。

24日 召开申扎县2018年农牧工作安排部署会议。

同日 召开申扎县2018年度基本草原划定整改工作动员部署会议。

同日 召开申扎县2018年度草补工作动员部署会议。

25日 县工商局对辖区内危险化学品、公共和娱乐场所等高危行业进行检查。

同日 召开申扎县2018年兽药门市部推广各乡（镇）工作部署会议。

同日 县工商联深入会员企业开展走访调研。

25日至2月6日 县级领导带队的慰问组深入14座寺庙（日追、拉康）开展“三大节日（元旦、春节、藏历新年）”慰问活动，送去1.9万元的慰问金。

29日 县委常委、统战部部长、民宗局局长阿旺带领组织部、民政局、人事局到下过乡，对困难党员、三老人员、退伍军人、五保户进行慰问。

30日 县商务局联合安监、工商、住建、消防、执法大队等部门，对加气站等危化品领域进行大检查。

同日 塔尔玛乡兽防站建立补贴兽药销售点。

2月

1日　县商务局举行社会治安综合治理的对外宣传教育活动，发出“计量与民生”资料100余份。

2日　县林业局开展2018年度“世界湿地日”宣传活动。

3—4日　自治区政协副主席雷桂龙一行到申扎县检查指导驻村工作，并送驻村工作队慰问金8000元。

5日　申扎县粮食公司向工商局送“为民排忧、替民解难”的锦旗一面。

同日　进行2017年度财务决算。

6日　农牧局对买巴乡4村、5村专业经济合作组织建设情况进行初验。

7日　申扎县各寺管会干部（专职特派员）自筹资金4.0545万元，为68名僧尼送去节日慰问金。

9日　那曲市民宗局党组书记、副局长西洛次仁带队的工作组对驻寺干部进行节日慰问。

11日　县林业局同县整改办对色林错国家级自然保护区三八二大桥处进行专项整改检查。

12日　召开申扎县第十二届人民代表大会常务委员会第六次会议。

同日　巴扎乡召开“两节”期间维稳工作安排部署会议。

13日　申扎县举办2018年春节及藏历土狗新年文艺演出晚会。

14日　县工商局联合文化、食药、公安等部门开展节前市场大检查。

19—20日　县人大常委会副主任熊刚、宋艳菊前往申扎镇、雄梅镇、巴扎乡开展三大节日（元旦、春节、藏历新年）“送温暖”活动。

同日　申扎县统战部、民政局深入各寺庙（日追、拉康）开展宗教活动场所安全隐患排查。

25日　申扎县2018年度脱贫攻坚工作会召开，那曲市政协副主席、申扎县委书记夏彦出席会议。

27日　塔尔玛乡组织召开2017年度党支部组织生活会。

28日　那曲市林业局副调研员李定刚一行到申扎县核查自然保护区林业环境保护整改工作情况。

3月

1日　那曲市政协副主席、县委书记夏彦到县公安局检查户籍、治安、网安、纪检督察、指挥中心、交警等部门工作开展情况。

同日　县林业局在雄梅镇5村开展疫源疫病监测工作。

2日　自治区高法驻塔尔玛乡金东13村驻村工作队在塔尔玛乡完小举办物资捐赠发放仪式，为塔尔玛乡完小赠送400余套御寒衣物，价值8万余元。

4—15日　那曲市委常委、宣传部部长德吉卓嘎驻申扎县维稳督导组一行深入全县各派出所、警务站、检查站、驻村、驻寺点检查指导工作。

4—17日　县委常委、统战部部长、民宗局局长阿旺带队的宗教领域督导组深入8个乡（镇）、14座寺庙（日追、拉康）督导检查维稳工作开展情况，并为驻寺干部送去3700元慰问金。

4—20日　县委常委、统战部部长、民宗局局长阿旺带队的宗教领域督导组深入14座寺庙（日追、拉康）进行专项督导，督导次数达16次。

5—16日　县委副书记、人大常委会主任旦增旺久开展3月维稳面上督导。人大常委会副主任平措尼玛、熊刚、宋艳菊，前往雄梅镇、卡乡、申扎镇开展3月维稳督导。

8日　申扎县组织召开全县“五好文明家庭”“三八红旗手”表彰大会暨喜迎第108个“三八”国际妇女节活动。县委副书记张志周，县委常委、组织部部长嘎玛泽仁，县政府副县长益西曲珠出席会议，各乡（镇）妇联主席及代表，受到表彰的“五好文明家庭”“三八红旗手”代表、村居委会的妇女代表及群众代表共128人参加会议。会议由组织部部长嘎玛泽仁主持。

15日 县工商局会同县食药局举行过期食品集中销毁活动，共销毁过期变质食品20余种、日用化妆品10余种，价值2.5万余元。

同日 县疾控中心开展0—6岁规划免疫疫苗接种工作，共接种27人。

18日 卡乡召开卡乡十二届人民代表大会三次会议。

19日 自治区副主席江白、自治区环保厅厅长罗杰督导检查硼砂厂（G317）至双湖县城公路改建工程及马跃乡至三八二大桥改建工程的料场恢复整改情况，由县委副书记、县长格桑多吉陪同。

同日 申扎县开展“三月综治宣传月”活动。

同日 申扎县举行“关爱女性健康、保障女性权益”为主题的宣讲活动。

20日 县兽防站全面开展申扎县2018年接羔育幼、巡医诊治工作。

21日上午 申扎县召开环境保护工作领导小组2018年第二次会议。

同日 申扎县完成环保税24户纳税人的底数摸排。

23日 申扎县召开统战民族宗教工作会议。

同日 申扎县召开2018年统战民族宗教业务对接工作会议。

24日 县疾控中心开展第23个“世界防治防治结核病日”宣传工作。

25日 申扎县开展在编宗教教职人员法律知识考试，参考人员共计63名。

同日 申扎县完成“营改增”全面铺开后的首年第一季度征期工作。

26日 申扎县举办“3·28”百万农奴解放纪念日文艺活动。

28日 县统战民宗召开寺庙僧尼交流座谈会。

同日 申扎县开展“翻身农奴把歌唱 永远跟着共产党”为主题的庆祝活动。

同日 县民政局开展非婚生子女基本信息统计和调研工作。

29—30日 申扎县召开第十二届人民代表大会常务委员会第七次会议。

4月

1—3日 申扎县开展驻寺干部（干警）法律知识考试，参考人员24名。

2日 为14座寺庙（日追、拉康）配备微型消防器材。

同日 召开中共申扎县第七届纪律检查委员会第三次全体会议。

3日 申扎县税务局开展第27个税收宣传月活动。

4日 兑现2017年涉农资金329.34万元、2016年度野生动物肇事补偿资金29.568万元。

同日 申扎县召开宗教领域专题会议。

10日 申扎县东热寺荣获“全国民族团结进步创建示范单位”称号，市政协副主席、民宗局党组副书记、局长索朗央培出席挂牌仪式。

11日 申扎县召开2018年深度贫困地区脱贫攻坚工作会议，县委副书记、政府县长格桑多吉出席会议。

12日 县纪委组织召开纪委委员培训会议。

同日 县林业局开展色林错国家级自然保护区人类活动遥感监测点位核查工作。

15日 县司法局配合政法委积极开展“全民国家安全教育日”宣传活动。

16日 卡乡召开2018年经济工作会议。

18日 卡乡召开2018年新一届村两委班子培训会议。

20日　县委副书记、政府县长格桑多吉主持召开“申扎县乡（镇）规划评审会”，在家县级领导、各单位主要负责人参加会议。

同日　县发改委、县林业局、县住建局开展自然保护区开发建设活动破坏或非法占用草原专项检查工作。

21日　召开申扎县2018年河长制工作安排部署会议。

22日　巴扎乡初小组织开展师生消防安全知识宣传和消防安全应急演练活动。

同日　申扎县组织召开县党代表会议，选举产生27名出席中国共产党那曲市第一次代表大会代表候选人。

22—25日　召开政协第二届申扎县委员会第三次会议。

23日　申扎县开展“全民阅读　健康生活”为主题的全民阅读活动。

23—26日　召开申扎县第十二届人民代表大会第四次会议。

25日　县房屋建筑和市政工程项目全面开（复）工。

同日　县统战部、民宗局组织宗教界县级政协委员和县级人大代表召开会议。

28日　县林业局协助拍摄组完成拍摄“黑颈鹤的故事”任务。

同日　申扎县组织召开“那曲撤地设市及五一”期间维稳工作安排部署会议。

同日　消防大队开展“全民消防我行动”大型公益活动。

30日　县财政局举办申扎县第一届村级财务培训。

5月

1日　县食品药品监督管理局开展“五一”劳动节前食品药品重大安全检查活动。

同日　申扎县申扎镇永珠沃玛村施工运输车队董事长洛曲荣获“那曲市第一届劳动模范”称号。

2日　县商务局开展的“冬游西藏·共享地球第三极”活动结束。

3日　政府副县长李智龙带队工作组对全县2家加油站和1家加气站进行安全生产大检查。

4日　申扎县召开首次公开拍卖使用性质为商服用地的土地拍卖会。

5日　县住建局组织各建设、监理、施工单位召开申扎县房屋建筑和市政工程领域安全生产及扬尘治理工作会议。

同日　县疾控中心开展全国第26个“防治碘缺乏病宣传日”活动。

8日　申扎镇召开2018年度经济工作会议。

9日　塔尔玛乡召开第一季度工作总结会暨第二、第三季度工作推进会。

12日　巴扎乡组织开展创建“平安家庭”活动。

同日　西藏自治区民政厅基层政权和社区建设处调研员索朗占堆带队调研组到申扎县检查指导2017年草原生态保护奖励机制工作落实情况。

13日　县委副书记、政府县长格桑多吉赴施工现场，督导检查开（复）工建设项目的质量进度、安全生产及环保相关工作。

14日　塔尔玛乡开展低保对象信息核查工作，清退农村低保81户，人数274人。

15日　县公安局为四个便民警务站配发治安巡逻摩托车4辆。

同日　县商务局联合公安、邮政、农行、工商、税务等单位开展“5·15”反经济犯罪宣传活动。

同日　申扎县召开2018年上半年和谐模范寺庙暨爱国守法先进僧尼表彰大会。表彰和谐模范寺庙4座、先进寺管会1个、爱国守法先进僧尼37名、优秀驻寺干部2名，共发放表彰资金4.7万元。

15—18日　各乡（镇）召开第十二届人民

代表大会四次（五次）会议，县委副书记、人大常委会主任旦增旺久，人大常委会副主任平措尼玛分别到马跃乡、雄梅镇进行蹲点，全程指导会议召开。

16日 申扎县召开2018年申扎县农牧暨人社工作会议。

17日 县委副书记、政府县长格桑多吉赴下过乡六村，督导检查易地扶贫搬迁配套附属设施工程的质量进度等相关工作。

同日 塔尔玛乡再安排、再部署“扫黑除恶、打非治乱”专项斗争工作。

18—21日 申扎镇召开第十二届人民代表大会第四次会议。

18—28日 县政协主席拉巴次仁前往那曲、拉萨洽谈《申扎历史》的汉译工作以及《奉献、燃烧的青春——我的申扎回忆录》的前期准备工作。

19—24日 县统战部、民宗局工作组对大型传统型佛事活动现场督导检查。

20日 巴扎乡开展“防范打击非法出入境”宣传活动。

21日上午 县委副书记、人大常委会主任旦增旺久，召集承办单位25家主要负责人，召开申扎县第十二届人民代表大会第四次会议代表提出的议案、意见建议专题转交会议，转交议案22件、意见建议142条。

23日 塔尔玛乡开展“五观”“两论”教育活动。

25日 县林业局成功解救一只国家级重点保护的鸟类隼。

同日 县组织部召开申扎县组织工作会议，总结2017年、统筹2018年组织工作。

27日 县文广局举办首届“文化惠民、助力脱贫”为主题的相声小品大赛。

28日 县农牧局组织农牧科技服务站专业技术人员配合协助公安局对流浪狗收容所进行全面消毒工作。

同日 巴扎乡卫生院工作组深入7个行政村宣讲包虫病知识。

29日 塔尔玛乡召开乡党委、人大、政府班子联席会议，对84名村级生态环境管护员的名单复审并通过。

同日 县政协副主席朱立到买巴乡果芒错开展巡查工作。

同日 巴扎乡完小组织全校师生观看《新闻联播》和“崇尚英雄、精忠报国”宣传片，参加观看师生共113人。

30日 巴扎乡举行“一村一合”发展牧业强基惠民短平快启动资金发放仪式，参会人员共40余人。

同日 自治区党委统战部常务副部长叶银川到申扎县开展驻寺干部队伍建设情况调研工作。

5月 下过乡4村多吉扎巴家被评为自治区“五好文明家庭”。

6月

1日 中共申扎县财政支部成立。

同日 县委统战部与民宗局共同制作寺庙纪实片《和谐之风满羌塘》。

3日 卡乡曲松普村村级防抗灾物资储备库项目开工。

4日 县扶贫办开展扶贫专题培训会议。

同日 塔尔玛乡13村金东自然村整体搬迁选址进行实地现场勘查。

同日 巴扎乡组织全乡党员干部观看廉政专题片《永远在路上》。

5日 第三方北京新华会计事务所人员开展对色林错扶贫开发投资有限公司、8个乡（镇）进行2014年1月至2018年5月审计。

同日 那曲市验收组验收巴扎乡2017年退牧还草网围栏项目，由政府副县长次仁旦巴陪同。

同日 完成2017年退牧还草网围栏验收工作。

6日 县政法委召开2018年政法工作会议。

7日 县政协深入各乡（镇）及部分村居收集整理《奉献、燃烧的青春——我的申扎回忆录》相关资料。

9—16日 县扶贫办组织开展城乡低保专项整治活动。

同日 县档案馆开展以“档案见证改革开放”为主题的系列宣传活动。

11日 申扎县召开宗教领域“五项”主题教育实践活动动员部署会议。

同日上午 申扎县召开“四讲四爱”、“遵行四条标准、争做先进僧尼”、学习《宗教事务条例》等系列教育实践活动动员部署会议。

同日下午 县统战部、民宗局召集各乡（镇）分管宗教工作副乡长、各寺管会、寺庙僧尼进行“五项”主题教育实践活动培训，参训人员共32人。

12日 那曲市安监局副局长旺堆、县安监局局长孙文、住建局相关负责人联合对县城施工工地现场安全工作进行督查。

同日 巴扎乡党政领导深入3村、4村摸底排查劳动力外出务工情况。

14日 县统战部组织在家干部职工进行中共十九大精神知识测试。

同日 县委副书记、人大常委会主任旦增旺久深入马跃乡1村联系选民，同时了解脱贫攻坚工作开展情况。

15日 县脱贫攻坚指挥部组织召开脱贫攻坚工作阶段推进会。

17—18日 自治区人大调研组组长、自治区人大民宗外侨委主任委员通嘎一行工作组，对申扎县民族交流交融、非物质文化、宗教事务等工作开展情况进行调研。

19—20日 那曲市人大常委会主任胡林在申扎县调研基层人大工作及脱贫攻坚工作。

20日 县文广局投资190万元，维修改造3个乡（镇）文化站。

20—21日 县统战、民宗带队的工作组深入热德拉康、东热寺、央雄拉康宣传《宗教事务条例》《中华人民共和国消防法》等法律法规。

同日 申扎县召开扫黑除恶打非治乱专项斗争推进会。

21日 区政协委员、区佛协常理、市政协常委、市佛协副会长、比如县曲德寺活佛吉仲·洛桑丹增带队的“五项”主题教育宣讲组到申扎县宣讲。

同日 申扎县召开农村集体资产清产核资工作动员部署会议。

同日 区政协委员、区佛协常理、市政协常委、市佛协副会长、比如县曲德寺活佛吉仲·洛桑丹增带队的第二宣讲组到雄梅镇色布寺、鲁仓寺开展宣讲工作。

23日 县农牧局组织召开申扎县2018年上半年农牧工作总结会暨下半年农牧工作安排部署会。

24日 巴扎乡开展“法治仅存、进寺庙”法律宣传教育活动。

25日 县税务局联合公安、工商、食药等部门，对全县宾馆饭店进行安全生产检查。

25—29日 县编译局2名工作人员深入全县8个乡（镇），8所学校，6座寺庙（日追、拉康），督导检查藏语文社会用字工作。

26日 申扎县召开2017年社会治安综合治理先进个人表彰大会。

28日 巴扎乡召开集体资产清产核资工作动员部署会。

6月 《申扎文化丛书》第二辑出版发行。

7月

1日 申扎县组织全县中共党员干部职工举行庆祝建党97周年纪念活动。

3日 雄梅镇10村村委会，为申扎县工商局优质为民服务赠“办事高效顺民意、扶贫路上有工商”锦旗。

4—5日　那曲市属地管理验收工作组深入到申扎县5个乡（镇）、3个寺庙进行寺庙属地年终考核验收工作。

4—10日　县政协副主席扎西带队的19名政协委员及政协干部赴林芝开展为期7天的视察调研活动，并撰写视察调研学习个人心得体会，形成申扎政协委员赴林芝视察调研报告1篇。

7日　那曲市藏语委办（编译局）党委委员、副局长多旺保带队的工作组到申扎县就藏语文工作开展情况进行督导检查。

同日　县委副书记、政府县长格桑多吉深入巴扎乡4村、4村检查指导防洪堤项目及拦河坝项目点工程质量。

同日　县疾控中心开展中小学学生、教职工进行结核菌素试验，并在72小时后查看结核菌素试验结果。

8日　县委副书记、县长格桑多吉赴施工现场，督导检查建设项目的质量、进度、安全生产及环保相关工作。

9日　申扎县第一张环境保护税税票开出。

10日　申扎县召开党的政治纪律和政治规矩动员部署大会。

同日　卡乡召开卡乡党的政治纪律和政治规矩集中教育活动动员部署会议和卡乡2018年脱贫攻坚上半年工作总结暨下半年工作部署会。

11日　塔尔玛乡开展非婚生子女专项整治工作。

12日　巴扎乡开展精准扶贫政策宣传活动。

13—15日　安多县副县长达瓦巴珠带队草原生态保护补助奖励机制工作验收组对申扎县2018年草补各项工作开展情况进行市级验收工作。

14日　申扎县“五项”主题教育实践活动第二轮宣讲组深入塔尔玛乡片区开展“五项”主题教育实践宣讲活动。

14—20日　县宗教领域宣讲组深入塔尔玛片区、申扎片区、雄梅片区、强格寺、热德拉康、东热寺开展宣讲活动。

16日　巴扎乡开展“严禁非婚生子女”再教育宣传活动。

17日　由自治区藏语委办（编译局）党组副书记、主任（局长）洛布带队的全区藏语文学习使用调研组一行到申扎县对藏语文学习、使用和发展情况进行督导检查。

同日　那曲市政府副市长扎南一行督导检查组在申扎县对棚改项目的质量进度、安全生产及环保相关工作，同时调研民族宗教工作。

同日　县委常委、统战部部长、民宗局局长阿旺带队的工作组深入申扎镇片区管理委员会检查业务用房项目建设。

同日　林业系统及国家专家团组成的考察组在申扎县开展实地考察工作。

19—20日　申扎县宗教领域“五项”主题教育实践活动宣讲组深入色布寺向雄梅镇片区管委会所辖各寺庙和东热寺开展宣讲活动。

20日　申扎镇组织召开申扎镇2018年城乡低保专项整治动员部署会议。

同日　申扎县政协主席拉巴次仁主持举行国地税征管体制改革县一级挂牌仪式，单位名称正式变更为“国家税务总局申扎县税务局”。

22日　申扎县召开统战、民宗工作会议。

25—30日　申扎县举办申扎县第六届甲岗山（色林错）物资交流暨赛马艺术节。

31日　那曲市人大常委会副主任布永忠带队的调研组在申扎县开展关于《中华人民共和国全国人民代表大会和地方各级人民代表大会法》和《自治区实施〈中华人民共和国全国人民代表大会和地方各级人民代表大会法〉办法》执法检查调研工作。

同日　县农牧局组织开展“农牧民手机应用技能培训周”活动。

7月 《申扎县年鉴（2017）》正式出版发行。

8月

1日 国务院扶贫办原主任、国务院扶贫开发领导小组专家咨询委员会主任范小建带队的北京援藏建藏工作者协会深入申扎县发放高原捡拾车。

同日 那曲市政协副主席、申扎县委书记夏彦慰问消防大队全体官兵。

6—10日 县统战部、民宗局协调卫计委为14座寺庙（日追、拉康）在编僧尼和驻寺干部免费健康体检活动。

7日 申扎县召开2018年保密工作及档案工作会议。

8日 县水利局组织采购防汛抗旱物资。

9日 申扎县组织召开农村集体资产清产核资工作推进会。

13—14日 县统战部、民宗局联合督导检查组深入鲁仓寺、色布寺、东热寺、热德拉康开展宗教场所消防安全专项检查。

15日 申扎县开展"双公示"工作培训。

同日 县商务局联合住建局、发改委以及施工、监理单位对雄梅镇三村的色林错景区建设项目进行第一阶段的实地验收检查。

16日 县气象局完成雄梅镇、塔尔玛乡、马跃乡、巴扎乡区域气象自动站业务升级。

17日 自治区党委常委、纪委书记王拥军到申扎县上仓贡玛村检查指导短期育肥基地工作，那曲市政协副主席、县委书记夏彦陪同。

同日 申扎镇组织召开市委巡察三组巡察意见反馈会。

同日 塔尔玛乡党委组织召开《中共那曲市巡察三组巡察塔尔玛乡党委意见反馈》会议。

同日 塔尔玛乡扶贫产业组组织对"沿驼拉赞合作社"5个点、150头牲畜、仔畜进行清点标号和档案建档。

同日 西藏自治区党委常委、纪委书记王拥军到卡乡上仓贡玛村育肥基地检查指导工作。

同日下午 卡乡召开那曲市委巡察三组巡察意见反馈会。

24日 县消防大队完成申扎中学军训工作。

28—29日 县委常委、统战部部长、民宗局局长阿旺带队的一行工作组深入到雄梅片区寺庙管理委员会、热德拉康专职管理小组检查项目实施和驻寺干部在岗情况。

31日至9月3日 申扎县顺利通过2018年自治区级草原生态保护补助奖励机制工作验收。

8月 申扎县参加那曲羌塘恰青格萨尔赛马艺术节，并获得"乌尔朵"比赛第二名奖。

9月

2日 塔尔玛乡完成妇联执委选举大会。

3日 申扎县14座寺庙（日追、拉康）在编僧尼除特殊情况请假外出的其余全部统一在各自寺庙开展法律知识考试，参加考试者共计58人。

同日 巴扎乡开展"严明政治纪律、严守政治纪律"为主题专题讨论会。

同日 申扎县引进安多县多玛种羊120只，为优化申扎绵羊畜群结构奠定基础。

同日 申扎镇组织召开镇党委班子巡察整改专题民主生活会。

4日 申扎县召开"双联户"推进会。

4—6日 政府副县长益西曲珠带队的民宗局、发改委等联合督导组深入14座寺庙（日追、拉康）督导检查宗教领域各项重点工作推进情况。

5日 县移动公司在巴扎乡举行"网路扶贫双语手机捐赠活动"发放仪式。

6日 县商务局联合住建局、发改委以及施工、监理单位对雄梅镇三村的色林错景区建设项目进行第二阶段的实地验收检查。

7日 自治区政府副主席江白到塔尔玛乡调

研精准扶贫工作。

同日 塔尔玛乡召开《党的政治纪律和政治规矩教育活动》讨论会暨总结工作会议。

9日 县工商行政管理局动员全体干部职工开展“双打”检查行动，该次检查行动清理一批销售侵权商品，查获一批侵权假冒商品件，警示教育违法经营者，保障民生安全。

同日 珠海市公安局高新分局党委委员、副局长卫炜等4人到申扎县公安局进行考察交流，并援赠15万元及办公设备。

11日 申扎县统战部、民宗局组织寺庙僧尼开展“遵行四条标准、争做爱国僧尼”朗读活动。

12—19日 县委常委、统战部部长、民宗局局长阿旺到各宗教活动场所检查寺管会业务用房和阳光采暖房项目。

14日 县政协副主席、市佛协理事嘎久旦加深入买巴乡1村开展民族团结宣传活动。

15日 《申扎县志（2001—2010）》复审会议在拉萨召开，由申扎县政协主席拉巴次仁主持。西藏自治区政府原副主席格桑次仁；自治区地方志编审处副处长周平；那曲市政府副调研员高平；自治区妇联党组成员、副主席龙措；申扎县委原副书记、政府原县长西德；申扎县委原副书记、人大常委会原主任觉多；申扎县委副书记、县长、县志编纂委员会主任格桑多吉；政府副县长、县地方志编纂委员会副主任益西曲珠；市政协文史资料室负责人嘎玛贡恰；自治区文联“西藏文艺”编辑部副主编拉央罗布；申扎县第一轮县志修编人员达瓦扎西；及地、县地方志工作人员等参加会议。会议原则同意《申扎县志（2001—2010）年》通过复审。

16日 申扎县开展“9·16”平安西藏宣传日活动。

17—19日 县统计局对申扎县从事农牧业的统计人员进行农牧业基础业务培训。

18日 那曲市政协副主席、县委书记夏彦带队的督导检查组到巴扎乡督导检查工作。

19日 申扎县召开农村集体资产清产核资工作推进会。

同日 县委常委、统战部部长、民宗局局长阿旺带队的工作组深入巴扎乡1村，对违规搭建的宗教标志物进行清理整顿。

同日上午 县民宗局开展以“加强民族团结 建设美丽申扎”为主题的第28个民族团结进步宣传月活动。

19—20日 那曲市民宗局党组书记、副局长索朗多吉在申扎县督导检查各项工作，深入申扎县少数民族发展资金项目点和寺庙开展各项督导检查各项工作。

21日 县商务局联合那曲市质监局、安监局、第三方评审公司的工作人员以及鑫源加气站的负责人（共9人），对鑫源加气站的所有设备、设施、消防设施等全部进行检验、论证。

27日 申扎县民族团结进步模范表彰大会在政府视频会议室召开。那曲市政协副主席、县委书记夏彦出席并讲话，大会表彰民族团结进步模范集体10个、民族团结进步模范个人15名，共发放奖金11万元。

同日 申扎县组织各民族代表25人召开“民族团结以一家亲”座谈会，县委常委、统战部部长、民宗局局长阿旺出席。

28日 申扎县召开涉宗干部学习及培训会议。

同日 申扎县召开“遵行四条标准 争做先进僧尼”教育实践活动经验交流会。

29日 申扎县组织开展全县干部职工《中华人民共和国宪法》《中华人民共和国监察法》和全国“两会”精神等法律政策知识考试。

30日 申扎县开展国庆节前特种设备大检查，执法人员重点核查各菜店所售猪肉是否具有检验检疫合格证明、进货单、进货渠道是否正规合法等方面。

9月 申扎县道路运输管理所联合县交警大

队在雄梅3村检查站蹲点。

10月

1日　那曲市政协主席才仁郎公到申扎县检查指导工作。

2—3日　县民宗局联合文化局、消防大队深入各宗教活动场所检查消防器材及安全隐患排查。活动期间，宣传《宗教事务条例》《中华人民共和国消防法》等法律法规，共发放宣传单65余份、悬挂1条横幅，参与人数达89余人。

8—11日　西藏作家协会2018年“深入生活　扎根人民”笔会在申扎县召开。采风创作活动邀请区内近年来文学创作成绩突出的作家作者20余名和申扎县部分作者及文学爱好者，与会人员和作家们进行座谈、讲座、作品交流。还组织作家深入牧区乡村进行实地采风采访，了解申扎县精准扶贫脱贫情况和那仓文化，创作一批反映申扎发展变化的文学作品，并为申扎增设《西藏文艺》（申扎专刊）和《邦锦梅朵》（申扎专刊）。

同日　县商务局开展“十一”国庆黄金周旅游市场安全生产大检查。

8—10日　县民宗局工作人员深入鲁仓寺、色布寺、夏尔寺、卡龙寺、东热寺、申扎寺、热德拉康督导检查项目情况。

10日　县农牧局组织开展2018年草原枯黄期监测工作。

同日　市政公司组织安排技术人员3名，维修车1辆，对县城给水管网进行排查及维修。

11日　申扎县召开“一法一办法”部署会议。

12日　那曲市藏语委办（编译局）工作组调研核对申扎县范围内行政村、自然村村名，比较有名的山川湖泊江河等地名工作。

17—18日　县委常委、统战部部长、民宗局局长阿旺陪同市宗教工作督导组到塔尔玛乡、下过乡、卡乡督导检查宗教工作。

19日　县统计局召开申扎县2018年第四次全国经济普查动员会暨培训会。

20日　申扎县组织召开2018年今冬明春防减灾工作动员部署会议。

同日　县林业局兑现2018年度8各乡（镇）野保员补助资金。

21日　巴扎乡召开“一乡一社”存在问题整改工作会议。

22日　县信访局联合县相关部门解决水系连通综合治理三标段民工工资500多万元。

23日　县住建局联合鑫源加气站，开展加气站特种设备应急预案演练。

25日　县疾控中心组织开展2018年包虫病采血实地点和实验室里开展血清分离工作。

26日　自治区党委常务副书记、自治区政协党组书记丁业现一行工作组到申扎县塔尔玛三村检查站检查指导工作，慰问民（辅）警，并送去慰问金1万元。

28日　申扎镇组织召开2018年防抗灾动员部署会。

30日　县委常委、统战部部长、民宗局局长阿旺深入色布寺、热德拉康对宗教场所项目进行验收。

同日　县林业局举办野生动物保护培训班，并发放巡护设备。

31日　申扎县政法委召开“加强政治建警、打造过硬政法队伍”专项教育整顿活动动员部署会议。

同日　塔尔玛乡完成新农合数据采集工作。

11月

1—2日　县委常委、统战部部长、民宗局局长阿旺陪同市寺庙属地年终验收工作组前往申扎镇、申扎片区、强格寺、巴扎乡、买巴乡、马跃乡、热德拉康进行寺庙属地验收。

2日　县卫计委开展全国安全用药宣传活动。

3日　卡乡召开卡乡2018年驻村第一书记期满考核工作述职大会。

4日　申扎县人大常委会召开申扎县第十二届人民代表大会常务委员会第九次会议，会议审议王可辞去自治区第十一届人大代表职务申请；张志周、平措尼玛辞去申扎县第十二届人大代表职务申请；平措尼玛辞去申扎县十二届人民代表大会代表常务委员会职务的申请；会议表决通过，同意以上3名辞去申请，并相关法律法规程序补选。

5—6日　尼玛县组织的人大代表、政协委员及5个专合组织负责人共20名到申扎县下过乡3村、申扎镇6村、7村开展牧业经济合作组织从初步成形到运行成熟成果和经验上视察调研。

5—7日　县农牧局对2018年度新组建的4个专业经济合作组织成立情况进行初次验收。

6日　申扎镇组织召开申扎镇2018年党风廉政建设工作专题会议。

7日　巴扎乡组织全乡干部职传达学习习近平在深度贫困地区脱贫攻坚座谈会上的讲话精神。

8—16日　县巡查办对8个乡（镇）检查扶贫领域资金使用情况。

9日　巴扎乡召开农牧综合工作暨今冬明春防抗灾安排动员部署会议。

10日　县住建局开展申扎县房屋建筑和市政工程领域竣工验收工作。

12日　县司法局组织开展全县宪法线上统一考试。

同日　第12个“联合国糖尿病日”，申扎县疾控中心开展以“家庭与糖尿病日”为主题的宣传活动。

15日　申扎县藏医院整体搬迁工程通过验收。

同日　申扎县召开宗教工作领导小组会议，会议确定“遵行四条标准　争做先进僧尼”教育实践活动模范寺庙4座、先进寺管会干部3名、优秀组织单位2个。

同日　申扎县召开宗教工作领导小组会议。

17日　申扎县巡察组到巴扎乡召开巡察动员部署会议。

20日　县委常委、统战部部长、民宗局局长阿旺带队的工作组深入申扎寺、空地寺、申扎镇、申扎镇派出所督导检查各项工作开展情况。

21日　县委常委、统战部部长、民宗局局长阿旺陪同市工商联主席桑珠次仁和那曲市鑫隆平安市场有限公司负责人到卡乡5村进行项目对接。

同日　那曲市鑫隆平安市场有限公司与卡乡5村进行项目对接。

同日　县编译局组织开展全县干部藏汉“双语”学习测试。

22日　申扎县召开“三个专项斗争”专题推进会。

24—25日　县委常委、统战部部长、民宗局局长阿旺主持召开申扎县驻寺干部（干警）及任职寺庙僧尼履职情况年底述职评议工作会议。

25日　申扎县召开2018年“遵行四条标准争做先进僧尼”教育实践活动表彰大会。

同日　西藏自治区党委网信办办副主任于勇河开展“结对认亲帮扶”活动。

26日　申扎县组织开展第一次环保年度专项验收考核。

同日　申扎县召开农村集体确权登记发证工作的县级自查会议。

27日　申扎县召开农房质量安全大排查大核查工作部署会，县委副书记、常务副县长巴多出席会议，并讲话。会议对全县开展下一阶段农房质量安全大排查和危旧房大核查工作进行安排部署，共有21人参加会议。

同日　县委常委、统战部部长、民宗局局长阿旺带队的工作组深入马跃乡、马跃乡派出所，热德拉康、雄梅镇片区寺庙管委会督导检查各项工作开展情况。

同日 买巴乡鲁久五村专业合作经济组织正式成立并通过验收。

同日 县林业局开展草原防火宣传教育活动。

27—30日 县委常委、统战部部长、民宗局局长阿旺带队的工作组深入各乡（镇）、派出所、宗教活动场所督导检查各项工作开展情况。

28日 申扎县为农房质量安全大排查大核查工作提供有力的技术保障，住建局组织排查小组成员，开展《危房鉴定等级》相关业务培训，共有23名工作人员参加培训。

29—30日 县农牧局对2018年度新组建的4个专业经济合作组织成立情况完成二次终验。

30日 申扎县成立社会保险费和非税收入划转工作领导小组，召开社会保险费和非税收入划转第一次联席会议。

30日至12月13日 卡乡开展乡（镇）预算执行审计。

11月 县委副书记、常务副县长巴多高度重视渗水问题，组织安排市政公司工作人员对县城加油站周围路面进行维修。市政公司负责人组织安排工作人员3名、挖掘机1台，开挖深度2.0米，进行维修工作。

12月

1日 西藏自治区司法厅社区矫正管理局局长红兵到县司法局专项督导检查。

2日 申扎县组织召开先进“双联户”表彰大会。

4日 申扎县开展文化市场消防安全排查整治行动。

同日 县司法局普法办牵头开展“国家宪法日”为主题的法治宣传教育活动。

5日 申扎县组织开展2018年度机关事业单位公务员（工作人员）年度考核会议。

5—6日 县委常委、统战部部长、民宗局局长阿旺带领工作组深入到巴扎乡强格寺、买巴乡东热寺、买巴乡派出所督导检查各项工作及寺庙僧尼、驻寺干部在寺在岗情况。

6日 申扎县针对所得税政策调整，举行重点纳税人培训。

7—9日 申扎县举办第十二届畜产品展销会。

10日 县统战、民宗组织召开寺庙僧尼年度“五项”主题教育实践活动心得体会交流会。该次交流会分别在申扎县县城、色布寺、鲁仓寺三个点同时进行。

11日 申扎县召开农村集体确权登记发证工作的市级自查会议。

12—19日 县委常委、统战部部长、民宗局局长阿旺深入塔尔玛乡、申扎镇、雄梅镇、下过乡、卡乡、买巴乡对村“两委”班子成员、草原监督员、群众党员、双联户户长进行宗教政策培训。

16—17日 那曲市民宗局党组成员、副局长白玛旺姆带队的督导检查组深入申扎县夏尔寺、东热寺、买巴乡、雄梅镇、统战、民宗督导检查“六项”工作落实情况。

18日 巴扎乡召开民族团结先进集体和先进个人表彰大会。

19日 塔尔玛乡开展宗教政策法规学习宣传活动。

27日 那曲市水利局验收申扎县城饮用水源地保护工程。

29日 县纪委召开2018年乡（镇）纪委监督责任述职会议。

12月 完成全县贫困人口脱贫攻坚工作验收，申扎县脱贫贫困人口225户922人，整村退出7个村（塔尔玛乡1、3、4、11村，下过乡3村，雄梅镇1村和申扎镇3村）。

12月 县级职工干部周转房供水主管因天气导致冻裂，有关部门安排技术人员2名、挖掘机1台，进行抢修。

申扎概况

地理环境

【地理位置】 申扎县隶属西藏自治区那曲市，“申扎”藏语意即洁白、透明、无瑕的精盐（“申”音译为洁白、透明；“扎”音译为盐巴）。古称那仓德巴。地处藏北高原腹地南部、冈底斯山和藏北第二大湖色林错之间，中心位置北纬30° 57′、东经88° 38′，距西藏自治区首府拉萨520公里，距那曲地区505公里。申扎县是那曲市的一个纯牧业县，以饲养牦牛、绵羊、山羊为主。境内格仁错（湖）面积约700平方公里。色林错（湖）面积1866平方公里，是藏北高原第二大咸水湖，也是申扎县与班戈县的界湖。

【地质　地貌】 位置境域。南以念青唐古拉山为界、与日喀则市相连，北与双湖县相望，东与班戈县接壤，西与尼玛县为邻。国土面积2.525万平方公里，平均海拔4700米以上。

地质。申扎县地质结构在分区上属藏北构造区，是具有一个前寒纪时期的基底（念青唐古拉山，有各种片岩及片麻岩组成）。在地质构造上分2个构造岩浆带，南部是念青唐古拉山岩浆带，北部为大湖拗陷带。两个构造区内断裂十分发育，既有东西向与褶皱方向一致的断裂，也有北西向和北东向的断裂。木纠错和格仁错是东西断裂发育，如：格仁错、果昂错是沿北西断裂发育，而查藏措、越恰措则是沿北东断裂发育。申扎县境内的地质现象比较复杂。境内冈底斯—念青唐古拉山地层区出露的地层比较齐全，出露面积占县境95%以上。申扎县境内广泛分布有第四系沉积物，包括冲积、冲洪积、湖积、风积、残坡积、冰积以及泉华等化学沉积。申扎县境内的火山岩主要发生在中新生代，主要发育在北部的木嘎岗日地层分区和南部的错勤。

地形。申扎县属南羌塘高原大湖盆地带，地势较缓，丘陵、高山与盆地相间，丘陵与山地的相对高差一般在300—500米坡度较大，地表多为风化破裂碎石堆和岩屑坡。地质结构分为南部念青唐古拉山岩浆带和北部大湖拗陷带。地势南高北低，由海拔5900米以上的念青唐古拉山向海拔4530米的色林错湖倾斜，最高峰甲岗山突居中南部，海拔6448米，终年积雪。最低处为色林错湖面，与最高峰相差1900多米。

地貌。县内地貌受申扎北部拗陷带和南部念青唐古拉岩浆带的控制，表现在地势上南翘北凹。北部色林错湖面海拔4530米，并生成周围的湖积平原和较缓平的残山。南部生成甲岗山地，深切高山，海拔6448米，山顶有冰川发育。中部海拔为5800米以上的中切高山地，呈低山状况。色林错湖泊面积为1865平方公里（20世纪80年代地勘资料）。受次一级断裂构造的影响生成格仁措湖盆、布藏布湖盆、巴汝藏布河谷。在湖盆和河谷边缘分布呈残丘，低山状的高原浅切高山，在上述基础上经冰川、流水、风的作用和改造，形成多种地貌类型。不同类型的地貌特征表现着不同的土质和生长不同类型的植被。

【气　候】 气候属于内陆高原亚寒带季风半干旱气候，其主要特征是空气稀薄、低温、多风、日照时间长、干旱少雨且分布不均。年平均降雨量 218.1 毫米，相对湿度 40%。年平均日照时间 2919 小时。年平均风速 3.8 米 / 秒，最高风速可达 38 米 / 秒（12 级）以上，8 级以上大风每年平均 104 天，年降雪 38 天，绝对无霜期年均 27 天，雷暴日数平均 69 天。

建置区划

【建置区划】 申扎古称那仓德巴，1886 年纳仓德巴改为申扎宗，由西藏噶厦政府直接委派宗本。直至西藏民主改革前，为噶厦政府所统辖。1959 年西藏自治区筹委会将原申扎宗和后藏达那伦珠则卡的堪巴查桑、新沟两部落和多巴、卡彭、多瓦、卓瓦等部落合并为申扎县，辖区面积 19.7 万平方公里。隶属那曲地区管辖。1977 年经西藏自治区批准，又将县境内 7 区 1 公社划分为文部和双湖两个办事处（县级单位），均直属那曲行署领导。

【行政区划】 1978 年，申扎县在行政区划管理申扎、雄梅、巴扎 3 个区和 21 个乡级人民政府。1988 年，申扎县开始进行撤区并乡，将 21 个乡合并为 8 个乡，分别为申扎乡、下过乡、雄梅乡、塔尔玛乡、巴扎乡、买巴乡、卡乡和马跃乡。2000 年，申扎县管辖 8 个乡及 73 个行政村。2008 年 8 月，对行政村进行整合，整合后下辖 2 镇 6 乡，62 个行政村，包括 2 个社区居委会（嘎桑多居委会、融塞多居委会）。2018 年，下辖 2 镇 6 乡（申扎镇、雄梅镇、下过乡、塔尔玛乡、巴扎乡、买巴乡、卡乡、马跃乡）及 62 个行政村，256 个自然村。

民族人口

【民　族】 受自然地理和气候的影响，人口分布呈点状，高原山地人口分布少，低谷地人口分布多，申扎县境内主要以藏族为主，另有汉族、蒙古族、回族、羌族等。

【人　口】 2018 年底，全县总人口 22067 人，其中牧业人口 19799 人，城镇人口 2268 人，男性 10916 人，女性 11151 人。

生态资源

【自然资源】 申扎县水系分布广泛，季节变化明显，县内主要河流有申扎藏布、准布藏布、阿里藏布、扎加藏布、永珠藏布等。主要湖泊有色林错、格仁措、错鄂湖、吴汝措、孜桂措、恰桂措等。动植物资源丰富，有雪豹、藏棕熊、藏狐狸、荒漠猫、野驴、藏羚羊、岩羊、盘羊、黄羊等 20 多种国家和自治区一、二级重点保护野生动物资源，有黑颈鹤、天鹅、斑头雁、黄鸭、白鸭、藏雪鸡、高原裸鱼、水獭等诸多鸟类和鱼类资源。申扎县错鄂湖鸟岛为世界海拔最高鸟岛之一，湖面面积 296 平方公里，鸟类 100 多种。另有雪莲花、当归、红景天、贝母等名贵中药材，有多处温泉。申扎县境内有丰富的矿产资源，现勘探查明的主要金属有铅、锌、沙金、铜、铬、铁、钼等；非金属矿有小玉石、水晶石、煤等。申扎县境内有许多新石器时代文物，如下过石器、多格则石器、江扎遗址、查刚遗址等。风能和太阳能资源更是藏北高原的普遍性资源。在西藏动物地理区划中，申扎属古北界—青藏区—羌塘高原小区的南部，分布有众多高原特有珍稀野生动物。申扎县属典型的纯牧业大县，牧业主要饲养牦牛、绵羊、山羊等，畜产品主要有牛羊肉、牛羊绒、皮张、羊毛和各类奶制品等。

【自然人文景观区域】 充分发挥申扎生态旅游优

势，以生态优势吸引国内外游客，形成城乡旅游最佳观光旅游景区。围绕该区域内的神山圣湖、寺庙、古遗址作为主景观区，集中分布于申扎镇3村、4村，雄梅镇6村、7村、8村，买巴乡1村、5村境内，其中重点景点包括申扎镇甲岗山、雄梅镇当琼山、买巴果芒湖、纳木错的眼睛、扎岗遗址。

【生态观光牧业区域】 以申扎、买巴两个乡（镇）为牦牛肥育基地、服饰加工厂、奶制品加工厂观光牧业旅游发展区域。以雄梅的尼龙鱼窝、买巴的曲甲唐、果嘎唐、扎扛羚羊观赏点、乃那溶洞、鸟岛等为生态观光区域。

【休闲旅游区域】 近郊休闲旅游区：以申扎镇为重点区域，交通方便，区位旅游优势突出，并且具有当地特色的10顶帐篷组成的牧家乐。休闲旅游区：以雄梅镇的小康示范村、买巴的萨热牧家乐为重点区域。主要以建设休闲度假牧家乐为景点，吸收深层次旅游发展需求。

【土特产品】 申扎县为纯牧业县，高原畜产品资源丰富，有牦牛（绵羊、山羊）肉，牦牛（山羊）绒、皮张、羊毛、各类奶制品等畜产品，还有西梦达羊毛被、特色藏药（三十二味琼珠、达堆咔擦、琼阿……）、申扎野葱、当归、亚仍拉拉等充满乡土气息的特色产品和民族风格手工艺产品。

【国民经济与社会发展】 2018年生产总值达到5.89亿元，同比增长14.37%。第一产业完成8966.43万元，同比增长12.99%；第二产业完成12855.62万元，同比增长20.55%；第三产业完成37096.05万元，同比增长12.85%。农牧民人均可支配收入预计完成10434.63元，同比增长13.08%。地方财政收入完成2692万元，增长17.86%。固定资产投资完成12.41亿元，增长4.55%。城镇登记失业率控制在3%以内。金融机构各项存贷余额分别达到10.19亿元、3.63亿元，分别增长17.13%、11.69%。全县共有32所学校，其中中学1所、小学9所，双语三年制幼儿园1所，双语学前幼儿园21所，学前一年毛入园率93.95%，小学净入学率99.95%，初中毛入学率100.55%，义务教育巩固率达97.82%。全县医院机构11个，其中县2院1站（县人民医院、县藏医院、县防疫站），乡（镇）卫生院8个。村级卫生室62间，全县医疗卫生单位工作人员共268人。

申扎县属纯牧业县，畜牧业是支柱产业，全县草场面积196.24万公顷，占总面积81%，其中可利用草场面积207.87万公顷，占草场面积83%。各类牲畜存栏数为54.2674万头（只、匹），其中牦牛8.4227万头、绵羊35.9069万只、山羊9.6932万只、马2446匹。2018年，各类牲畜已生54.2674万头（只、匹），成活24.4987万头（只、匹），成活率93.46%；其中，牛已生3.5631万头，成活3.3839万头，成活率94.97%；绵羊仔畜应生35.5882万只，已生17.7330万只，成活16.7893万只，成活率94.68%；山羊已生4.8816万只，成活4.2943万只，成活率87.97%；马已生350匹，成活306匹，成活率87.43%。各类牲畜大畜死亡8246头（只、匹），死亡率1.57%；其中，牦牛死亡1042头，死亡率1.60%；绵羊死亡5417只，死亡率1.58%；山羊死亡1736只，死亡率1.60%；马死亡51匹，死亡率2.29%。各类牲畜出栏数22.03万头（只、匹），出栏率41.89%；牦牛出栏数2.1259万头，出栏率29.35%；绵羊出栏数14.6379万只，出栏率42.68%，山羊出栏数5.262万只，出栏率48.57%；马出栏数56匹，出栏率2.52%。肉产量5830.94吨，其中牛肉3134.47吨，羊肉2696.47吨；奶产量4224.45吨，其中牛奶2577.84吨，羊奶1646.61吨；羊毛265.54吨，绵羊毛240.08吨，羊绒10.83吨，牛绒18.19吨，牛毛20.35吨，牛皮2.1557万张，羊皮20.5505万张，牛犊皮1773张。

政　治

中国共产党申扎县委员会

综　述

【概　况】 2018年在自治区党委、政府和那曲市委、市政府的坚强领导下，申扎县委高举中国特色社会主义伟大旗帜，以习近平新时代中国特色社会主义思想为引领，深入学习贯彻落实中共十九大、十九届二中、三中全会精神，深入学习贯彻区党委第九次党代会和九届三次全会精神，深入学习贯彻市委一次党代会精神和一系列重大决策部署，深入贯彻落实习近平总书记治边稳藏重要战略思想和“加强民族团结、建设美丽西藏”、争当“神圣国土守护者、幸福家园建设者”的重要指示和“依法治藏、富民兴藏、长期建藏、凝聚人心、夯实基础”的重要原则，不忘初心，牢记使命，砥砺奋进，统筹推进“五位一体”总体布局和协调推进“四个全面”战略布局，牢固树立践行新发展理念，毫不动摇坚持“两个维护”，始终坚持市委“12345”发展思路和县委“555”发展思路，坚持“稳中求进、进中求好、补齐短板、缩小差距”工作总基调，着眼牧业供给侧结构性改革，聚焦决战决胜脱贫攻坚总目标，坚决凝心聚力谋改革、促发展，不断围绕中心、服务大局，实现社会经济不断发展壮大，社会局势持续和谐稳定。

【基层党建工作】 理论学习。县委理论中心组学习11次，参与人数600余人；党的政治纪律和政治规矩集中教育1148次，开展讲党课184次、专题讨论4347次，撰写心得体会1605篇、简报600期，宣讲培训2321人次；深入开展“夜读一小时”活动10次，54人进行朗读；开展主题党日活动，现已组织干部学习1000余次。

组织建设。根据《中国共产党和国家机关基层党组织工作条例》规定机关党员3人以上成立党支部的要求，对原有的21个联合党支部进行调整，现有党支部38个；在市委和中信集团的关心关怀下，以及县人民政府的鼎力支持下共拨付3911万元（市委拨付2400万元、中信集团援助1200万元、县政府出资300万元，剩余11万元待项目验收合格后由市委通过奖补形式下拨）用于全县20个村（居）新建村级组织活动场所标准化项目建设。

从严治党。坚持干部管理严管与厚爱相结合，严格执行《那曲市机关单位干部职工请销假规定》，对未正常履行请销假手续、逾期未归、脱岗、睡岗等进行降职处理1人，全县通报批评20人，其中县级领导2名、科级干部9名、驻村工作队8名、第一书记2名。

发展党员。按照“控制总量、优化结构、提高质量、发挥作用”新十六字方针和不低于3∶1的比例确定发展对象的原则，年内，全县共有党员3223名，在职干部党员734名，农牧民党员

2455名，离退休党员34名，2018年积极分子转为预备党员107名，预备党员转正191名。

党风廉政。召开2次县委全委会，听取2次人大党组、政府党组、政协党组、县委各部委和各乡（镇）党委工作汇报，召开党的建设工作领导小组会议7次。与8个乡（镇）签订党建目标责任书，县委书记亲自部署、亲自带领县委班子成员集体参加“3·23警醒日”活动，认真落实法定节假日期间“四风”监督检查长效机制，下发8份关于严明节假日期间纪律、驰而不息纠正“四风”的通知，组派16个工作组全面监督检查全县节日期间纠正“四风”工作开展情况。

【重要会议】 全委会。召开2次县委全委会，听取2次人大党组、政府党组、政协党组、县委各部委和各乡（镇）党委工作汇报，安排部署基层党建工作，召开党的建设工作领导小组会议7次。一是召开中共申扎县委七届四次全委（扩大）会议，由市政协副主席、县委书记夏彦代表县委常委会向县委全委会作《坚持以实际行动践行对党中央绝对忠诚坚持以人民为中心的思想推动申扎长足发展和长治久安》的工作报告，审议《中共申扎县委员会关于贯彻落实中共十九大、区党委九届三次全会、地委（扩大）会议精神，决胜全面建成小康社会的实施意见》；二是召开县委员会七届五次全委（扩大）会议，由市政协副主席、县委书记夏彦作以《深入贯彻落实中共十九大区党委九届三次全会市第一次党代会精神全力推进申扎县各项工作取得新的更大成绩》为主题的工作报告，会上传达学习《松吉扎西书记在市第一次党代会上的讲话精神摘要》，并由全体参会人员重温“入党誓词”、奏唱《国歌》，共183人参加会议。

常委（扩大）会议。召开常委（扩大）会议37次，传达学习各项重要文件、会议精神，深入贯彻落实中共十九大、十九届二中、三中全会和第六次西藏工作座谈会精神，深入贯彻落实那曲工作会议精神，特别是区党委书记吴英杰和市委书记松吉扎西的重要讲话精神，动员全县干部职工，进一步统一思想、凝聚共识、抢抓机遇，努力开创申扎经济社会长足发展和长治久安新局面，谱写申扎改革发展稳定新的历史篇章。

县委、人大、政府、政协联席会议。召开33次四大班子联席会议。一是传达学习西藏自治区《关于贯彻落实中央八项规定的实施办法》，着力纠正“四风”问题，政风行风得到进一步好转；二是讨论通过《关于2017年度全县经济社会发展目标管理责任考评拟表彰单位和乡（镇）的请示》对乡（镇）基层党建目标责任制、落实党风廉政建设责任制、安全生产、寺庙属地管理、宣传思想文化、社会治安综合治理、财政工作和经济社会发展目标管理责任考评综合奖等8项进行表彰，分别表彰前三名，总金额为26.9万元；三是研究水利局提交的《关于农村饮水安全提供工程“十三五”规划修编的报告》，综合各方面需求，申扎县计划需求新建各类水井724个，维修120个水井，预算投资8587.49万元；四是研究通过《申扎县2018年经济发展目标管理责任制完成情况的自查自评报告》。

【其他重点工作】 发展经济。全县生产总值完成58918.11万元，同比增长14.59%。其中，第一产业完成8966.43万元，同比增长12.99%；第二产业完成12855.62万元，同比增长20.55%；第三产业完成37096.05万元，同比增长12.85%；农牧民人均可支配收入完成10429.54元，同比增长13.02%；固定资产完成12.4亿元，同比增长4.55%；社会零售品消费总额7560万元，同比增长16.3%；地方财政一般预算收入2627万元，增长15.01%；金融机构存款、贷款余额分别达到11.44亿元、3.78亿元，分别同比增长3.33%、12.1%；邮政通乡率、电信、移动通信率得到大幅提高，经济发展呈现良好态势。

脱贫攻坚。全县上下紧紧围绕扶贫脱贫指标

任务，制定全县“5+2+9”脱贫思路，促进脱贫攻坚扎实，召开脱贫攻坚指挥部会议20次，全面督导7次；加强县级资金配套，拨付上年度财政收入15%资金（342.6万元）充实脱贫攻坚经费；拨付5万元实施“领头雁工程”，表彰先进致富带头人；强化10项到村到户和4项补齐基础设施短板举措，深入推进脱贫攻坚。

民生改善。狠抓民生改善第一任务，坚持“以人为本”，更加注重保障改善民生，深入推进养老保险服务、医保服务、就业服务、住房保障、农民工权益保障、公共医疗，重点关注困难人群、精神障碍患者、残疾人士、特困人员等。

【特色和亮点】 一是启动推进县委主要领导督导检查，督导检查深入全县8个乡（镇）及部分村（居）、县直各单位对精准脱贫、污染防治、维护稳定、民族团结、经济发展、民生改善、基层党建等方面进行全面实地督导检查；二是深化三大建设成果巩固提升，以县委“大工作格局、大制度体系、大监督机制”三大建设着力推进全县各项工作迈上新台阶；三是总结形成县委生态环境保护“1245”思路，着力推进全县生态环境保护全面提质增效，城乡面貌得到极大改善；四是制定践行县委“夜读一小时”“观看爱国主义教育片”制度，进一步提高干部职工理论水平和激发爱国情怀。

【中国共产党申扎县委员会领导名录】

那曲市政协副主席、申扎县委书记：夏　彦

县委副书记、政府县长：格桑多吉（藏）

县委副书记、县人大常委会主任：

旦增旺久（藏）

那曲市委副秘书长、县委副书记：

陈人杰（援藏）

县委副书记：张志周（7月离职）

县委副书记、纪检委书记、监察委员会主任：

桑嘎顿珠（藏，4月离职）

县委副书记、常务副县长：

巴　多（藏，4月任职）

县委常委副书记：李志刚（援藏）

县委常委、统战部部长、民宗局局长：

阿　旺（藏）

县委常委、组织部部长：嘎玛泽仁（藏）

县委常委、宣传部部长：杜林春

县委常委、常务副县长：

巴　多（藏，4月离职）

县委常委、政法委书记、公安局党委书记、政委：次仁达瓦（藏）

县委常委、纪检委书记、监察委员会主任：

尼玛卓嘎（女，藏，4月任职）

县委常委、县委办主任：

索朗扎西（藏，9月任职）

中国共产党申扎县委员会办公室

【概　况】 2018年，在县委的坚强领导下，县委办全体工作人员，深入学习贯彻中共十九大、十九届二中、三中全会精神，以习近平新时代中国特色社会主义思想为引领，不断围绕中心、服务大局，聚焦县委统揽全局、协调各方强化统筹服务，紧扣综合服务、出谋划策、工作推动主题主线，以“提质、提速、提效”为目标，践行弘扬“忠诚、敬业、严谨、高效”办公室精神，始终增强政治纪律和政治规矩，深入推进全面从严治党，强化党性锻炼提升，着力增强“四个意识”，坚定“四个自信”，坚决做到“两个维护”，进一步凝心聚力，集众智、尽全力，持之以恒当好参谋助手，全力以赴抓好领导指示落实，坚定不移全面推进各项工作落地见效。

【从严治党】 深入学习中共十九大精神和习近平新时代中国特色社会主义思想，兼顾党的基本知识、党纪党规和各级党委会议文件精神学习，深入推进“两学一做”制度化常态化，集中组织学习“两学一做”39次、党的政治纪律和政治规矩集中学习教育8次、党章党规党纪和习总书记系列重要讲话57次，进一步强化学习教育。深入落实“三会一课”制度，强化党支部理论学习47次，组织开展支部大会、支部委员会、党小组会12次，支部书记讲党课5次；开展组织生活126次，组织座谈交流44次，撰写心得体会132篇，开展主题实践36次，形成简报104期，进一步加强思想建设。紧扣“做合格党员”主题，组织开展学习中共十九大精神专题组织生活会1次、党的政治纪律和政治规矩专题组织生活会2次，进一步增强全体成员政治自觉、思想自觉和行动自觉。

【保密工作】 扎实维护保密安全，严格贯彻落实市委保密工作要求，着力强化全县保密工作开展规范有序。着力加强保密宣传教育，全县“二十个不”保密口诀全部上墙，制作保密工作手册200本，发至驻村工作队。制定出台《申扎县8个乡（镇）及县（中）直各部门定密责任人员名单》规范性文件，明确各乡（镇）、各单位具体定密责任人。组织摸底排查全县各乡（镇）、各单位、各驻村工作队涉密电脑、保密柜使用情况，调研完成全县各报废涉密载体统计，并组织专项人员及时护送至市销毁中心统一销毁，进一步提升保密成效。加强档案基础设施建设，强化各类文献归档整理，规范文件借阅登记流程，明确涉密与非涉密文件分类管理。

【督查工作】 严格落实县委重大决策部署和主要领导指示要求，采取实地督查、电话督查、书面督导等方式，全县的督查检查考核工作，综合性方面开展2次，分别是县委督导检查和年终综合考评验收，涉及有关乡（镇）和县直部门问题已整改完毕，综合考评验收全部完成；强化县委书记下乡调研发现问题督促整改，发放《督查交办单》19期，形成《督查专报》19期。

【其他重点工作】 一是办文细致，深入贯彻落实精文简会要求，严格办文标准，着力压缩发文数量，规范公文处理程序，公文出错率大幅减少。一年来，办理中央、自治区、市各类来文来电1611件，办理各乡（镇）、县直各单位请示、报告58件，以县委和县委办名义印发各类红头文件308件。二是办会严谨，严格落实各级党委会议要求，控制会议次数和规模，认真做好会议会前通知、会中服务、会后情况收集上报等服务工作，注重加强会议议题、议程安排的协调把关和周密考虑完善各个环节，特别是对县委全委会、县委常委（扩大）会议、四大班子联席会议等高规格会议，提前对需要审议的议题进行认真审核，并报县委主要领导审定同意后提交会议研究，从源头上确保会议的权威性和高效性。一年来，筹办完成各项会议49次，逐步加强和改进办会工作。三是发文精简，紧扣全县经济社会生态稳定发展大局，推动集聚众智、汇聚众力，全力发挥好参谋助手作用，起草领导讲话稿80篇、全县工作总结2篇、申党发文件3份、申委文件21份、申党办文件2份、申委办20份、党史大事记17篇、改革工作17篇、农工工作报告2篇、书记下乡调研报告17篇。

【中国共产党申扎县委员会办公室领导名录】

县委常委、县委办主任：

索朗扎西（藏，9月任职）

县委办主任：郭　志（3月离职）

县委办副主任、机要局局长：

旦增罗布（藏，3月任职）

县委办副主任：李振坤（3月任职）

主任科员：郭　志（3月任职）

张　岩（3月任职）

副主任科员：焦　鑫（3月任职）

申扎县人民代表大会

综　述

【概　况】 2018年，在申扎县委的坚强领导下，在那曲市人大常委会的关心指导下，在“一府一委两院”的支持配合及各级代表的共同努力下，申扎县人大常委会始终坚持以习近平新时代中国特色社会主义思想为指导，深入贯彻落实中共十九大、十九届二中、三中全会精神，主动服从和服务于县委中心工作，切实履行好宪法和法律赋予的职责，努力提升县人大常委会工作的整体水平，充分发挥地方国家权力机关的作用，充分调动各级代表的履职积极性、主动性，积极听取和审议“一府一委两院”专项工作报告，检查法律法规实施情况，任免一批国家机关工作人员，圆满地完成申扎县第十二届人民代表大会第四次会议确定的各项任务，为全县经济建设、政治建设、文化建设、社会建设和生态文明建设做出新的贡献。人大常委会根据法律法规和年初工作计划，开展各项工作。主要是依法召开县乡两级人民代表大会、人大常委会常务委员会议、人大常委会主任会议；积极开展工作监督和法律监督；开展形式多样的代表工作和人大代表之家工作；维护社会稳定工作；决定重大事项和干部任免相关工作以及人大业务、自身建设等工作。

【重要会议与决议、决定】 县人大常委会主任会议4次，主要研究确定人大常委会会议和县乡人民代表大会的召开时间，会议议程、代表辞职、暂停代表职务、代表补选、培训，代表提出的议案、意见建议的梳理和研究转交等闭会期间相关工作的安排部署。

人大常委会委员会议3次，听取审议人民政府工作报告、人大常委会工作报告、人民法院工作报告、人民检察院工作报告；听取审查2017年国民经济与社会发展计划执行情况报告及2018年国民经济与社会发展计划草案报告、2017年财政预算执行情况、有关部门的经费调整报告及2018年财政预算草案报告，大会批准六大报告并做出审议和审查决议。听取审议申扎县第十二届人大四次会议列席人员名单（草案）；审议通过受人民政府委托，《关于在全县公民中开展法制宣传教育工作第七个五年规划》草案、《关于实施县城规划内商业用地国有土地使用权拍卖出让的方案》草案等5件，审议通过4件。

2月23日，县委副书记、人大常委会主任旦增旺久作人大常委会工作报告

4月23—25日，申扎县第十二届人民代表大会第四次会议召开，大会批准六大报告并做出审议和审查决议。大会选举出席那曲市第一届人民代表大会代表16名，有力确保上级组织的意图通过法定程序变为全县人民的共同意志和行动。

主要工作

【监督工作】 一是依法依规履行工作监督。积极参与政府采购过程监督，累计38次，涉及资金1342.51余万元，以上采购验收提出整改建议共8条；干部调动工作交接监督9次；督导检查乡（镇）人民代表大会工作、村（居）“人大代表小组”3次，12人次。二是依法依规履行法律监督。2018年审议《关于在全县公民中开展法制宣传教育工作第七个五年规划》草案、《关于实施县城规划内商业用地国有土地使用权拍卖出让的方案》草案等5件，审议通过4件；听取审议（审查）专项工作报告6项，听取政府机关主要负责人工作汇报3次，视察调研3次，执法检查1次，督促落实规范性文件5起，参与法院开庭2次，2人次；参加教体局招标会1次。有力促进“一府一委两院”依法行政、依法监察、公正司法。

【建　议】 向自治区第十一届人民代表大会第一次会议提出建议8条，向那曲市第一届人民代表大会第一次会议提出建议10条，充分体现为民办实事、解难事，充分反映人民呼声、代表意愿。

2月24日，申扎县第十二届人民代表大会第三次会议上选举投票

【人事任免】 依法任命县人大常委会委员1名、副主任1名；申扎县监察委员会主任1名；（直）机关主要负责人6名，所有被任命人员在就职时公开进行宪法宣誓。依照《中华人民共和国地方各级人民代表大会和地方各级人民代表大会代表法》，依法免去2人申扎县十二届人大常委会委员职务、同意3人辞去申扎县第十二届县级人大代表职务、同意1人辞去自治区第十一届人大代表职务，暂停1人县级人大代表职务。

【推动提案议案落实】 在第十二届人民代表大会第四次会议期间，代表们共提出议案和建议164条。县人大常委会经过认真研究每条建议，按照每个建议反映问题的管理权限确定具体的承办单位25家，在规定期限内全部办理完毕，并答复代表。人大常委会高度重视加强对重点建议的督办，开展跟踪检查，代表对建议办理过程和办理结果的满意率均有所上升。

【代表工作】 一是区、市、县、乡四级人大代表在各级党委和县人大常委会、乡（镇）人大主席团的指导下，结合脱贫攻坚指挥部的工作要求，充分发挥基层人大代表的参政议政作用，进一步加强对各乡（镇）扶贫惠民政策的落实情况进行监督；及时监督扶贫领域各项资金落实落地，确保专款专用，真正体现扶贫工作“六个精准”，助推申扎广大牧民群众早日脱贫、奔赴小康社会。二是进一步加强和改进代表工作。注重提高代表素质，为代表发放《西藏自治区地方性法规》《代表履职问答》等学习资料，畅通代表的知政渠道；四是推动基层人大代表履职工作，组织举办各乡（镇）人大主席、人大专干履职培训会，代表认真学习《人大代表初任法律规范与履职常识》《如何提出议案及建议》等内容；三是组织7名代表在外地参加各类培训，全面提高人大代表的政治理论素质、履职能力和法治意识

【人大代表之家工作】在各级党委的高度重视和各级政府的大力支持下，人大及其常委会经过2年时间，因地制宜地创建9个“人大代表之家”，50个“人大代表小组”覆盖县、乡（镇）、村（居）400多名四级人大代表以代表小组为基本单位，依托“人大代表之家”开展闭会期间活动，代表履职平台建设和作用发挥实现预期目标，促进人大工作职能发挥和工作提升。人大机关、乡（镇）“人大代表之家”，村（居）“人大代表小组”学习培训23次，531人次；集中视察14次，327人次；专题调研2次，55人次；联系选民104次，1584人次。

【自身建设】 一是坚持正确政治方向。人大常委会牢固树立“四个意识”，始终坚定“四个自信”，坚决做到“两个维护”，以习近平新时代中国特色社会主义思想统领人大各项工作，毫不动摇地走中国特色社会主义政治发展道路、法治道路，深入学习贯彻中共十九届二中、三中全会精神和贯彻落实宪法修正案主要内容，推进人大监督、决定、任免等各项工作，保证党的决策部署在人大工作中得到全面贯彻和有效落实。二是党建工作扎实有效。人大工作坚持把党的政治建设摆在首位，充分发挥人大党组在人大工作中“把方向、管大局、保落实”的领导作用，坚持重要工作、重大事项向县委请示报告制度，紧紧围绕

县委决策部署，科学谋划、扎实推进人大各项工作，充分发挥地方国家权力机关的作用。切实加强人大党组对人大常委会、人大支部的领导，积极组织开展各项教育、学习和活动。

【执法检查工作】 根据区市人大工作规划和工作要求，结合申扎实际，利用一周的时间开展《中华人民共和国教师法》《西藏自治区关于贯彻落实〈中华人民共和国教师法〉实施办法》的专项执法检查，通过检查，进一步端正全县正确的社会主义办学方向，进一步营造尊师重教的氛围，保障教师的合法权益；进一步加强教师队伍建设，规范教育教学工作；助力教育事业健康科学发展，助推全县经济社会快速发展和长治久安。参与该次执法检查达50余人次，检查中小学及幼儿园共7所。

【其他重点工作】 一是坚决贯彻落实习近平新时代中国特色社会主义思想和治边稳藏重要论述，紧紧围绕县委关于维护稳定的各项决策部署，认真落实值班带班制度，在做好单位内保工作的同时，做好敏感期、重要时段、敏感节点维稳工作。其间，人大常委会主任、副主任5人深入县（直）单位、各乡（镇）、村（居）、寺庙开展维稳督导检查工作，累计150余天；督导过程中发现的问题及时督促整改，有力化解各类矛盾纠纷，消除各类安全隐患；二是邀请10余名代表列席人大常委会等有关重要会议。视察县人民法院、县人民检察院、教体局、各学校、国土局等部门工作，保证代表更好了解民意、知情知政。三是申扎县委副书记、人大常委会主任旦增旺久、副主任熊刚分别带队人大办公室工作人员到马跃乡三村及申扎镇二村开展结对帮扶活动，了解结对帮扶户基本情况和落实相关政策，并为9户送去慰问品，折合1800元。

【申扎县人民代表大会及其常务委员会领导名录】

县委副书记、人大常委会主任：

旦增旺久（藏）

人大常委会副主任：

平措尼玛（藏，7月离职） 刘彦翔

熊　刚　国　杰（藏、10月任职）

申扎县人民代表大会及其常务委员会办公室

【概　况】 2018年，在申扎县人大常委会坚强领导下，工作人员的支持配合及共同努力下，申扎县人大常委会办公室始终坚持以习近平新时代中国特色社会主义思想为指导，深入贯彻落实中共十九大、十九届二中、三中全会精神，紧扣常委会全年工作安排，围绕“参与政务、管理事务、搞好服务”的要求，团结一致，真抓实干，勤奋努力，积极为常委会全局工作中发挥应有的作用。

【公文管理】 严格执行国家行政机关公文处理办法实施细则，规范公文处理。认真做好文件的签收、登记、初审、分发、传阅、拟办、批办、承办工作，确保所收每件公文都得到及时有效正确处置。认真做好公文起草、审核、签发、复核登记、印制、校对、核发工作，确保人大常委会的决策部署通过公文落到实处。严格执行保密规定，完成进行立卷归档工作。

【“三会”服务】 围绕常委会工作，做好“三会”服务工作。严格按照会议议题和常委会领导的要求，及早谋划，精心准备会议材料，认真做好会议通知、议题安排、会议服务、有关材料准备、会议记录、审议意见转达等各项工作。圆满地完成申扎县第十二届人民代表大会第三次、四次会议；5次常委会会议；5次常委会主任会议的筹备和服务工作。积极主动参与协调做好各种调研、视察等活动的前期准备工作，努力为常委会依法履职提供服务保障工作。

【财务保障】 按照“量入为出，合理开支”的原则，原则执行财经纪律和规定，确保人大机关高效运转。认真开展单位预算，保证全年工作的顺利开展。严格按时报支出计划的方式，规范财经秩序。落实经办、出纳、审批三分离的制度要求，保证财务安全。

【自身建设】 加强思想作风建设。人大常委会办公室支部坚持“两学一做”教育常态化，结合“三会一课”，落实“主题党日”活动制度，积极履行党风廉政建设主体责任和监督责任，认真学习贯彻执行《中国共产党章程》《关于新形势下党内政治生活的若干准则》《中国共产党党内监督条例》《中国共产党纪律处分条例》《习近平关于严明党的政治纪律和政治规矩论述》，严格落实中央“八项规定”及其实施细则，积极配合县委巡察组的专项巡察，狠抓整改落实，全面推进人大常委会办公室工作人员思想、组织、作风和能力建设。集中学习 12 次、46 人次。

【代表之家】 完善制度，用制度管人，按制度办事，是规范机关人大之家管理、提高工作效率和服务水平的重要保证。办公室及时建立健全规章制度 8 项、4 项职责、3 项办法，17 项工作台账，通过制度的建立和实行，把人大代表和机关工作人员纳入制度约束的轨道，做到明确责任，量化标准。

【申扎县人民代表大会及其常务委员会办公室领导名录】

主任：格桑多吉（藏）

主任科员：王莉娟（女）

乔自松（4 月任职）

申扎县人民政府

综　述

【概　况】 2018 年，是全面贯彻落实中共十九大精神的开局之年，是改革开放 40 周年，是那曲撤地设市之年，也是申扎发展进程中不平凡的一年。认真贯彻中共十九大和十九届二中三中全会精神，坚持以习近平新时代中国特色社会主义思想武装头脑，树牢“四个意识”，坚定“四个自信”，坚决做到“两个维护”。坚持新发展理念，坚持“稳中求快、快中求好、补齐短板、缩小差距”工作总基调，坚决打好“三大攻坚战”，落实县委“555”发展战略，按照“三大定位”战略布局，在县人大、政协的依法监督下，加快高质量发展，经济社会取得新成效。

【经济发展】 完成生产总值 5.89 亿元，增长 14.37%。农牧民人均可支配收入完成 10434.63 元，增长 13.08%。地方财政收入完成 2692 万元，增长 17.86%。社会消费品零售总额达到 7560 万元，增长 16.3%。固定资产投资完成 12.41 亿元，增长 4.55%。城镇登记失业率控制在 3% 以内。金融机构各项存贷余额分别达到 10.19 亿元、3.63 亿元，分别增长 17.13%、11.69%。

【项目建设】 全年，开复工项目 170 个，总投资 26.28 亿元，完成投资 12.41 亿元。其中，复工 17 个，总投资 3.34 亿元，完成投资 1.99 亿元；新开工 153 项，总投资 22.94 亿元，完成投资 10.41 亿元。实施县城集中供暖、县城老垃圾填埋场恢复治理工程等。开工建设 3 条通乡油路，至此，全县所有乡（镇）通油开工率达到 100%。水利口 PSL 贷款项目落实 5 个。实施村级组织活动场所标准化建设 16 个。

【民生和社会事业】 始终坚持以人民为中心的发展思想，公共服务水平进一步提升，民生保障进一步完善。尽力而为、量力而行，实施“阳光工程”“金翅膀工程”和环卫工、临时工提标工程，大力表彰“最美乡村教师、医生”，推进乡（镇）美化亮化工程，购买牧民群众人身意外伤害保险等。建设干部职工周转房 44 户。棚户区改造签订拆迁协议并开工建设 146 户。完成农牧区危旧房排查，落实 2017 年农村危房改造资金 75 万元，兑现 44 户租赁住房补贴资金 19.29 万元。总投资 900 万元实施安全饮水巩固提升工程。6 个乡（镇）农村电网延伸工程初设报告通过评审，进行施工招标。开工建设通村硬化路 29 条、市政道路 1 条。行政村宽带光纤全覆盖。城乡医疗救助 1121

人次，救助资金155.65万元。临时工工资落实提标250元。兑现农村低保和城镇低保资金535.54万元。兑现60周岁以上养老金302.2万元。“双集中”工作扎实有效，实现两个100%。全民参保有序推进，严格征缴民工工资保障金和工伤保险金。不断加大劳动监察力度，受理办结拖欠民工工资案件40起。财政收入27%支持教育事业发展。加强师资队伍建设，素质教育全面启动。完成申报国家“三区三州”项目库。继续对牧区考入高等院校申扎籍大学生报销全部学费、生活费。学前一年毛入园率93.95%，小学净入学率99.95%，初中毛入学率100.55%，义务教育巩固率达97.82%。申扎县第六届甲岗山（色林错）物资交流会暨赛马艺术节取得圆满成功。基层文化设施全部免费开放，县电影院主体和内部装修全部完工，投入190万元维修扩建3个乡（镇）文化站。西藏作家协会“深入生活、扎根人民”笔会在申扎县顺利召开。申扎文联编辑出版《申扎岩画》等丛书。《申扎县志》二轮修志进入终审阶段，第一部年鉴出版。全面落实即时结报制度，上级转诊定点医院增至12家。落实“一孩双女”计划生育家庭奖励扶助和独生子女伤残死亡、特殊困难家庭扶助资金48.44万元。住院分娩率95.1%。家庭医生签约率100%。设立50万元医疗兜底保障金，建档立卡贫困户医疗费用报销达到100%。落实“三个一批”行动计划。继续推进包虫病筛查治疗和居民健康体检工作，包虫病筛查率100%，药物治疗率100%，手术治疗率96.07%。8个乡（镇）配备卫生流动服务车。4个乡（镇）卫生院推行标准化建设。藏药声誉不断提升，藏医院工程完工验收。采取措施及时查处食品药品领域违法案件5起，全年未发生食品药品安全事故。

【援藏工作】 中信集团年度援藏资金达到3000万元，援建项目5个。首次引入政府法律顾问制度，依法行政步入轨道。

【特色经济】“互联网＋政务服务”工作有序推进，县乡村三级组网成功。国库集中支付改革全面铺开，开启乡（镇）财政所标准化建设。编制完成申扎县土地利用总体规划及矿产资源规划。加强土地利用管理，县城城区内盘活土地用地7宗，拍卖交易2宗地块使用权。全县不动产统一登记发证和农村集体土地确权发证工作有序开展，完成1031宗地内外业全部工作。撰写申扎县商标品牌战略规划，推行商标“六书二卡”制度。品牌商标建设力度不断加大，申报各类商标品牌7个。深化“放管服”改革，实现“三十三证”合一。转变经营理念，采取合作共赢的方式，城投公司实现收入413万元，色林错公司及劳务公司创收714.98万元。大力支持非公有制经济，全国第四次经济普查完成389家法人单位、761家个体户的基础统计。完善招商引资项目库项目20个，全年引资1.37亿元，落地0.78亿元。接待游客2万人次，旅游创收712.99万元。

【精准扶贫】 精准扶贫扎实推进。以脱贫攻坚统领全县各项工作，积极落实“两不愁三保障”等扶贫政策，突出实施“五个一批”工程。完成动态调整信息录入，剩余建档立卡贫困1085户4549人。开展扶贫干部、村两委和驻村工作队培训6次。扶贫领域问题234项，完成整改89.87%。产业扶贫项目完工18个，投产14个，实现总收入972.45万元，吸纳贫困人口就业151人。组建8个“一乡一社”和56个“一村一合”。“万千工程”人工种草超万亩，牛羊养殖场全部竣工。新开工建设易地搬迁184户，累计完工入住801户，每户按6000元标准配置家具。大力实施“金翅膀工程”，累计转移就业2611人，增收2075.42万元。9596个生态岗位落实补助资金3358.6万元。民政低保和扶贫标准“两线合一”，为2449人兑现定向扶贫补助资金63.67万元，兑现2372人农村低保金366.92万元。建档立卡贫困户医疗费用实现零支付。结对帮扶贫困户1961

户。全年，顺利完成223户915人脱贫和7个行政村退出任务，贫困发生率降至24.2%，预脱贫贫困户实现人均可支配收入9007.2元，全面完成年度脱贫任务。

生态建设成效显著。始终坚持环保优先、开发与保护并重的原则，促进环境与经济、社会协调发展。加大土地矿产执法监督，完成74宗地填报、录入系统工作。委托相关机构对矿产进行勘查、测量，95个矿点被列入矿产资源规划编写中。将35宗地列入村镇、城市第一批次建设项目用地报件中。扎实推进水生态建设，压实县乡村三级河长责任，“一河（湖）一策”工作有序开展。切实改善生态环境质量，推动大气、水、土壤污染治理行动，以中央环保督查、自治区第八环保督查和“2018绿盾行动”问题整改为契机，先后召开15次会议和58次专项检查研究环保整改事项，完成环保问题整改23项。聘请第三方公司按季度监测县域环境质量。投入216万元为县城新区和5个乡（镇）配置垃圾转运车和垃圾箱。认定自治区级1个优美乡（镇）及7个生态村。加强环保督导检查力度，下发并完成环保整改通知书41份。改造县城集中水源地。自然保护区人类活动行为得到有效整治。积极发挥野保员、湿地监管员等岗位职能作用，切实推进管护全覆盖。世界自然基金会（WWF）确立色林错湿地为国际重要湿地。第五次全国污染源普查工作全面启动。

【申扎县人民政府领导名录】

县委副书记、县长：格桑多吉（藏）
常务副书记：李志刚（援藏）
县委副书记、常务副县长：
巴　多（藏，4月任职）
政府副县长：次仁旦巴（藏）
次仁顿珠（藏）　周　格
益西曲珠（女，藏）
赤列旺杰（藏）　李智龙

申扎县人民政府办公室

【概　况】 2018年，政府办公室在县委、县政府的正确领导下，以十九大和习近平新时代中国特色社会主义思想为指引，深入贯彻落实中央第六次西藏工作座谈会、西藏那曲工作会、那曲市第一次党代会议精神，紧紧围绕全县中心工作，不断深化服务意识，改进服务方式方法，办公室的“三服务”水平不断提高，进一步发挥参谋助手、督促检查、协调综合、信访服务、后勤保障作用，牢固树立服务、效率意识，全面履行各项职责，为构建和谐申扎、推动全县经济社会全面协调快速发展做出应有贡献。

【认真履职】 综合文字材料工作。围绕“求短、求实、求新”的起草文件的文风要求，贴紧中心，突出重点，开拓创新，打造亮点，高质量、高效率地做好综合文字工作，为县委、县政府决策和实施决策提供优良的服务。起草好领导会议讲话材料。重点起草政府工作报告、经济工作会议讲话、脱贫攻坚工作会议讲话、防灾减灾工作会议讲话稿等材料，领导的满意度、基层的认同感不断提高。起草好各类汇报材料。起草好其他相关材料。共编发政府文件184份、政府发函60期、政府办文件68份、专题会议纪要11期，县长办公会议纪要9期，领导讲话、汇报材料300多份，在上传下达各类文件中坚持做到“零失误”。处理中央、自治区、市下发各类文件共297份，处理县委及各县直部门发文共188份。

会务工作。做好全县各类会议的组织筹办工作，确保会议的正常开展，政府办公室全体成员认真对待每一场会议，包括通知会议、布置会场、后台操控以及对会议期间各种不确定性故障因素的提前预防准备，进一步提高会议筹备工作质量，筹办县长办公会议9次，专题会议11次，政府党组学习会议4次。

档案管理工作。制定明确的收发文件规章制

度，培训收发室工作人员，原收发室卓嘎退休，完成收发室人员交替和工作交接。新购买两个档案文件柜，将接收的文件进行分类整理并登记，接收中央、自治区、市文件共297份，其中将接收的重点文件23份进行专项存档保管，做到简便、有序、高效、保密的收发程序，在很大程度上提高工作的效率。

政务信息工作。编发《政务信息》80期，《政府信息》367期。专门派遣1人到那曲市政府办公室信息科跟班学习信息编写等工作，切实加强与上级信息单位的沟通，保证上级部门对申扎县信息的采集量。

政务督查工作。对全县经济工作会议讲话任务分解、政府工作报告任务分解、政府为民办“十件实事”以及各类会议精神和各项资金落实情况，均能够在规定时间内按要求督查，并及时以《督查专报》的形式反馈督查结果。起草印发《督查专报》14期，有力推进各项工作的开展，为领导决策提供参考。

应急工作。组织开展应急演练2次，其他各类小型演练20余次，开展集中宣传7次，宣传人数达600余人次，确保全县公共安全和社会稳定。开展的全县消防应急演练邀请县委副书记、政府副县长巴多，政府副县长次仁旦巴，政府副县长益西曲珠亲自参与，取得良好成效。

扶贫工作开展情况。认真开展好结对帮扶工作，办公室先后四次开展结对帮扶工作，帮扶资金达7070元。安排工作人员到卡乡四村开展思想帮扶行动，进一步解放帮扶群众的思想，调动自主脱贫的积极性，为下一步开展脱贫工作打下良好基础。

【后勤服务中心工作】 车辆由机关后勤服务中心统一管理、调配。用于县领导及各单位人员出差、下乡公务服务用车，共派遣车辆1352余车次。严格执行接待清单制度，严格公务接待标准，严格执行伙食费收缴管理制度并制定接待制度。全年，共接待工作组193场次。向广大干部职工提供荤素搭配的一日三餐，广大职工就餐按自己的喜好和饭量进行选食，因各自的饮食要求不同，提出的各种要求尽最大努力满足。申扎县驻拉萨办事处以服务于申扎，服从于申扎为宗旨，认真完成县委政府和各级领导安排的各项工作任务，并为干部职工以及广大牧民群众提供服务和住宿。加强与那曲市驻拉萨办事处及市驻拉萨信访站和自治区信访局的联系，加强信息沟通，防止上访事件和及时处置突发事件。

【法制工作】 完成《政府工作报告》《财政工作报告》《法院工作报告》《县委宣传部、县司法局关于在全县公民中开展法治宣传教育工作的第七个五年规划》《在申扎县十二届人民代表大会四次会议党员大会的讲话稿》《那曲市申扎县城区域内的12宗国有建设用地使用拍卖规则》《“四讲四爱”群众教育实践活动方案》《进一步加强申扎县非婚生子女问题专题治理工作方案》《三八文艺节目主持词和3·28文艺节目主持词》等翻译任务。二是积极参加西藏自治区第十一届人民代表大会和那曲市撤地设市的翻译工作，共为期71天。三是深入全县8个乡（镇），8所学校，6座寺庙（日追拉康），开展对藏语文社会用字督导检查工作，全县的藏语文社会用字检查整改工作取得明显成效。四是完成全县范围内行政村、自然村村名、山川湖泊江河等地名核实工作，新增内容在录入中。

【地方志工作】 加强组织领导。安排88万元用于《申扎县志（2001—2010）》初审、复审、终审、验收等相关费用和《申扎年鉴（2017）》《申扎年鉴（2018）》的出版费用及《那曲年鉴》申扎篇幅资料入编费。编纂委员会主任或副主任定期或不定期的听取县方志修编工作开展情况，解决县方志工作中出现的新问题，为方志下步修编工作定时间、明责任、指方向、细措施。县政府副县长、地方志编纂委员会副主任益西曲珠主持召开方志工作会议，对县志补充修改任务分解表进行解释说明，明确各单位的志稿补充任务，对地方志工作进行全面的安排部署。地方志编纂委员会和工作人员多次向区地方志办以及申扎历届老领导请教，征求修改意见，结合他们的意见建议认真梳理志稿中的不足，并对县志补充修改任务再次进行安排部署。召开《申扎县志（2001—2010）》复审修改意见建议部署会，要求各单位积极行动，及时完成县志修改补充任务。县委副书记、政府县长、地方志编纂委员会主任格桑多吉主持召开申扎县地方志工作会议，就加快推进第二轮修志工作进行再安排再部署。与那曲市色尼区学习交流修志工作经验，推动方志工作有序开展。

《申扎县志（2001—2010）》编修情况。围绕《申扎县志2001—2010年》初审会议精神，先后征求自治区地方志办公室、市方志办、申扎历届老领导修改意见共41项，县地方志办制定下发《申扎县志（2001—2010）》复审稿补充任务分解表。组织县（中）直各单位召开联席会议3次，再次补充完善《申扎县志（2001—2010）》内容。《申扎县志（2001—2010）》复审稿在初审会的基础上进一步补充完善，篇数由原来的15篇、70章、256节、32幅图片，修改为16篇、64章、251节、71幅图片，行文和表格格式进行全面规范，顺利通过复审。终审稿在复审会的基础上进一步补充修改完善，最终形成16篇、69章、268节、103幅图片、47余万字的终审稿，提交给申扎县委第七届71次（2018年33次）常委（扩大）会议及四大班子联席（2018年14次）会议上，通过内部评审；并上报那曲市方志办审核。

综合年鉴编纂报送工作。按照关于报送《西藏年鉴（2018）》材料的函和《那曲市地方志办公室关于〈那曲市年鉴〉稿件编纂和图片征集工作的通知》精神，方志办及时落实专人负责，积极联系各有关单位提供资料及数据，收集资料组稿，及时完成《西藏年鉴（2018）》和《那曲年鉴（2018）》供稿任务。

《申扎县年鉴（2017）》编纂情况。在全县各单位中搜集年鉴相关材料，方志办按照编鉴要求进行分类整理，汇编后的资料进行多次审核校对。7月，《申扎县年鉴（2017）》正式出版发行。

《申扎县年鉴（2018）》资料编纂情况。下发给全县各单位、各乡（镇）《申扎县年鉴（2018）》资料上报通知，方志工作人员按照编鉴要求进行分类整理，汇编、对资料进行多次审核校对，对存在的问题进行及时修改。6月底，《申扎县年鉴（2018）》资料报送那曲市地方志办公室进行审核，并按照市地方志修改意见进行修改，《申扎县年鉴（2018）》由中州古籍出版社印刷出版。

【支部、业务学习】 开展办公室业务集中学习15次，对以后的工作开展提供专业性的支撑；进一步强化理论知识储备，丰富组织生活内容。一是积极开展学习制度，单位坚持每周一18：30—20：00开展党支部学习和单位业务知识学习制度，坚持工作不停止、学习不放松，积极将理论学习和单位业务工作相结合。二是积极响应县委政府关于脱贫攻坚工作的各项安排部署，积极创新思路，助力脱贫攻坚，召开支部大会专门听取全体干部职工对应的帮扶对策。三是积极将支部党建和党风廉政建设工作作为单位主要工作来抓，与单位业务工作同安排、同部署、同落实，在每周的支部和单位学习中加入党纪国法、政策法规的学习，单位主要负责人亲自传达学习各级党委政府关于党风廉政建设的文件、会议精神，支部班子和单位负责人认真监督全办党员干部的党风廉政建设情况和“四风”整改情况。切实加强单位党建工作，支部书记按时与各党员签订党建目标责任书，积极开展党内组织生活会，自觉组织全体党员干部加强党的理论知识和党风廉政知识，提升党员干部宗旨意识，净化党内环境。

【申扎县人民政府办公室领导名录】

主任：刘　刚

副主任：李林梅（女）

后勤中心副主任：嘎桑扎堆（藏）

主任科员（方志办负责人）：普布扎西（藏）

主任科员（信访局负责人）：达才旺保（藏）

副主任科员：次央金（女，藏）

中国人民政治协商会议申扎县委员会

综　述

【概　况】 县政协在县委的坚强领导下，在县政府的大力支持下，在区、市两级政协的有力指导下，始终高举习近平新时代中国特色社会主义思想伟大旗帜，牢牢把握团结和民主两大主题，全面贯彻中共十九大、十九届二中、三中全会和区党委九届三次、四次、五次全会精神，全面贯彻那曲市第一次党代会精神和县委七届四次、五次全会精神，紧紧围绕县委政府中心工作，切实履行政治协商、民主监督、参政议政职能，有效发挥协调关系、汇聚力量、建言献策、服务大局作用，为助推申扎县经济社会长足发展和长治久安做出积极贡献。2018年政协申扎县委员会班子成员，主席1名、副主席4名，常委委员9名。申扎县政协组织数1个，委员38名。

4月24日，政协第二届申扎县委员会第三次会议委员讨论现场

【思想建设】 强化学习，坚定正确政治方向。政协申扎县常委会始终牢固树立“四个意识”，筑牢“四个自信”，践行“两个维护”，进一步坚定正确的政治方向。

日常政治理论学习。共参加县委理论中心组学习12次、“两学一做”学习教育25次、政协理论中心组专题学习12次、政协支部组织学习12次、“党的政治纪律和政治规矩”集中教育学习42次。区、市、县三级纪委党风廉政建设会议文件精神学习23次、学习区市县三级综治维稳会议文件精神29次、组织举行党课讲授4次，较好地提升广大政协委员和机关干部的政治理论水平和思想政治素质，进一步树立“人民政协为人民”的理念。

抓好理论与实践相结合方面。政协申扎县常委会历来重视理论与实践相结合，尤其理论实践运用。政协委员及机关干部积极参与“四讲四爱”宣讲活动，按照自治区党委常委、宣传部部长边巴扎西在申扎县视察调研时提出的工作要求，组织政协委员深入各乡（镇）进行宣讲，并到班戈县进行交流宣讲；深入全县8个乡（镇）、寺庙、日追、拉康及国有企业扎实开展“四讲四爱”活动巡回宣讲10余次；根据县委安排部署，拉巴次仁深入雄梅镇、买巴乡，在全县村支部书记、村委主任培训班会上讲党课2次。

抓好民主集中制落实方面。组织召开2017年度申扎县政协党组班子民主生活会和2018年度政协支部组织生活会，通过敞开心扉的交心谈心，消除班子之间的隔阂，进一步增进班子间的团结，凝心聚力共谋政协事业发展。

建章立制，贯彻党委部署要求。政协申扎县常委会持之以恒地坚决贯彻落实中共中央决策部署和上级党委决议决定，研究制定《政协党组（支部）关于宣传中共十九大精神以及新修订党章的实施方案》《两学一做主题教育活动及理论中心组学习方案》《习近平谈治国理政学习方案》和《政协严守政治纪律和政治规矩学习材料》，团结带领全县广大政协委员和机关干部牢固树立“四个意识”，筑牢“四个自信”，践行“两个维护”，始终做到在思想上拥戴核心，在政治上信赖核心，在组织上忠诚核心，在行动上捍卫核心，坚决同以习近平同志为核心的中共中央保持高度一致，坚决按照习近平总书记“懂政协、会协商、善议政”的指示要求，坚定立场，强化学习，切实把思想行动统一到以习近平同志为核心的党中央决策部署上来。

2 月 13 日，政协领导班子召开专题民主生活会

【尽责履职】 发挥政协作用，助推脱贫攻坚。政协申扎县常委会坚持脱贫工作没有局外人的原则，定期深入下过乡、买巴乡、塔尔玛乡、雄梅镇等地，深入了解乡（镇）脱贫攻坚工作开展情况，共谋脱贫攻坚良策。共开展脱贫攻坚督导工作 20 余次。按照县委统筹安排部署，政协申扎县常委会安排一名副主席到聂荣县参加全市脱贫攻坚验收和督导工作，同时与脱贫攻坚指挥部数次座谈交流，从就业扶贫、搬迁扶贫、生态补偿扶贫等方面提出许多建设性意见建议，得到县委、县政府高度重视。

坚持服务大局，维护社会稳定。政协申扎县常委会始终坚持维稳工作是第一政治任务，积极响应各级党委号召，安排拉巴次仁、扎西分赴下过乡，卡乡等地，扎根基层维稳督导为期 2 个月，全面督导基层一线敏感节点维稳工作及三个专项整治工作，与广大委员一道同心共促申扎和谐稳定做出积极的贡献。

落实结对帮扶，解决实际困难。共看望慰问 18 户结对帮扶户、5 名僧尼、捐赠慰问资金 2.9 万余元。拉巴次仁还积极争取了 5 万元资金，用于改善雄梅镇 10 村幼儿园基础设施。同时常委会充分发挥政协联系范围广、最接近基层群众的优势作用，多次深入基层耐心教育引导群众，成功调解雄梅 7 村挑事闹事的牧民纠纷问题，解决牧民群众的实际困难，进一步密切党群干群关系。

做好协商议政，发挥委员作用。组织委员对全县经济社会发展情况、项目建设、扶贫资金使用情况等方面视察调研 3 次，并以召开座谈会形式形成民生改善和草场使用方面的专题调研报告，组织委员参加自治区级政协会议 1 次，市级政协会议 2 次，县级政协会议 4 次，组织委员业务培训 3 次，增强委员的责任感和使命感，激发委员视察调研、履职尽责的积极性，发挥委员主体作用。

加大提案工作，做好参政议政。政协申扎县常委会高度重视提案收集、审查、交办工作。在区政协十一届一次会议上，积极组织区政协委员，提交“关于教育组团式援藏的提案、关于兽医专业的大学毕业生分配到牧区行政村工作的提案”等 4 件提案。在市政协十一届二次会议上，积极组织 9 名政协委员提交提案 7 件。常委会高度重视，召开常委会议专题讨论研究关于申扎教育发展、脱贫攻坚、民生等方面的 6 件提案，直至修改完善、译成藏文，在市政协会议期间正式提交。在政协第二届申扎县委员会第三次会议以来，共收到提案 31 件，提案委员会认真履行职责，按照章程进行科学的立案审查。经审查，立案 31 件，其中教育类 1 件，占总立案的 3.2%；经济发展类 3 件，占总立案的 9.6%；文化类 1 件，占总立案的 3.2%；民生类 12 件，占总立案的 38.7%；项目类 2 件，占总立案的 6.4%；生态环保类 5 件，占总立案的 16.1%；宗教类 3

件，占总立案的9.6%。扶贫类4件、占总立案的12.9%。年内各相关单位和部门的提案答复工作已完成，并向委员反馈工作到位，年内已全部办理完毕。同时常委会在调研的基础上形成关于专合组织产业发展调研材料，并在市政协专题会议上交流发言。

按照党委部署，认真履职尽责。按照县委统筹安排部署，历时8天到8个乡（镇）进行社会经济发展目标责任制考评，并形成一份专题调研报告提交县委。按照县委统一部署，常委会安排扎西下乡调研2次，县委专项工作督导1个月，形成3份专题调研材料上报县委。

主要工作

【视察调研】 组织委员视察调研。安排一名政协副主席和办公室主任负责带队的19名政协委员及政协干部赴林芝视察调研加强政协党的建设、委员管理的新办法、新经验以及如何服务于经济社会发展改革各项事业，更好履行“政治协商、民主监督、参政议政”三大职能等先进经验进行学习交流，通过为期7天的视察调研使广大政协委员增长视野见识，拓宽调研思路，并撰写视察调研学习个人心得体会，形成申扎政协委员赴林芝视察调研报告1篇。按照常委会年初安排，尼玛县组织的人大代表、政协委员及5个专合组织负责人共20名到下过乡三村、申扎镇六村、七村开展牧业经济合作组织从初步成形到运行成熟成果和经验上视察调研，并学习交流，做到相互学习、相互促进，对牧业合作组织成形、运行、管理、服务、成果等方面交换诸多意见建议。

深入基层视察调研。常委会共开展视察调研活动50余次，及时准确地把牧民群众、僧尼的困难反映给党委、政府及相关单位，形成《牧业视察调研报告》。

牧业发展工作视察调研。组织政协委员开展牧业专项调研活动，下过乡政协委员提出的《关于解决牧区缺少兽药问题》提案，常委会召开协调会议，县政协办与县农牧局组成调研小组，深入3个乡（镇）和11个行政村，专题调研牧业发展工作中存在的实际困难，形成专题调研报告提交县委、县政府和市政协，县农牧局作为承办单位解决全县62个行政村缺少兽药问题，并形成关于牧区改革中完善草畜结构调研报告，县农牧局评为提案办理优秀承办单位，并颁发和给予5000元奖励资金。

河长制工作情况调研。绿水青山就是金山银山。秉承保护全县每一条河流、确保水源洁净理念，常委会深入各乡（镇），视察调研党政主要领导落实河长制工作责任情况和水源污染情况。在视察调研的同时协调各方力量，积极推进申扎县“一湖一策”实施工作。

7月4日，申扎县部分政协委员赴林芝开展视察调研工作

【其他工作】 文史资料工作方面。常委会高度重视文史资料的搜集整理工作，充分发挥政协文史“存史、资政、团结、育人”的重要作用。召开专题主席会议6次，拉巴次仁到拉萨、那曲开展文史资料翻译、撰写、出版、审定等协调工作，反复修订文史资料编撰方案，发动政协委员和8个乡（镇）作用，加强文史资料收集编纂工作。在与县组织部沟通协同后，从乡（镇）专门选调2名工作人员，开展《奉献、燃烧的青春——我的申扎回忆录》《申扎历史》（藏文版）翻译成汉

文版等的相关工作，并全部编撰整理完毕。

政协财务工作方面。按照县财政局的有关文件精神，政协党组和办公室统一安排次穷、曲达负责财务工作，制定相应财会制度，全面遏制虚报、假报等行为。

信息宣传工作方面。常委会不断推进信息化建设，以党政信息网、网信申扎、组织委员牧区宣传等方式，大力宣传学习“两学一做”及中共十九大精神。共编辑简报108期。

建立提案奖励机制方面。为激发提案承办单位和政协委员的履职积极性，对提案办理优秀的承办单位县农牧局评为优秀单位，并颁发和给予5000元的奖励资金，对仁增群培等10名委员的提案评为优秀提案，颁发荣誉证书和每人500元的奖励资金；在2018年全区首次政协社情民意表彰大会上申扎县获得先进集体荣誉和奖牌。

【中国人民政治协商会议申扎县委员会领导名录】

主席：拉巴次仁（藏）

副主席：扎　西（藏）　朱　立

嘎久旦加（藏）　占　堆（藏）

中国人民政治协商会议申扎县委员会办公室

主任：罗　亚（藏）　次　穷（女，藏）

中国共产党申扎县纪律检查委员会、申扎县监察委员会

综　述

【概　况】 2018年，申扎县纪委监委认真贯彻落实十九届中纪委二次全会、自治区纪委九届三次全会和市纪检监察工作会议精神，在县委、县政府的正确领导和大力支持下，聚焦主责主业，强化责任担当，完成各项工作任务。在原有的机构基础上增加纪检监察机构一个，年底县级机构2个和8个乡（镇）纪委。全县纪检监察机构实有人数42人［县纪检监察19名，乡（镇）纪委23名］，其中少数民族23人，汉族18人，回族1人。县纪委监察局设立综合办公室、第一纪检监察室、第二纪检监察室、案件审理室。

【重要会议】 一是召开申扎县监察委员会成立大会，会议宣布成立申扎县监察委员会，并宣读监察委员会主任、副主任、委员的任命决定。二是召开第七届纪律检查委员会第三次全体会议。全会纪委委员13人参加会议，在家县级干部，各乡（镇）党委书记、纪委书记，县中直各单位负责人等82人列席会议。会议学习贯彻落实中共中央、自治区纪委全会精神和地区纪检监察工作会议精神。会议上总结2017年党风廉政建设和反腐败工作，全面部署2018年工作任务。

主要工作

【纪检监察体制改革】 认真贯彻中共中央关于全面推行监察体制改革试点工作的总要求，主动牵头落实各项改革试点工作，全面完成县监察委组建和挂牌，从检察机关转隶人员3名，新增1个纪检监察室。

1月16日，召开申扎县监察委员会成立大会

【党风廉政建设】 推进《申扎县2018—2020年开展扶贫领域腐败和作风问题专项治理工作规划》的落实，确保规划的圆满收官。制定《申扎县2018年党风廉政建设责任制检查考核反馈问题整改方案》，列出8条各级党委主体责任落实不到问题和4条各级纪委监督责任落实不到位的问题清单，明确牵头单位、责任人和整改时限。对

全县各级各部门落实2018年党风廉政建设两个责任情况检查考核1次，发现的8个问题列出问题清单，制定反馈台账。

【制度建设】 制定《申扎县2018年—2020年扶贫领域专项治理工作方案》，建立四项工作机制，督促扶贫办、农牧局、发改委、住建局、教体局、民政局、人社局、卫计委等职能部门每月向县纪委移送扶贫领域违纪问题线索，并向县纪委定期报送落实行业监管责任情况报告，督促乡（镇）纪委每月向县纪委报送对该乡（镇）扶贫工作督导情况报告。

【监督执纪】 2018年，严肃查处3名牧民党员违纪参与萨嘎达瓦宗教活动的违纪问题。在重要维稳工作期间联合县委组织部、政法委持续开展督导检查12次。严明组织纪律，严把选人用人关，严格执行纪检监察机关意见必听，线索具体的信访举报必查的要求，注重把好党风廉政意见回复关，完善党员干部廉政档案62份，对2018年拟提拔进一步使用的62名人选出具廉政意见，有效防止干部带病提拔、带病上岗。先后组派4个工作组分别深入尼玛、班戈、嘉黎、安多开展交叉检查工作，同时落实各项自查工作，共组派工作组21个，对全县各乡（镇）、各单位在节日期间纠正四风工作进行全面监督检查。加强扶贫领域监督执纪问责，对扶贫工作责任心不强，而出现数据错报的2名工作人员，进行约谈；对2起挪用扶贫项目资金的案件1起立案审查，1起在初核。坚持公开曝光机制，查处的案件除保密事项外全部进行公开通报曝光。

12月29日，召开申扎县2018年乡镇纪委监督责任述职会议

【查办案件】 2018年，纪检监察机关共接受信访举报23件，处置问题线索23件，初核21件，函询2件，共立案审查12件，党纪政务处分8件17人，共挽回各类经济损失96.5068万元。

【宣传教育】 组织开展2期党风廉政建设专题学习；结合廉政宣传月活动，组织新提拔领导干部和一般干部参观反腐倡廉警示教育基地6次；县纪委主要领导为全县20个党支部书记和县直各单位负责人党员干部上了以《守纪律　讲规矩　做忠诚　干净　担当干部》为主题的专题党课。悬挂横幅2个，手机发送廉政短信12份，时刻提醒党员领导干部要廉洁从政、廉洁用权、廉洁修身、廉洁齐家；县乡村三级办公场所全部张贴廉政警示格言及准则条例宣传画，累计发放画册650多张。拓宽监督渠道，利用人员密集街道，对来往人员发放干部作风监督卡、民生监督卡、党风政风监督卡共1000余份。

【自身建设】 一是积极安排纪委干部参加上级部门业务培训和跟案跟班学习。选派3名干部到那曲市纪委跟班学习，1名干部到自治区纪委跟案学习，4名干部到内地进行业务培训，26名干部到市党校专题培训。二是围绕2018年监督的工作重点，以业务知识培训和扶贫政策培训相结合的方式，组织各乡（镇）纪委书记和纪委专干进行为期3天培训。通过学习、参加执纪跟案培训，现纪检干部队伍的履职能力和综合素质得到了进一步提升。三是制定县纪委联系指导乡（镇）纪委制度，对乡（镇）纪委述职、报告、培训等进行明确的规定，制定县纪委班子成员对口联系乡（镇）纪委制度，强化县纪委对乡（镇）纪委的联系指导。

【中国共产党申扎县纪律检查委员会领导名录】

书记：桑嘎顿珠（藏，4月离职）

尼玛卓嘎（女，藏，4月任职）

副书记：方　虎　贡嘎扎西（藏）

常委：边巴多吉（藏）　朱红义

【申扎县监察委员会领导名录】

主任：桑嘎顿珠（藏，4月离职）

尼玛卓嘎（女，藏，4月任职）

副主任：方　虎　贡嘎扎西（藏）

监察委员会委员：郭守宾（1月任职）　朱红义

党务工作

中共申扎县委组织部

【概　况】2018年，中共申扎县委组织部在市委组织的正确指导下，在县委、县政府的坚强领导下，服务全县中心工作，认真贯彻落实中央精神、习近平总书记系列讲话精神，认真贯彻落实全国、全区、全市组织组织工作会议精神，紧扣发展和稳定两大主题，开拓创新、求真务实、服务大局、狠抓落实，地完成各项任务。申扎县委组织部下设办公室、老干局、事业登记管理局、电子政务中心、强基办。年内有干部20名，平均年龄28岁，其中30—40岁6名,30岁以下14名，大专及以上学历19名。

【基层党建和党员队伍建设】有序推进村级组织活动场所标准化建设。在市委和中信集团的关心关怀下，整合资金3911万元，新建16个村级组织活动场所标准化建设项目。实施末位倒排制，集中整顿软弱涣散党组织，将农牧区基层党组织建成听党话、跟党走，善团结、会发展，能致富、保稳定，遇事不糊涂、关键时刻起作用的坚强战斗堡垒，完成8个软弱涣散基层党组织的整顿工作。合理设置党组织。根据《中国共产党党和国家机关基层党组织工作条例》规定机关党员3人以上成立党支部的要求，对原有的21个县直联合党支部调整38个，充分发挥支部“战斗堡垒”作用，为基层党建工作开展提供有力支撑。严格落实党组织生活制度，全县各党支部开展主题党日活动1000余次。按照“控制总量、优化结构、提高质量、发挥作用”新十六字方针和不低于3∶1的比例确定发展对象的原则，坚持把政治标准放在首位；制定印发《关于进一步加强机关党支部建设的通知》文件，明确各支部发展党员相关要求，确保党员发展质量，严格发展党员工作程序，加强对发展党员工作的指导检查，发展预备党员106名、党员153名。加强党员教育，通过远程教育、理论中心组、以会代训等方式，不断加强党员教育培训，坚定党员理想信念，提高党员综合素质。共学习35次，受教党员1568人次，观看《党员远程教育》26次、302人。

【推进编制工作】一是推行行政审批制度改革。加大简政放权力度，承接和落实好区市取消下放审批事项，完成县直各单位权责清单编制工作，依法公开权责清单，加强事中事后监管。二是推进事业单位改革。根据全国统一部署，稳步推进不同类别事业单位的实质性改革。认真完成事业单位网上登记管理工作，完成全县各部门统一社会信用代码证书35次发放工作，完成事业单位法人证书更换9个工作。三是有序开展机构改革前期工作。深入贯彻落实中共十九届三中全会精神，按照《中共中央关于深化党和国家机构改革的决定》，深入县直机关、乡（镇）基层一线调研实情，认真听取各级、各部门的述求和建议，提出申扎县机构改革相关意见建议，提供给上级机改办参考，为机构改革工作奠定坚实基础。

【党建促脱贫工作】一是强化党员思想引领。在广大党员中深入开展“四个合格”教育，突出感党恩教育、反分裂斗争教育、马克思主义“五观”（马克思主义国家观、马克思主义民族观、马克思主义宗教观、马克思主义历史观、马克思主义文化观）、“两论”（马克思主义唯物论、无神论）教育等，引领党员以实际行动影响和带动群众自觉淡化宗教消极影响，激发内生动力。二是注重培养党员带头致富人。加大在优秀青年农牧民中培养发展党员力度，制定支持党员带头致富带头人、带领群众脱贫致富的扶持政策，累计培养党员带头致富人32名，多措并举带动群众实现增收。三是深化开展结对帮扶。深入开展“党员干部进村入户、结对认亲交朋友”帮扶活动，全县各级各部门1378名干部职工与1304户贫困户、5396人结成对子，不脱贫不脱钩，帮扶资金达63.48万元。四是强基惠民效果明显，结合脱贫攻坚工作，大力开展感党恩、听党话、跟党走宣传教育5270余场次、受教群众达23万余人次，入户宣传率达100%；驻村工作队帮助群众解决“三就”“两保”“六通”等民生突出问题125件，为群众办实事好事620件，投入资金528.07万元，实现就业、再就业385人次。五是不断强化基层基础保障力度。每年向62个村（居）发放2万元党建工作经费和20万元强基惠民工作经费，着力解决无钱办事问题。落实村（居）干部报酬待遇动态增长机制，村（居）干部报酬待遇比2012年提高2倍。通过“党支部+合作社+贫困户”等发展模式，推动基层党组织带领群众发展村集体经济。六是树立先进典型。驻村工作队充分发挥远程教育作用以红色电影、成功经验典型事例大力宣传共271次，注重发挥基层党员的带头致富脱贫作用，挖掘贫困党员中致富脱贫的典型事例，并加以广泛宣传，促进贫困群众中形成要我脱贫为我要脱贫的自觉行动。以“七一”为活动契机，开展表彰“七个一批”系列活动，表彰一批在脱贫攻坚中作用发挥明显的，先进党组织9个、优秀党员9名和贫困党员9名，树立一批脱贫攻坚先进典型。

【老干部工作】 一是秉承和发扬老干支部优良的学习传统，坚持每月7号开展党员集中学习和每月20号所有居住在县上的离退休干部集中学习，形成建章立制并长期坚持，共组织集中学习24次，参加人数达300余人。二是以“三大节日（元旦、春节、藏历新年）”等为契机，召开“申扎县离退休老干部座谈会”等各类座谈会3场次，慰问老干部276名，资金达5.6万余元。三是投入资金350万余元，新建申扎县老干部活动中心，建设文化活动室1间，配备多功能按摩椅3台、跑步机2台、各类棋牌桌4张，打造离退休老干部休闲活动优良环境；建设图书阅览室1间，配备网络电视、多媒体投影仪等设备，订《人民日报》《西藏日报》等报刊，为老干部掌握方针政策和学习知识奠定基础。四是组织老干部前往部分乡（镇）、行政村和学校开展中共十九大精神宣传16场次、受教群众达1200余人次。

【领导班子和干部队伍建设】 一是严格执行干部选拔任用程序和标准。严格贯彻落实《党政干部选拔任用条例》，坚持德才兼备、以德为先的用人导向，选优配强各级领导班子，提升班子整体素质和能力。县委共研究提拔干部1批，提拔、调整干部82人，其中提任45人（正科7人、副科38人，女干部21人，占46.67%），进一步使用20人，改任14人，其他5人，把组织满意、群众认可的年轻优秀干部选拔到乡（镇）、村（居）、寺管会和县直部门重要岗位上，为经济社会发展注入新鲜血液。二是着力提升干部队伍能力素质。按照市委“十百千万”干部能力素质提升工程部署和建设学习型领导班子要求，以

2月21日，县委常委、组织部部长嘎玛泽仁深入塔尔玛乡进行干部考察工作

区、市两级党校为依托，大力抓好干部队伍能力素质提升工作。共选派253名干部职工群众前往区内外参加培训，其中县级干部6人、科级干部85人、科办员32人、事业类31人、第一书记35人、村“两委”班子62人、农牧民2人，切实提高全县干部队伍能力素质。三是强化干部监督管理。在巩固党的群众路线教育实践活动和“三严三实”专题教育成果的基础上，以开展“两学一做”学习教育为契机，以学促进，在转变干部作风上下功夫、出实招，扎实推进干部作风和机关效能建设。严格执行干部请销假制度，不断在干部考核方面做积极探索。同时，主动作为，在人才引进上下功夫，积极联系市委组织部，争取引进到17名专招生。

【支部学习】 组织部坚持理论指导实践的学习理论，利用每周五晚组织部内干部职工进行理论学习、业务交流等活动，共开展39次，撰写心得体会、学习心得186篇。

【结对帮扶工作】 紧紧围绕结对帮扶工作责任目标，统一思想，提高认识，充分发挥部门职能优势，不断推进结对帮扶工作迈上新台阶。积极组织部门干部职工开展走基层、送温暖活动，在春节、藏历新年等重大节日前夕，分别对巴扎乡5村18户困难家庭送去价值8000元各类生活物资及慰问资金，让困难家庭真切感受到党的关怀和温暖。

8月20日，组织部到巴扎乡开展结对帮扶工作

【中共申扎县委组织部领导名录】

县委常委、组织部部长：嘎玛泽仁（藏）

副部长、编办主任：拉巴次仁（藏，3月离任）

副部长、人社局局长：

拉巴多吉（藏，8月离任）

副部长、编办主任：文　平（3月任职）

副部长：米玛次仁（藏，3月任职）

次仁卓嘎（女，藏，3月任职）

老干部局局长：米玛次仁（藏，8月任职）

中共申扎县直属机关工作委员会

【概　况】 2018年，中共申扎县直属机关工作委员会在推进全县各级党组织学习习近平新时代中国特色社会主义思想和中共十九大精神方面，在加强基层党组织建设方面，党建工作重点难点推进方面，开展一系列行之有效的工作。

【组织学习】 将学习习近平新时代中国特色社会主义思想和中共十九大精神作为要求各级党组织学习工作的重点内容，并纳入年度党建验收的重点评分项，强化以检带促作用，通过查阅计划安排、学习材料、考勤、笔记、心得体会及图片简报结合随机提问党员的复合式考核方式检验学习效果，确保各级党组织的学习落在实处、入脑入心。各级党组织共学习600余次，撰写心得体会共1300余篇。

【主题党日活动】 按照“时间相对固定、方便党员参与”的原则，每月固定一天开展主题党日活动，各支部共开展主题党日活动700余次，包含学习党章党规、重温入党誓词、慰问老人、参观廉政教育基地等内容。让党员养成经常参加组织生活的习惯和自觉，加强党员教育，增强党员对党组织的归属感，使党组织更加有凝聚力和影响力。

【乡（镇）各学校党支部管理归属】 各乡（镇）小学党支部关系隶属教育系统党总支，党建工作由教育系统党总支统一管理和指导。

【严格请示批复制度】 针对各支部换届选举、支部调整、党员发展、组织生活会的请示，共批复152次，充分发挥县直机关工委对各支部的管理和指导作用，有力推进各支部党建工作的规范化开展。

【业务培训】 县直机关工委共组织党建业务工作培训3次，受训90余人次。培训包括发展党员流程、党员档案管理、“九有”标准化建设、组织关系转接、党内组织生活制度等内容，培养一批懂党建业务、能发挥作用的党务工作者。

【检查督导】 对各支部至少进行两次督导检查，共督导检查84次，下发督办单一期。结合《目标责任书》内容制定具体详细的党建工作要点评分细则，并利用10天的时间完成对公安局党委、教育总支、县（中）直各支部的年底党建验收，并将此次验收评分结果结合县直机关工委日常工作表现评分及县直机关工委领导小组评分共同作为全年工作最终评分。充分保证有任务就有落实、有检查。

【“九有”标准化建设】 年内建成有标识、有党旗、有领袖像、有电教设备、有书报学习材料、有宣传栏、有上墙制度和支部组织机构图、有办公桌椅、有党建专柜的“九有”标准化活动场所35个。

【党员管理及发展】 严格审核把关新发展党员，将各支部上报的发展党员名单以函的形式送交政府办、县委组织部、县纪委、县公安局进行审核，最终由县直机关工委领导小组会议审议通过。确定入党积极分子共67人，预备党员20人，转正党员34人。详细明确党员档案应有内容，并印制特定版样党员档案袋500个，将新发展党员档案一一整理保存。为实现党员管理信息化、规范化，对县直单位进行两次党员信息采集。

【中共申扎县直属机关工作委员会领导名录】

书记：次仁普赤（女，藏）

申扎县创先争优强基础惠民生活动办公室

【概　况】 2018年按照区、市关于“深入开展创先争优强基础惠民生活动”的一系列重要文件精神，紧紧围绕“贯彻一条主线、完成七项任务、巩固一个成果、实现一个目标”要求，在县委、县政府的正确领导和关心下，各驻村工作队克服各种困难扎根基层，狠抓各项工作任务落实，同时取得明显成效。申扎县62个行政村，共选派233名干部驻村，其中46个驻村点、184人、7名第一书记为区中直单位选派，分别是区党委办公厅、区政协办公厅、区直工委、区党委网信办、区高级人民法院、团区委、区教育厅、区人社厅、区国土资源厅、区交通运输厅、区农牧厅、区工商局、区新闻出版广电局、区地勘局；16个驻村点、49人、55名第一书记由县直各单位和乡（镇）联合选派；还选派6名正科级干部成立“加强组”进驻6个行政村，为全县推进强基惠民活动提供强有力的支持；强化日常管理，严格执行请销假制度，保证驻村干部在岗率；申扎县党委政府高度重视、关心关爱驻村干部，以“三大节日”（元旦、春节、藏历新年）为契机慰问各驻村工作队6.2万元；认真落实驻村干部免费体检政策。

1月28日，召开申扎县创先争优强基础惠民生活动第七批驻村工作总结表彰暨第八批驻村工作动员大会

【加强调研，强化保障】 制定《申扎县第七批驻村工作队考评方案》。县、乡强基办在日常工作中积极开展调研，对各驻村工作队所缺所需的基本生活用品进行逐一统计，确保能够及时给驻村

工作队提供相应的后勤保障，调研驻村工作队在岗情况、工作开展情况进行细化的考核、检查、督导，并把考核结果作为年底评优评先的重要依据。考核等次优秀有35个工作队，合格22个工作队，基本合格5个工作队。

【健全机制，规范工作】 为切实规范驻村工作纪律，印发《关于进一步规范驻村干部请销假制度的通知》，严肃驻村工作请销假报批相关制度，在第七批驻村工作队半年度轮换前，召开第七批创先争优强基础惠民生活动半年总结交流会。组织召开半年总结交流会1次；第一书记、工作队队长培训会1次；各乡（镇）强基办每月组织驻村工作队召开1次月碰头会。全年，请销假824人次。

【加强督导，确保实效】 申扎县强基办不定期深入到各村开展督导检查，及时发现问题、查漏补缺。县委、县政府、人大和政协主要领导多次深入各驻村点检查指导，各县级领导干部经常深入对口联系乡（镇）督导工作，为驻村干部鼓劲加油。县强基办联合组织部多次开展明察暗访，进一步严明工作纪律，强化对驻村工作队的管理。共检查督导29次。

【群众思想教育工作达到全覆盖】 紧紧围绕“感党恩、算富账、要稳定、求发展”这一主题，创新工作载体，通过集中宣讲、四讲四爱、送教上门、座谈讨论、个别谈心等方式向广大群众、僧尼、青少年学生广泛进行宣讲教育。宣讲主题涉及自治区第九次党代会，中共十八届三中、四中、五中、六中全会精神、中央第六次西藏工作座谈会精神、中共十九大会议精神、中共十九届一中全会精神、新旧西藏对比、惠民政策、法律法规知识、社会主义新牧区建设、“中国梦”等多方面。2018年，各驻村工作队员不辞辛劳、走村入户，甘当播音员、宣讲员、解读员，共开展各类宣传教育8741场次，受教育群众达32.92万人次，送教上门1558次。

【基层经济发展迎来新生机】 各驻村工作队帮助所在村理清发展思路287条，找准发展路子197个，制定、完善、实施经济社会发展规划184项；经济发展模式更加多元化，各驻村工作队利用强基惠民提标资金20万元，投入到一村一合中，创办经济实体，提高创收能力，在协助村（居）“两委”班子开好村级便民商店、牦牛短期育肥基地、糌粑加工厂、民族手工业加工厂、奶制品加工店等经济实体的基础上，积极争取基建项目，提升公共服务能力。驻村工作队充分利用各自的协调能力，积极与建筑企业、个体商户沟通协调，扶贫户牧业及经济收入逐渐增长。

【基层组织建设呈现新态势】 积极开展“六个培养”工作，为党的肌体注入新鲜血液，各驻村工作队共培养入党积极分子181名，新发展党员127名，108名预备党员按期转正。结合实际，对党务公开、村务公开、财务公开、“三会一课”等方面的规章制度进行补充完善，各项工作做到有章可循，积极推动村务管理规范化、科学化。申扎县各驻村工作队组织修改完善党务、村务公开制度160条、党风廉政建设等方面的规章制度199条。村（居）“两委”班子成员上文化课1766学时，上党课1218学时，上政策理论课1149学时；各驻村工作队自筹经费22.72万元，完善村（居）文化室设施设备。

【办实事解难事出现新突破】 办实事解难事是暖群众心窝子的工程，各驻村工作队始终把办实事解难事作为凝聚人心、夯实基础的重要抓手，想方设法求突破。各驻村工作队共为群众办实事好事396件，解决“三就”“两保”“六通”等民生突出问题83件；慰问五保户、贫困户和困难群众2950人次，投入资金71.95万元，慰问“三老”人员138次，发放价值19.92万元慰问品；开展送科技、送技术、送卫生、送信息活动430次、投入资金21万元。针对村里“饮水难”、人畜便桥、垃圾焚烧场、手动缝纫机、太阳能发电机、阳光棚等投入资金 231.9 万元。

【社会局面持续稳定呈现常态化】 协助村“两委”抓好调处，召开维稳宣讲大会 544 场次，群众受教育面达 99%；建立完善维稳工作机制 310 条，排查各类矛盾纠纷 67 起，成功调处 65 起，调处率达 97%。抓好敏感节点维稳工作。在敏感节点，各工作队坚持全员在岗，严格落实 24 小时值班带班制度。

【精准扶贫有效推进】 各驻村工作队进一步建立健全贫困户信息管理系统，确保全面掌握贫困户的人口数量、分布、贫困程度致贫原因。明确帮扶责任，推进精准扶贫，协助市党委、政府、扶贫部门落实“两个保障”努力做到“六个精准”。各驻村工作队员帮扶贫困户 784 户、2841 人，帮助贫困群众研究制定帮扶措施 453 条，树立群众生产生活方面存在困难和问题 335 个，收集整理群众意见和建议 667 条，帮助解决困难和问题 266 个面对面、心贴心的与群众谈发展、聊家常，并现金帮扶、送医送药、帮助“六保”老人干家务活等方式，让群众长期感受到党和政府的关怀与温暖。各驻村工作队协调落实易地扶贫搬迁项目，投入资金 308 万元，建设 10 套安置房、修建 30 公里公路、购买牦牛 100 头、实施 200 亩人工种草项目等投入到各种项目中。

【落实惠民政策和兑现资金补贴】 组织群众宣传中央和自治区、市三级强农惠农政策 296 场次，参与群众 1.6085 万人次，发放藏汉“双语”优惠政策 4399 份，发放明白卡 3827 张，开辟宣传栏 69 期。

【群众健康水平进一步提高】 在区、市、县三级统筹帮助指导下，各驻村工作队扎实开展落实好区党委八届七次全委会提出的“两降一升”任务，利用驻村桥头堡作用搞好政策宣传，提高农牧民卫生意识。统一为各村村民接种各类疫苗，有效加强防疫工作。督促孕产妇定期到医院孕检、产检，鼓励孕产妇到医院生产登记孕产妇

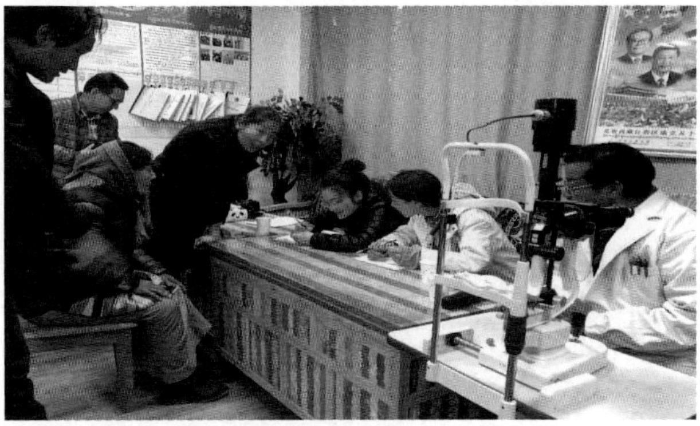

8 月 12 日，自治区政协协助易明西雅医药、卫信康医药对申扎镇群众进行白内障义诊检测活动

298 名，其中帮助 298 名产妇到医院生产。区人社厅驻申扎镇驻村工作队协商拉萨市阜康医院到申扎县开展健康体检义诊，共投入经费 8.1 万元，面向申扎镇 8 个村（居）450 名群众进行健康体检活动，现场问诊 300 余人，发放 1 万元价值药品。

【群众精神文化进一步丰富】 各村工作队主动当起教练员，组织丰富村（居）文艺队；同时各驻村工作队充分发挥“牧家书屋”作用，组织群众读书、阅报，重大节庆日组织开展升国旗、唱国歌、座谈会、文艺会演等各种丰富多彩文艺会演，彻底改变群众精神文化生活缺乏的问题。

【教育劝学力度进一步加强】 申扎县各驻村工作队根据上级部门对推进义务教育均衡发展的要求，走村入户了解适龄儿童入学情况，并对患有残疾的儿童进行送教上门服务。各类学校在校生人数共 4091 人，其中中学在校学生 1101 人，小学在校学生 2399 人，幼儿园在园幼儿 591 人，义务教育巩固率达到 97.82%，初中毛入学率达到 100.55% 以上，学前一年入园率达到 93.95% 以上，学前两年入园率达到 99.5% 以上。充分发挥驻村工作队文化程度高的优势，举办春季开学动员活动，为本村高中生、初中生、小学生及学龄前儿童进行形势教育，联系自治区户外爱心慈善团队、净土之音儿童援助等社会爱心组织，向学生捐赠书包、文具等价值 55.75 万余元，助力教育脱贫。

【申扎县创先争优强基础惠民生活动办公室领导名录】

申扎县委常委、组织部部长、强基办主任：

嘎玛泽仁（藏）

组织部副部长、强基办副主任：

次仁卓嘎（女，藏）

中共申扎县委宣传部

【概　况】 2018年，申扎县宣传部在那曲市委宣传部的关心和指导下，在县委、县政府的正确领导下，坚持以邓小平理论、“三个代表”重要思想、科学发展观、习近平新时代中国特色社会主义思想为指导，高举中国特色社会主义伟大旗帜，中共十九大精神为主线，紧紧围绕中共十九大精神和“两学一做”教育和“四讲四爱”群众教育实践活动和“爱讲树”主题教育等主要工作，深入贯彻落实中共十九大精神全面贯彻落实区党委九届三中全会精神，认真学习贯彻习近平总书记系列重要讲话精神，全面贯彻中央和自治区、市委宣传工作会议精神。认真贯彻落实会议安排，并在网信网评、文化市场、宣传舆论等方面都有新举措、新亮点，宣传工作取得了新成效，为申扎县长足发展和长治久安做出积极贡献。

3月28日，申扎县举办西藏百万农牧解放纪念日活动

【理论武装工作】 为了全面理解和深刻把握习近平总书记的思想精髓和治国之策，进而提高政治站位，牢固思想防线，坚定理想信念和提高理论知识，理论中心组学习井然有序。每月召开一次理论中心组集中学习会，召开10次会议。参与人数约600余人次；交流材料23篇、心得体会11篇。开展夜读共12场次，读《习近平谈治国理政》第二卷300余页。不定时深入各乡（镇）、村（居）、企事业单位、学校、寺庙等，督导检查、跟踪问效，促进党的创新理论在基层的学习宣传普及。开展督导检查10余场次，学习宣传覆盖率达95%。每天早上，利用15分钟的时间集中晨读学习《习近平谈治国理政》《网评论文》共学习223场次。深入开展“四讲四爱”群众教育实践活动，“四讲四爱”办按照区、市、县三级部署安排，主动作为、积极组织，分别制定《实施方案》《宣讲方案》，组建县、乡（镇）宣讲组12个，宣讲800余场次，受众人数达2万余人。

8月7日，组织学习《习近平谈治国理政》夜读一小时

【舆论引导更加强化】 县宣讲组深入8个乡（镇）和80%以上行政村开展扶贫政策、四讲四爱、那曲市委“两会”精神、网络安全、宪法和监察法等多种形式宣讲活动，受到群众的热烈欢迎。围绕县委、县政府中心工作开设专栏，加大宣传报道力度。积极利用LED显示屏、网信申扎、申扎电视台、申扎政务网、QQ群、手机短信等方式，向外发布申扎动态和典型，扩大对外影响力。以《网信申扎》《申扎县政府新闻网》为窗口，设立

脱贫攻坚、四讲四爱等专题专栏。为及时让广大干部群众了解中央、自治区、那曲市重大决策部署，了解县域各项工作情况，网信办定时转载、上传各类信息;《网信申扎》共更新728余条信息,（不含自治区的指令信息）,《申扎政府新闻网》928条信息。进一步规范互联网新闻信息传播秩序，积极发挥兼职网评员作用，共转发信息1000余条，跟帖105条，纂写网评文章10篇，为网络空间晴朗明净提供保障。传统媒介运用情况。以文促宣、以图促宣，是传统宣传教育最有效途径。积极响应区、市、县三级号召，以习近平新时代中国特色社会主义思想和中共十九大精神为主题，引领各级各部门根据市委下发的宣传标语清单，及时制作张贴500余个宣传标语。全县LED横幅共15个，全天交替播放宣传标语。各部门以各项宣传活动为载体，在县、乡（镇）、村人员集中地带印发宣传单、网络安全宣传画册等资料，印发宣传单1万余份、宣传画册1000余份。联合相关单位举办“3·28座谈会”、“摄影展”、治国理政讲座、观看马克思200周年诞辰等活动、治国理政知识竞赛、欢度国庆文艺会演，丰富多彩的活动为干部群众提供精神滋养、丰富文化生活，为坚定马克思理想信念、拥护以习近平为核心的党中央的执政地位、全面决胜小康社会提供精神保障和舆论氛围。不断推进牧区精神文明建设和美丽乡村建设，把“四讲四爱”活动不断引向深入。在县委政府的高度重视下，在县委宣传部牵头组织下，开展“四讲四爱”群众教育实践活动及文化、科技、卫生、法律、爱国爱教“五下乡”活动共4场次，覆盖4120人次。以周为单位，每周二开展夜读学习《习近平谈治国理政》一、二卷一小时活动，为坚定思想信念、强化理论武装，推动实践指导提供基础保障。组织每天15分钟晨读活动，为班子成员加强理论滋养、提升业务能力奠定基础。

【做强文化阵地】 组织文艺工作者深入生活，挖掘特色文化资源，创作推出“那仓卓姆”“劳动才是硬道理”等一系列群众喜闻乐见、具有申扎特色的文艺精品；以重点时间节点为契机，“习近平谈治国理政”讲座，“摄影展”“十一文艺会演”等活动；以“四讲四爱”群众教育实践活动为载体，组织开展“四讲四爱相声小品大赛”，干部职工《习近平谈治国理政》知识竞赛；以播放爱国电影为导向，组织县域干部职工、人民群众观看爱国电影30余场，县电影队深入乡（镇）、村（居）、寺庙、学校放映爱国电影700余场次；以“五下乡”常态化工作为重点，组织多家单位送医疗、法律、科技等下乡进基层，群众得到实惠。在文艺表演期间，把“四讲四爱”贯穿始终，丰富活动内容，弘扬主旋律；着力实施优秀传统文化传承发展工程，积极报送“牧区皮袍制作经营”“申扎牛毛帐篷编制技艺”等非物质文化遗产，项目得到经自治区审批。

【文化执法检查】 组织文化市场经商业主召开文化市场安全生产工作会，并与安全生产重点经营单位签订《安全生产责任状》，督促各经营单位建立健全《人员密集场所突发事件应急预案》，并要求相关证照、禁入标识、举报电话等张贴上墙。于每月7日前将深入文化市场检查数据上报市文化执法支队，已报送10次。文化市场执法大队采取定时联合执法检查、不定时随机抽查等方式，针对县辖区娱乐场所、商铺、音像制品店、餐馆、打字复印店、网吧等开展检查。先后开展日常联合执法检查36次，开展随机检查15次，上报执法信息15条，歌舞娱乐场所检查33次，网吧和打字复印店检查27场次，出动247人次。没收135张光碟。营造良好的市场氛围，无扰乱市场秩序行为、无不良文化散播现象发生，保障文化市场的纯净、有序健康发展。

【中共申扎县委宣传部领导名录】

县委常委、宣传部部长：杜林春

副部长：马东会（10月离职）

副部长：央　拉（女，藏，1 月离职）
网评办主任：边吉卓玛（女，藏，5 月任职）
副主任：嘎玛西热（藏）

中共申扎县委统战部

【概　况】 2018 年是学习宣传贯彻中共十九大精神的开局之年，是改革开放 40 周年，是全面建成小康社会的决胜之年，也是实施“十三五”规划的关键之年。申扎县统战部在县委、县政府的正确领导下和市委统战部、民宗局、宗教办有力指导下，申扎县党外知识分子工作、民族工作、宗教工作、非公有制经济领域统一战线工作以统一战线服务“四个全面”战略布局的方向为原则，脚踏实地、稳中求进，确保每项工作落地生根、开花结果。

【推进寺庙属地管理工作】 宗教工作作为全县头等大事来抓，不断加强组织领导，及时调整充实县委、县政府主要领导挂帅的寺庙属地管理工作领导小组，明确工作任务，形成申扎县寺庙属地管理分级负责的工作机制，进一步明确党政主要负责人寺庙属地管理责任制。经常性组派工作组，深入到 8 个乡（镇）、14 座寺庙（拉康、日追）中进行调研，及时召开专题会议分析研究解决存在的突出问题。在原有的基础上完善县级干部和寺庙僧尼定点联系制度。

【宗教事务管理】 按照“三不增加”政策底线要求，2018 年，审批传统性宗教活动 14 场次，民俗类宗教活动 22 场次。每场宗教活动均严格按照相关程序和规定提前 30 天报批，制定实施方案、风险评估报告、应急预案、安保措施。利用下乡督导的有利契机，对宗教标志物进行排查，依法取缔 17 处违规建造的宗教标志物。

【宗教领域持续稳定】 签订各类目标责任书。为确保全县僧尼安定、寺庙平安、社会和谐。县与乡、乡与村、村与寺庙、寺庙与僧尼家长、寺庙与在编僧尼之间签订寺庙属地管理工作目标责任书，形成层层抓的局面。

制定完善各类制度。按照上级有关业务部门的指导，结合申扎县工作实际，制定完善《申扎县宗教领域全国“两会”及“三月份”敏感期维稳工作方案》《三月份宗教领域维稳应急预案》《关于做好四省藏区学经回流人员教育管理转化安置“回头看”工作方案》《关于做好“萨嘎达瓦”期间维护稳定各项工作的通知》等一系列文件共 8 份，各寺管会也制定相关制度。

召开会议，研究部署工作。先后召开 5 次宗教工作领导小组会议，研究部署宗教领域各项工作，并下发《申扎县人民政府关于涉宗领域管理办法（试行）》，150 本，促使宗教事务管理工作更加规范化、制度化。

实地督导检查。严格贯彻执行区、市、县历次维稳工作部署，严格落实各项维稳措施，全力抓好各敏感节点、“两会”、“三月份”和“萨嘎达瓦”等时间维稳工作，按照县委、县政府相关工作安排，县委常委、统战部部长、民宗局局长阿旺带领涉宗领域前往各寺庙（日追、拉康）督导检查工作 36 次。

【大力开展表彰活动】 上半年表彰县级和谐模范寺庙 4 座、1 个先进寺管会、37 名爱国守法先进僧尼、2 名优秀驻寺干部，兑现表彰资金 4.7 万元。上半年推荐市级和谐模范寺庙 1 座、爱国守法先进僧尼 11 名、先进寺管会 1 个、优秀驻寺干部 2 名，兑现表彰资金 3.25 万元。

【五项主题教育持续深入】 一是召开“四讲四爱”“遵行四条标准　争做先进僧尼”系列教育实践活动动员部署会议，成立由县委常委、统战部部长、民宗局局长阿旺为组长的领导小组和宣讲团。深入到 8 个乡（镇）、14 座寺庙（日追、拉康）进行宣讲活动，讲“四讲四爱”、学习《宗教事务条例》、“遵行四条标准　争做先进僧尼”“引导合理宗教消费　助推脱贫攻坚　实施乡村振兴行动”“爱讲树”有机结合，统筹兼顾，以“一套组织领导、一队宣讲力量、五项活动结合进行”的方式，持续推进活动开展；宣讲团共深入宗教活动场所开展宣讲 15 场次，宣传面达到 100%。二是“五项”主题教育领导小组制定每阶段主题教育工作宣讲方案、编撰教育宣传提纲。投入资金 2000 元，制定 8 个主题教育宣传栏（藏汉双语），并下发至各寺管会。三是召集各乡（镇）分管宗教工作副乡（镇）长、宗教专干、各寺管会驻寺干部、寺庙僧尼开展“五项”主题教育实践活动培训会。为进一步深化五项主题教育实践活动成效，检验驻寺干部寺庙僧尼学习成果，选派专人组织全县驻寺干部和寺庙僧尼开展“四讲四爱”“遵行四条标准　争做先进僧尼”“宗教事务条例”等政策法规应知应会知识考试，抽考 17 名驻寺干部和 34 名寺庙僧尼参加知识考试，参考率达 53.7%，最高分 94.4 分，最低分 61.5 分，平均分 80.08 分。四是召开“遵行四条标准　争做先进僧尼”教育实践活动经验交流会。在交流会上，寺庙僧尼全面总结本人在“五项”主题教育活动中在寺在位、参学出勤、思想变化、体会感悟、尊规守戒等各方面情况。五是召开“遵行四条标准　争做先进僧尼”教育实践活动表彰大会。大会共表彰 2 个先进寺管会，3 名优秀驻寺干部、4 处模范宗教活动场所，37 名寺庙僧尼，共落实表彰资金 5.14 万元。下半年

12 月 10 日，召开寺庙僧尼“五项”主题教育心得体会交流会

推荐市级“遵行四条标准　争做先进僧尼”教育实践活动模范寺庙 1 座、优秀驻寺干部 3 名、优秀组织单位 1 个，20 名寺庙僧尼。

【措施多样促民族团结】 一是充分利用申扎县民族团结月 28 周年宣传活动为契机，在县城主要街道和各乡（镇）、村及寺庙内全面铺开宣传党的民族政策、民族理论、民族法律法规等，进一步增强各族群众感党恩、听党话、跟党走的意识，让群众真正懂得惠从何来，惠到何处。二是以西藏百万农牧解放 59 周年纪念日为契机，深入到寺管会中开展“赞国强话幸福主题报告进僧舍”活动。活动通过忆苦思甜、感知历史的真实，感受今天来之不易的美好生活，感恩党和政府带来的幸福安康，使广大僧尼牢固树立正确的人生观、价值观、进一步促进宗教界人士发挥自身余热，切实营造感党恩、听党话、跟党走的浓厚氛围。

【人性关怀显真情】 与县人民医院沟通衔接，坚持从关怀驻寺干部身心健康入手，对申扎县驻寺干部进行免费健康体检，共 27 人，进一步补充完善驻寺干部健康档案。

【认真选派人员参训】 全年，选派驻寺干部 15 名，党外爱国人士 2 名，寺庙僧尼 8 名，统战、宗教办、工商联 6 名前往拉萨、那曲和内地参加培训。县委统战部协调县民宗局共同举办 2 次驻寺干部业务培训工作，进一步提升创新寺庙的各项工作。

【有序推进统一工作】 坚持政治引领这个核心任务、凝聚共识这个永恒主题，紧扣“三大节日（元旦、春节、藏历新年）”“3·28”等重大节点，开展看望慰问活动，召开党外爱国人士座谈会，用习近平总书记重要讲话精神、经济社会发展的稳定成果和区党委、市委、县委政府一系列重大决策部署凝聚广泛共识、统一思想行动。

【会员发展情况】 申扎县工商联严格把好会员入口关，重点把一些信誉好、素质高、热心公益、乐于奉献的企业和个体户吸纳进来，2018 年申扎

县工商联新吸收会员1名，现有会员23名。

【非公事业助力脱贫事业】 走访调研，掌握状态。为全面掌握工商联各会员企业生产经营动态，切实发挥桥梁纽带作用和体现对会员企业的关心关爱，工商联主席对会员企业进行走访调研，与企业负责人面对面交心谈心，倾听企业需求，认真梳理问题，勉励企业增强信心、坚定信念，努力实现企业持续健康发展。

百企帮百村，助力脱贫事业。为全力打好申扎县脱贫攻坚战，切实做好工商联会员企业结对帮扶工作，市工商联将巴扎乡7村作为“百企帮百村”的对口村居。甲岗农牧民建筑有限公司积极参与百企帮百村活动，共投入资金5.09万元，为巴扎乡7村老人及群众发放生活日用品，为贫困户解决羊、羊羔等生产资料。同时，利用企业自身优势安排18名贫困户在该公司工地务工，按照每人每月6000元的工资作为劳动报酬。

热心公益，积极帮扶。申扎县工商联会员甲岗农牧民建筑有限公司向申扎镇5村80多名在校学生购置书包、文具盒、笔墨等20余种价值1万余元的学习用品；鑫源商贸有限公司向卡乡1村19户，发放价值2万元的生活用品。

项目对接，加大力度。为积极响应脱贫攻坚“百企帮百村”的号召，进一步发挥非公企业和非公经济人士在脱贫攻坚中的重要作用。在市工商业联合会和县工商联的共同努力下，将卡乡5村确定为“百企帮百村”精准扶贫行动帮扶企业——那曲市鑫隆平安市场有限公司的对口帮扶村，并对卡乡5村投入2万元的对接项目。

【对口帮扶工作】 全体干部职工自筹资金1.1万元为贫困户开设扶贫洗车场和送去生活日用品等物资。为切实转变贫困户的思想，让他们树立自强、自立理念，消除“等、靠、要”的旧思想。统战部全体干部职工通过对思想帮扶对贫苦户致困原因，困难程度、技能特长、就业需求等的分析研究，因人制宜采取不同方式进行帮扶。

【中共申扎县委统战部领导目录】

县委常委、统战部部长、民宗局局长：
阿　旺（藏）
统战部副部长：马鸿园（回族，10月离职）
统战部副部长、宗教办主任：
昂卓玛（女，藏）
宗教办副主任：扎西措姆（女，藏）
宗教办副主任科员：次拉姆（女，藏）
工商联主席：吴　云（苗族，9月离职）
马鸿园（回族，10月任职）
副主席：尼玛普尺（女，藏）
工商联主任科员：
吴　云（苗族，年10月任职）

政务工作

申扎县政法委、综合治理办公室

【概　况】 始终围绕坚持发展抓稳定、做好稳定促发展的思路，牢固树立总体国家安全观，始终把维护稳定工作作为首要任务和第一责任，坚持以防患于未然为原则做工作，以防出大事打基础做准备，以敢于担当落实责任为标准看干部，在全县干部职工的团结奋斗和共同努力下，以实际行动保证全县社会大局的持续和谐稳定，为社会经济长足发展创造良好的条件。

【强化组织领导】 严格按照各级党委、政府和上级维稳指挥部部署要求和各级领导的指示精神，将“稳定压倒一切”的思想贯穿于工作始终，始终保持高度政治警觉，始终严阵以待、严防严控、强化工作部署，为切实落实好各维稳各项工作奠定基础，指明方向。及时召开信访工作联席会议、消防工作会议、安全生产工作会议、单位内保工作会议等专项会议，对全县各领域工作进行再安排、再细化、再落实。结合实际，完善维稳工作总体方案、应急预案、风险评估报告等20余指导性文件，强化对全县维稳工作的全面统筹，确保全县社会局势持续和谐稳定，实现“三无”“三不出”的总体目标。

【主要工作】 加强社会面防控。积极围绕中心、突出重点，对辖区内每日开展地毯式清查整治、24小时巡逻执勤，在日常戒备等级下警械装备三分之一摆在社会面上，各敏感节点、特殊时段对县域内进行多次“地毯式”大清查，进一步强化对重点部位、重要目标、重要民生设施、居民区、人员密集区的排查，严格落实维稳目标责任书签订，逐家逐户了解情况，掌握动态，做到“社会动态全掌握、蛛丝马迹全清查”。清查娱乐场所1437家次，出租房屋2.7万家次，茶馆、商店3.41万家次，工地1428家次，清查外来人员15.47万人次。摸排各类矛盾纠纷56件，妥善调处56件，形成面上严防死守态势，有效震撼别有用心之人。

加强安全生产管理专项整治。根据上级关于做好安全生产工作的相关精神，建立健全安全生产责任制，进一步加强安全生产，防止重特大安全责任事故发生，确保各项工作正常、有序进行，充实和完善安全生产领导机构，制订2018年申扎县安全生产管理工作计划、措施，指定专人负责安全生产管理工作的日常事务。“决一处、上报一处”。建立安全生产事故主要领导人员亲赴事故发生现场，做好事故处理工作和善后处理工作，坚决做到“事故不排除、人员不离岗、上报不间断”的工作制度，经常性地开展联合执法，公安、消防、安监、卫生、工商等监管部门，共检查各类安全隐患175处，签订《安全生产目标责任书》467份。

加强设卡点管理。严格按照“逢人必查、逢车必查、逢物必查、逢疑必查、逢证必查、逢液必查”的工作目标，严查进入全县的“人、车、物”，各检查站检查车辆8.2722万余台次、检查人员17万余人次，检查物品7万余件，以实际行动拱卫申扎安全。

加强散装油料管理。严格落实散装油料购销实名审批登记制度和油料使用情况跟踪倒查制度，确保油料真正用到生产生活上，坚决防止油料流入不法分子和别有用心之人手中，加油站安全监管员坚持24小时值班制度、严格登记散装油料购销情况、坚决执行“三证缺一不可”制度、规范加油操作流程、全力维持加油正常秩序。

加强特殊人群管控。严格按照“管住面、控住点、稳住线、盯住人”的工作要求，加强对各类重点人员、刑释解教人员的教育转化工作，并层层动员，强化管控防范，切实做到思想认识到位、组织领导到位、防控措施到位，责任落实到位。更新完善个人信息档案，并逐一建档，建档率100%。

加强宗教领域维稳工作。全县14座寺庙（日追、拉康）充分依托驻寺干部力量，加强僧尼教育管理，加强寺庙内外安防，强化规模性宗教活动安保，进一步确保全县宗教领域的持续稳定。

加强意识形态领域维稳工作。县委、县政府高度重视意识形态领域的维稳工作，加强对全县干部群众的思想教育，严防通过网络、微信发表或接受反动等不良信息；县文化综合执法大队联合工商等相关部门多次对全县超市、商店、影像制品店、茶馆、娱乐场所等店铺不定期进行文化市场整顿，共清理整顿文化市场62次，出动执法人员143人，没收盗版光碟500张，发放宣传资料100余份。

加强防反自焚、反恐防暴措施落实。深入开展防反自焚专项活动，在群众、僧尼中组织开展反自焚、防自焚宣讲活动420余场次，参学人数达9387余人次，反自焚宣讲率、责任书签订率100%。

持续深化推进专项斗争。以“扫黑除恶 打非治乱”“扫黄打非”“三个专项斗争”“打击非法营运”等专项斗争为龙头，对全县范围内开展枪支、弹药、管制刀具收缴以及非法储存易燃易爆和非法持枪专项整治行动，建立扫黑除恶有奖举报制度，开展宣传教育工作。2018 年，共开展宣传 365 次，发放宣传资料 1.733 万余份，张贴扫黑通告 1050 份，非法营运通告 400 余份，发放群众举报卡 4040 张，组织各乡（镇）派出所开展摸排 265 余次，共查处非法营运车辆 30 辆，涉及 69 人。

加强督促检查。为确保各敏感时段、重要节点的各项维稳措施落到实处，确立“县级干部指导乡（镇）、乡（镇）干部督导村（居）、村级干部协调户”的工作机制，深入各村、各寺、各检查站点检查督导值班带班、人员在岗、巡逻巡查等各项维稳工作，及时发现和督导整改维稳隐患，确保各项维稳措施在一线落实，做到“及时发现、快速整改、消除隐患”，确保各项维稳措施贯彻在一线、落实在一线。

3 月 16 日，举行 3 月综治宣传活动

【申扎县政法委、社会综合治理委员会领导名录】

县委常委、政法委书记、公安局党委书记、政委：次仁达瓦（藏）

政法委主任科员：巴　珠（藏）

副主任科员：谢华银

申扎县信访局

【概　况】 2018 年，申扎县信访工作在那曲市信访局的大力指导下和县委、县政府的高度重视和正确领导下，在各级各部门的大力支持和密切配合下，着力解决群众合理诉求，规范信访秩序，维护群众合法权益，认真开展突出矛盾纠纷排查化解工作，严格落实信访工作责任，真正把问题解决在萌芽状态，消灭在初始阶段。

【受理群众信访】 2018 年，共接待受理群众来信来访 19 件（35 人）次，其中国家信访局转办 1 批 1 人次，自治区交办 1 批 2 人次，那曲市转办 2 批 2 人次，县自办 15 批 30 人次，信访案件自办和上级交办查处率和结案率达 100%。

10 月 22 日，申扎县信访局联合县相关部门兑现民工工资 500 余万元

【责任落实】 2018 年，召开信访工作联席会议 2 次，信访专题会议 2 次，研究部署信访工作。县乡村层层签订信访工作目标责任书、零越级上访承诺书、信访工程领域目标责任书，落实源头预防、解决问题、化解矛盾的责任，真正把责任和压力传导下去，确保信访工作与其他工作同部署、同检查、同落实。各级领导干部“一岗双责”责任进一步压实，按照党政同责、一岗双责、失职追责的要求，真正把履职和担责结合起来。

【畅通信访渠道】 一是完善信访热线和来信邮箱，24 小时专人负责受理接听，让群众不出户便可反映问题，有效降低群众的上访成本和处理信访问题的行政成本；二是不断加大初信初访力度，各级各部门对群众的第一次来信、第一次来访，认真对待、细心办理和答复，做到不回避、不退拖，确保第一时间就地解决；三是推行联合接访机制，通过“一站式受理、一条龙服务、一揽子解决”，提高群众反映信访问题的“即办率”和“办结率”。

【领导挂案督办信访案件】 为切实落实好群众反映的热点、难点问题，妥善化解群众矛盾，县委、县政府加强领导挂案督办工作力度，2018年由领导挂案督促办理信访突出问题2起，切实杜绝越级上访和进京零上访目标，并获得国家信访局“三无县”奖牌。

【宣传工作】 为进一步加强信访法治宣传，正确引导群众依法有序合理表达合理诉求，加大对非正常上访及违法犯罪行为的打击力度，切实维护信访秩序，保护公民合法权益。通过“国家安全教育日”“六五普法”等形势将《信访条例》《至农民工的一封信》《上访便民小卡片》等法律法规对牧民群众、农民工进行政策宣传，共张贴横幅5幅，发放宣传资料800余份。

【申扎县信访局领导名录】

政府办主任科员、信访局负责人：

达才旺保（藏）

申扎县档案馆

【概　况】 2018年，申扎县档案馆深入学习贯彻习近平新时代中国特色社会主义思想和中共十九大精神，充分发挥档案“存档、留史、资政、育人”的作用，认真发挥档案工作“记录历史、传承文明、服务社会、造福人民”的职能，始终牢记档案工作者“为党管档、为国守史、为民服务”的职责。在加强馆藏档案管理与利用，开展档案行政执法检查和业务指导等方面做大量工作。

【档案馆藏档案管理】 加强档案接收进馆力度，做好档案移交工作。档案资源建设是档案馆立馆之基，兴档之本。接收县政协办、县委统战部、县委宣传部等五家县直单位和一个乡（镇）共六家单位的文书档案，共62卷、2221件。档案馆积极有序地进行馆藏档案归档工作，完成2010—2012年以及2008年档案归档工作，共92卷，2945件。联合县宣传部、工青妇等收集申扎赛马节等重要节点和会议活动照片共38张；收集申扎文学丛书刊物《申扎历史》《申扎县民间民俗谚语》《申扎岩画》共9本，《申扎县志》3本，《申扎年鉴（2017）》3本，共15本。

8月17日，开展寺庙档案业务指导工作

【档案利用与服务】 积极开展档案利用与服务工作，加大档案资源开发利用力度，为党政机关做好服务，档案馆严格按照借阅程序提供档案服务，为县委办、政府办等18家单位提供档案利用服务工作32次，共借阅文件4份，档案253件。

【开展档案行政执法检查】 为推进全县档案法制建设，按照《档案执法监督检查暂行规定》的要求，随同那曲市档案局督导组对县委办、人社局等3家县直单位和买巴乡等2个乡（镇）、1家村级档案室、1家寺庙档案室进行档案执法检查。随后，档案馆在全县范围内进行档案执法检查。

【加强档案业务指导】 为促进寺庙档案整理工作的标准化和规范化，到各寺庙进行业务指导，对档案收集、整理、归档进行现场实际操作培训，同时，向各寺庙发放《西藏自治区实施〈中华人民共和国档案法〉》和《国家档案局第30号令》，各寺庙对2011年以来的档案进行整理归档，从业务上进行规范，严格要求，并做好相对应的台账。

【做好档案梳理工作】 2018 年 12 月，根据那曲市委和那曲市档案局的要求，申扎县档案馆联合县委办、组织部等 6 家县直单位对西藏和平解放以来档案进行梳理，统计其发文年份、责任单位、实有文号、缺失文号等汇总后及时上报给那曲市档案局。

【申扎县档案馆领导名录】

档案馆馆长：金　措（女，藏）

军 事

申扎县人民武装部

【概　况】2018年，在军分区党委的正确领导下，在机关业务部门的具体指导下，按照上级的指示要求，坚持稳中求进、转型改革的工作总基调，人武部工作全面开展，呈现出持续稳步发展的良好势头，确保全年工作任务圆满完成。

1月23日，武装部干部与孤寡老人交心谈心

【组织建设】坚持以习近平新时代中国特色社会主义思想为指导，固化于心、内化于行，为工作提供指导依据。重点突出党委议事原则和民主集中制的贯彻落实，坚持党委议训、讲评干部、安全形势分析、思想形势分析、党委理财等制度，切实发挥党委的核心领导作用；坚持过好双重组织生活，通过组织生活七项制度落实不断强化党性修养。坚持各项规定的基础上，班子成员之间坦诚相见，经常谈心交心，交流工作、沟通感情，大家心连心，凝成一股绳聚力单位全面建设。

【中共十九大精神学习】坚决按照学懂弄通做实和“走在前列”的要求，结合上级党委会精神、军委主席负责制、主题教育和“两会”精神学习，把学习宣传贯彻中共十九大精神作为头等大事来抓，坚持党委主责、主官主抓，确保学习贯彻活动落地生根。把学习宣传贯彻活动纳入党委工作部署和议事日程，班子成员自觉带头学习、带头宣讲、带头践行，积极为官兵答疑解惑，层次压紧压实责任，督促末端落实。制订详细的学习宣传贯彻方案计划，坚持跟踪学习习主席最新讲话精神。将理论辅导宣讲与配套实践活动结合起来，提高官兵参与的积极性，充分发挥“兵专家”的引导示范作用，变“我讲你听”为“大家讲大家评”，扎实开展“四进入”活动，提升学

3月20日，组织官兵学习《习近平谈治国理政》

习贯彻质效。通过制作横幅、墙报、灯箱和展板等展示学习计划、内容、讲话精神、心得体会等，组织收听收看专家解读，建立学习微信群共享学习动态，开展“我为祖国守高原”小演讲、强军故事会、思想辨析会、社会热点大家谈等活动，充分利用分区强军网学习专栏，组织撰写要讯，积极营造浓厚的氛围。

【思想政治建设】 根据分区《二〇一八年政治工作指示》精神，谋划全年思想政治工作，打牢政治建军基础。加强谈心交心，收集掌握思想动态，把准官兵思想脉搏，坚持核心涉密和重要岗位人员每季度政治考核，将做好思想工作与解决官兵现实困难和问题结合起来，鼓足干劲，提振官兵精神面貌。坚持落实党委每月议教制度，加强思想调查研究，运用多媒体教学方法手段，将理想信念教育、使命任务教育、战斗精神教育、爱国主义和优良传统教育、法纪教育、安全保密教育等政治教育与随机教育结合起来，结合“传承红色基因、担当强军重任”“不忘初心、牢记使命”2个主题教育和融入“坚定维护核心　坚决听从指挥”“军委主席负责制”“强信念、明是非、守法纪、树形象”大讨论大辨析等专题教育，开展“做新时代雷锋传人、砺能打仗热血尖兵”主题实践活动等，官兵及时完善学习笔记，开展辨析讨论，撰写心得体会文章50余篇。每月开展“双争”评比活动，坚定官兵忠诚于党、扎根高原的信仰信念。以坚持党对民兵绝对领导为根本，以促进战斗力提升为目标，丰富内容形式，创新方法手段，不断增强政治工作的凝聚力、向心力、辐射力和渗透力，确保民兵队伍绝对听从党中央、中央军委和习主席指挥。

【练兵备战工作】 按照分区统一安排，扎实组织新《中国人民解放军军事训练大纲》和《中国人民解放军军事训练条例》学习，明确训练科目设置和考核标准要求，为按纲施训奠定基础。坚持每月党委议训制度，分析军事训练形势，找准薄弱环节，制定按纲施训办法措施，补短板强弱项。依据分区下发的月训练计划，主官亲自审定周训练计划表，防止偏训漏训，并督促落实。按照分区“半天工作，半天训练”要求，坚持训练“四落实”，领导干部带头参加训练，抓好军事体育训练，上半年组织2次官兵手枪和自动步枪的实弹射击训练及考核，年终按照分区统一部署，组织手枪实弹射击训练和考核，完成人武部全年军事训练考核。结合人武部军事技能考核，强化训练军事技能科目10余项，切实提高人武部官兵的综合军事素质。结合军委战备拉动抽查，修订完善方案20余份、组织拉动演练6次。针对全年军事考核严肃训风考风。搞好与县委、县政府协调沟通，寻求地方政府支持与配合。组织兼职武装干部《民兵训练大纲》集训，联合地方政府集中基干民兵进行训练。按照县委会议精神，组织民兵维稳应急处突演练，在春节等时期，组织民兵协同公安深入各乡（镇）全力展开寺庙安全防范工作，确保各个重要时节的安全稳定。

【民兵整组和征兵工作】 根据人员变化情况，与申扎县委、县政府联系，对民兵整组工作领导小组、征兵工作领导小组进行调整补充，明确任务分工和职责要求，召开会议加强协调配合。在前期调查摸底的基础上，调整民兵队伍，下发《申扎县征兵办关于做好2018年度征兵工作的指示》，主动协调申扎县公安局收集满18周岁公民信息，全面铺开征兵宣传工作，加强国防法规和兵役法宣传教育，利用县“赛马节”活动期间开展征兵宣传，督促指导乡（镇）抓好兵役登记工作，在兵役登记方面走在全那曲市的前列，率先完成100%的标准。始终摆正自身是县委、县政府的“军事部、兵役机关、一线指挥部”的位置，自觉接受分区和县委、县政府的双重领导，严格落实“双重领导、双向兼职、党委议军、工作例会、现场办公、军事日”等制度，有力促进党管武装工作的深入发展，推动国防建设各项工作的落实。

【安保工作】 坚持守住底线抓安全稳定促单位发展。人武部党委牢固树立安全稳定压倒一切的发展理念，坚持依法治军初始即严、全面从严、一严到底。及时建立安全管理领导小组，明确责任分工，建立形势分析、隐患排查、安全检查、责任追究等机制。常态抓好制度落实，坚持每周讲评，持续督促整改。结合各级安全稳定工作的通知，认真贯彻各级安全稳定工作电视会议精神，按照上级关于加强部队管理的一系列指示要求，认真开展安全大讨论活动和安全大检查暨“六项整治”活动，制定切实有效的方案和措施，定人定责限时整改，牢固树立“安全是底线、安全就圆满”思想。不断浓厚安全文化氛围，切实让法治精神、法治观念深入人心，不断加强正规化建设，坚持抓反复、反复抓，全面规范人武部工作训练生活秩序。紧盯重点问题、重点部位、重点时段、重点人员，拉单列表纠治问题隐患，梳理安全防范措施，加强安全教育训练，重点纠治不履职不作为的现象，从严落实责任追究，夯实安全发展根基。严格落实民兵武器库的清理整治、车辆派遣制度、在外人员的“双向”联系制度、文电和手机的使用管理和倾向性问题整治，严格贯彻执行中央八项规定、军委十项规定和“禁酒令”，认真清理整治基层“微腐败”和特权现象。严格按照陆军巡视组反馈分区的整改问题，结合实际，对照7个问题和8个倾向性问题，认真自查自纠，列出问题清单，建立问题台账，制定整改措施，确保不留死角，彻底纠治问题。全年未发生任何大小事故、案件和违纪行为，确保人武部整体安全稳定。坚持一切服务保障围绕打赢能力建设，严格落实党委理财制度，加大经费使用监督管理力度，进一步规范财经管理秩序。“严守政治规矩、纯洁行业风气百日整治”和财经管理全面清查整治活动，不断完善财经管理制度，对照职责任务，严格财经纪律，按章按规按程序办事。不断加强后装建设，着眼训练综合保障能力建设需求，合理编制经费预算，加强知装用装爱装管装工作，编制民兵训练保障经费，把有限的经费用在刀刃上，全面提升备战打仗水平。立足高海拔条件实际，搞好营房基础设施建设，改善官兵生活用水用电和医疗条件，组织修理供氧设备，确保全时段供氧，协调县人民医院组织巡诊，搞好伙食保障，温室大棚的蔬菜夏季实现部分自给。

【申扎县人武部领导名录】

代理部长：李　强（5月离职）

部长：王昌斌（5月任职）

政治委员：黎忠强

副部长：次旦顿珠（藏）

政治工作科科长：段进军

保障科科长：付　星

军事科参谋：多　珠（藏）　夏　林

申扎县武警中队

【概　况】 2018年，中队党支部在支队、大队党委的正确领导下，坚持以中共十九大会议精神和习主席建军治军一系列重要思想为统领，深化训词训令指示要求，大抓军事训练，认真贯彻落实三级党委扩大会议精神，深刻学习领会新条令深刻内涵，中队党支部坚持抓班子强素质，抓教育求实效，在稳中求进中推动中队全面建设稳步发展，高标准实现“两个确保”，努力实现再创先进中队的奋斗目标。

【思想政治教育】 武警中队始终坚持政治工作的首位意识，结合新兵第二适应期明确的中队队史、正确对待分工、优良传统、调整改革、苦乐关、遵规守纪6个教育，加强引导，教育官兵正确对待分工，尽快适应新环境，保持优良传统，严格遵守各类纪律规定。坚持每月经常性6课，创新教育方法，落实学习践行习近平强军思想，采取读书看报、“三互”活动、学习体会交流等方法，让官兵从中汲取政治营养、砥砺忠诚品格，充分发挥好“官兵三个半小时强化作用”，听党话，跟党走的看齐意识。严格落实谈心、思想汇报、思想分析等制度，坚持每日碰头会思想小汇报、每周队务会思想骨干小会诊、每月党支部形势分析官兵思想现状，持续深化“官兵大谈心、情感大交流、家庭大走访、矛盾大化解”活动效能，持续推进“一人一事”工作，对官兵流露真感情，讲真心话，办真实事，营造拴心留人氛围，做好知心、稳心、强心、暖心工作。积极创建文化兴趣小组，发挥有特长官兵的优势，大力开展体育、文娱等文体活动，充分发挥官兵兴趣爱好，组建腰鼓队，打造中队特色分队，打造强军文化。深入推进“传承红色基因、担当强军重任”主题教育活动，精心备课，严密组织主题教育小课辅导和群众性大讨论，积极开展心得体会展评、板报创作等配合活动。

【军事训练】 按纲施训，狠抓实战化训练。始终把军事训练作为头等工作，认真学习新颁布的《军事训练大纲》《军事训练条例》《军事训练八落实》等内容，明确教练员分工，加强重难点科目研究，严密组织“军事体育创破纪录活动”，张贴龙虎榜，浓厚氛围，树立导向。严格军事训练“八落实”规定，科学制订训练计划，有效防止偏训、漏训现象；搞好教学分工，划分教员，明确责任、训练标准；以强化应急班训练为重点，精心挑选应急班人员，科学组训，严格落实分训，充分发挥应急战备职能作用；狠抓两官队伍，坚持干部带头、以上率下，本着缺什么补什么的原则加强军事训练。

营造氛围，确保训练质量。对每周会操优秀人员及班级进行奖励，表彰先进激励后进，宣扬靠精神“铸剑”，用意志“砺剑”，凭本事“亮剑”的战斗精神，激发官兵参训热情。大力开展群众性比武活动，以军事训练创破纪录、龙虎榜为载体，激发官兵训练热情。充分利用小场地、小块时间、小群体、小教员、小情况诱导开展训练。采取一帮一结对子的方法，一名士官挂靠帮扶一名义务兵，将义务兵考核成绩与士官工作业绩挂钩，在激发士官队伍工作动力的同时，提升中队军事训练水平。

严格落实制度，确保训练安全。扎实开展安全常识教育，张贴悬挂军事训练警示牌，提高官兵训练中的安防意识，积极组织安全员培训，发挥好各班安全员作用，坚持干部亲自组训，确保训练全程安全稳定。

【拥政爱民】 武警中队完善拥政爱民工作小组，定期召开工作会议，适时组织开展活动，做到拥政爱民工作有制度、有落实、有检查。经常与驻地党委、政府保持密切联系，做到“有事多商量，无事多来往”双方都能做到把对方的荣誉当作自己的喜事来分享，把对方的困难当作自己的任务来想办法解决。地方党委、政府主动上门，给予大力的支持；每逢驻地遇到自然灾害和治安敏感期，主动去配合做工作，帮助地方渡过难关和协助维护好社会治安。

【申扎县武警中队领导名录】

中队长：王　勇（12月离职）
　　　　王　升（5月任职）
指导员：张　于（5月离职）
　　　　沈良俊（5月任职）
排长：朱小雨（9月任职）

人民团体

申扎县总工会

【概　况】 2018年，申扎县总工会在上级工会组织及县委、县政府的大力支持下，认真贯彻中共十九大、十九届一中、二中、三中全会精神、西藏自治区第九次党代会精神、九届三次全委会、党的群团工作会议精神及自治区总工会第十次代表大会精神，认真学习贯彻西藏自治区总工会九届八次、九次全会（扩大）会议精神，以开展各类活动为载体，突出开展困难职工帮扶、基层工会建设等重点工作，坚持为职工群众谋利益，时刻把困难职工的安危冷暖放在心上，为他们办实事、办好事。

【工会工作】 健全完善会员档案。为进一步规范县会员管理工作，切实保障申扎县工会会员队伍的纯洁性和政治敏锐性，充分发挥工会组织联系职工群众的桥梁纽带作用，不断增强工会队伍的凝聚力和创造力，申扎县总工会对全县会员（多少）进行基本情况信息采集、摸底建档。

整理困难职工档案。对全县困难职工进行入户走访，经实地调查，在原来23户的基础上脱困15户，新增2户，共有在档困难职工10户，其中粮食公司5户、贸易公司4户、甲岗农水电公司1户。

加大工会工作宣传力度。以“3·28”、平安宣传周、综治宣传月为契机，以“安康杯”知识竞赛、“五送”下乡活动为载体，向全县各乡（镇）及广大职工大力宣传工会维权知识，并发放《中华人民共和国工会法》《中国工会章程》《法律法规汇编》《西藏自治区职工代表大会条例》《中华人民共和国合同法》《中华人民共和国劳动法》等各类宣传资料1000余份。

完善“职工书屋”及“职工之家”基础建设。在上级工会20万元资金的大力支持下，申扎县“职工之家”配套设施进一步完善，“职工之家”正式运营。

兑现中央帮扶资金。在上级工会的大力支持下，兑现中央帮扶资金4.43万元，帮扶救助在档外困难职工17名，其中生活救助9户，兑现救助金1.53万元；助学救助3名，兑现救助金1万元；医疗救助5名，兑现救助金1.9万元。

完善各类制度。完善《中华人民共和国工会法》《基层工会经费收支管理办法》2个宣传图片和基层工会委员会基本任务、基层工会财务管理制度、基层工会女职工委员会职责、工会工作管理制度、工会主席委员岗位责任制、工会会员的权利和义务、双爱双评活动主要内容7个制度牌。发放到各乡（镇），共发放宣传图片16张，制度牌子56个，共用资金9660元。

【文化活动】 组织开展首届干部职工运动会。主办申扎县首届干部职工运动会，运动会共设篮球、足球、跳远、拔河等11个运动项目，300多

7月3日，开展“安康杯”知识竞赛现场

名运动员参加，运动会的成功举办在申扎历史上具有里程碑意义。

组织开展第二届五一劳动奖状、奖章推荐评选工作。开展第二届五一劳动奖状、奖章推荐评选工作，授予申扎镇永珠施工建筑服务有限公司，下过乡那宗三村奶渣、野葱加工销售专业合作社“五一劳动奖状”。授予塔尔玛乡沿驼拉赞合作社董事长旦巴仁青、县粮食公司总经理多吉次仁“五一劳动奖章”荣誉称号。

组织开展第二届“安康杯”知识竞赛。举办申扎县第二届“安康杯”知识竞赛，竞赛以“掌握安全生产知识、争做遵章守纪职工”为主题，以未雨绸缪、防患于未然的理念，教育企业职工以“安全第一、生命至上”的原则开展好各自本职工作。

组织开展“五送”活动。联合县委宣传部、县人民医院、县藏医院等8家单位开展以“贯彻落实十九大　工会服务在基层”为主题的“五送”下基层活动，深入卡乡、下过乡、巴扎乡5村、马跃乡2村4个点；活动穿插有奖竞答环节，送礼品有手电筒、洗衣粉等18种日常生活用品，礼品价值4000余元；发放《中华人民共和国工会法》《早期育儿指导》《法律进校园知识读本》《预防青少年人犯罪法制教育》《民族团结一家亲》《女性健康知识手册》《中华人民共和国宪法》各类宣传手册12类、受益群众410人次。

【慰问工作】 慰问在档困难职工。对全县23户困难职工进行2次慰问，1000元/户/次，共发放慰问金4.6万元。

慰问困难临时工。对三家国有企业困难临时工17户进行慰问，每户慰问300元，共发放慰问金5100元。

慰问劳模。“三大节日（元旦、春节、藏历新年）”期间，申扎县总工会对3名劳模（其中，全国级1名慰问1000元、自治区级2名各慰问800元）进行节前慰问，发放慰问金2600元；“五一”期间对3名劳模（其中，全国级1名慰问800元、自治区级2名各慰问500元）进行节前慰问，发放慰问金1800元。

8月15日，慰问结对帮扶户

【其他工作】 开展工会改革工作。为深入贯彻落实《中共中央关于加强和改进党的群团工作的意见》《中华全国总工会关于贯彻落实〈中共中央关于加强和改进党的群团工作的意见〉的实施方案》《全国总工会改革试点方案》《西藏自治区总工会改革方案》和《那曲市总工会改革方案》精神，申扎县总工会制定《申扎县工会改革方案》，提交中共申扎县委七届68次常委（扩大）会议研究通过，并经申扎县委员会办公室严格审核把关。

助力脱贫攻坚工作。慰问帮扶3次，惠及人数108人，共发放慰问资金4.1749万元，发放棉衣、面包、牛奶、大米、糌粑、面粉、清油、砖茶等各类生活用品。

【自身建设】 申扎县共建立工会组织 52 个，同比上年增长 20 个，全县会员人数 1315 人（不包括退休干部），其中男性会员 758 人、女性会员 557 人，寺管会会员 12 人，农牧民工会员 10 人。各乡（镇）工会组织基本实现单独办公、单独挂牌、有专门工会负责人、工会台账、工会规划、工会制度、会员档案、工会专用公章等“八有”目标。

【申扎县总工会领导名录】

主席：巴　桑（藏）

主任科员：谭朝霞（女）

平措拉姆（女，藏）

共青团申扎县委员会

【概　况】 团县委结合全县开展习近平总书记重要讲话精神学习教育活动，向广大农村团干部、青年进一步开展习近平新时代中国特色社会主义新思想教育活动，全县共青团干部认真学习、深刻领会、全面落实习近平总书记讲话精神，进一步加强政治理论的学习。

【组织活动】 开展申扎县足球、篮球联赛，组织召集全县青年成功举办申扎县第十一届“甲岗杯”足球联赛和第一届“色林错杯”篮球联赛，激发青年群众的活力和组织意识，提倡全民健身的重要意义。在团区委的大力支持下，组织全县 20 名青年奔赴西藏拉萨市、林芝市开展“民族团结代代传—青少年万人交流”活动。

4 月 20 日，开展申扎县第十一届“甲岗杯”足球联赛

【服务青少年成长发展】 按照团市委要求，鼓励全县青年积极参与团市委、团县委联合举办的“关爱农牧区儿童、捐赠爱心书包”捐款活动，全县范围内筹集到善款 8546 元，为 176 名贫困学生解决学习用品。争取浙江省援藏助学资金、“2018 年国务院国资委党费专项资助西藏贫困学生助学金”、中国农业银行“金秋圆梦”深度贫困地区大学生助学资金、“国酒茅台・国之栋梁”希望工程助学资金、团区委“小积分・大梦想”关爱留守儿童资金，中青基会“爱心衣橱专项基金”等各类助学救助资金，共 2647 名学生解决爱心衣物，63 名贫困学生和青年解决助学救助及帮扶资金，助学救助资金 22.82 万元。

【青少年法治教育】 召开预防青少年违法犯罪专项工作会议，会上宣读《申扎县预防青少年违法犯罪工作领导小组成员单位主要职责（征求意见稿）》。开展“预防校园欺凌　共建和谐校园”法制进校园活动，团县委联系县教育局、检察院进入全县 10 所学校开展法制宣讲活。

【共青团申扎县委负责人名录】

书记：巴桑旦巴（藏）

申扎县妇女联合会

【概　况】 2018 年，县妇联在上级妇联组织及县委、县政府的正确领导下，深入贯彻学习中共十九大、西藏自治区第九次党代会、九届三次全委会、三级群团工作会议及自治区第十次妇女代表大会精神，紧密团结带领广大妇女，紧紧围绕党政工作中心、服务大局、面向基层、服务妇女，以促进和谐为主题，积极发挥组织妇女、引导妇女和维护妇女儿童合法权益的作用。

【维护妇女儿童合法权益】 以三月综治宣传月、

六月平安建设、“9·16”综治宣传日等为契机，大力宣传《中华人民共和国婚姻法》《中华人民共和国妇女儿童权益保障法》《中华人民共和国反家庭暴力法》等与广大妇女息息相关的法律法规。定制发放防家暴、妇女儿童权益保障、禁毒等内容的宣传袋子1000个和《中华人民共和国妇女权益保障法》100册。全县8个乡（镇）和62个行政村发放792套3168册“美丽女性.幸福家庭”藏汉语丛书，丛书包括《民族团结一家亲》《女性健康知识手册》《0—6岁儿童养育手册》《儿童安全自护手册》4种图书。组织巾帼志愿者深入卡乡初小开展“巾帼宣传进校园”和深入申扎镇1村开展“巾帼宣传进村居”等活动，使进一步提升广大妇女儿童的自我防范意识。申扎县妇联对全县的12个妇女儿童维权服务岗的维权工作开展情况检查2次，并就检查中发现的问题和存在的不足一一进行整改。

【开展“三八”国际妇女节】 积极从县财政局争取1.74万元的“三八”活动经费，开展歌唱《西藏妇女之歌》、庆祝“三八”妇女节锅庄、庆祝“三八”妇女节广场舞和猜谜语、抢凳子等形式多样的活动。组织23名巾帼志愿者到县敬老院开展爱心服务活动。爱心活动现场，县妇联为老人们送去价值1500元的牛奶、面包等慰问食品，为敬老院老人进行洗头、理发、剪指甲等爱心服务。对9名贫困单亲母亲和环卫工人进行看望慰问，每人慰问300元，共发放慰问金2700元。

9月18日，组织群众开展“巾帼宣传进村（居）”宣传活动

【开展“评先争优”活动】 积极开展“评先争优”活动，组织召开全县“五好文明家庭”“三八红旗手”表彰大会，5户“五好文明家庭”，每户发放奖金800元；表彰5名“三八红旗手”，每名发放奖金500元，共发放奖金6500元。

【提升妇女干部的身心健康】 组织妇女干部在县文化活动中心集中练习瑜伽，共有35人报名参加，年龄从24岁到43岁不等。集中练习瑜伽，县妇联专门邀请有瑜伽功底的妇女干部前去授课，每天抽出两个小时集中练习。县妇联专门制定瑜伽班考勤制度，保障每期学员都能把瑜伽全部规定动作学好，学出效果。

【谋划妇女儿童发展规划】 召集妇儿工委成员单位召开规划编制征求意见会，听取意见，力求让规划更贴近妇女儿童实际需求，更接地气。从成员单位征求到的意见和建议，认真听取，不断修改完善规划内容，促使规划更加符合民情、贴近民心、服务民生。县妇儿工委办反复争取意见，出台申扎县人民政府（2016—2020年）妇女儿童发展规划。

【开展办实事、解难事】 一是为贫困儿童健康快乐成长，在“六一”儿童节来临之际，申扎县妇联联合团县委到县完小、二小，为30名贫困儿童送去爱心书包，总价值达1.5万元。二是县妇联按照上级部门的要求，带着上级妇联的嘱托，带着党和政府的关怀，慰问申扎县女性聘用干部和半脱产干部7人，发放慰问金2100元。三是结对帮扶户慰问3次，送去大米、糌粑等生活用品，为申扎镇2村每户送去价值350元的棉衣73件，共价值2.56万元；2018年，慰问共折合人民币3.545万元。四是深入雄梅镇色布寺，看望寺庙尼姑，详细了解生活情况、身体状况，慰问尼姑11人，发放慰问金3300元。五是争取“两癌”救助金2万元，落实到下过乡2村和6村的两名宫颈癌患者手中。六是价值2000余元的慰问品送到敬老院，用热心、爱心陪伴孤寡老人们过上特殊的母亲节。七是下过乡5村贫困妇女索巴因患乳腺癌送去3000元的慰问金，同时各级社会人士捐款3万余元和申扎镇聘用干部巴桑患心肌缺血病症，引发多种并发症，送去2500元的慰问金。

【开展创建平安家庭活动】 按照“党政所急、妇女所需、妇联所能”的原则发挥妇联组织联系妇女、联系家庭的优势，以“弘扬家庭美德、建设家庭文化、美化生活环境、提高生活质量”为重点，以“平安家庭”创建活动为载体，发挥妇女组织优势，动员妇女积极参与平安家庭创建，提高家庭成员的思想道德素质和科技文化素质，提升家庭生活质量和文明程度，以家庭的文明促进社会平安稳定，以家庭的平安促进社会和谐，以家庭的小平安促进社会的大平安。共评选62户“平安家庭”，并进行挂牌。

5月14日，申扎县马跃乡三村央金卓嘎家（前排左二）荣获“全国最美家庭”荣誉称号

【妇女创业就业提供服务】 一是为进一步提升广大妇女的整体素质，县妇联选派乡、村优秀妇女25人，分别参加全国妇联组织的《学习习近平新时代中国特色社会主义思想暨妇联全面深化改革专题培训班》《妇联改革及业务培训》，自治区妇联组织的《关于举办第四期全国女干部战略素养培训班》，团区委举办的《民族团结代代传青少年万人交流》等培训。二是对建档立卡贫困户妇女劳动力转移就业，联合县人社局等相关部门积极开展活动，认真组织举办申扎县“春风行动”基层劳动就业社会保障公共服务所选拔考试，满足各类就业需求。组织专场招聘会2次，提供免费服务贫困人口人数18名，跨地区有组织劳务输出2人，成功介绍农牧区贫困人口就业8人，组织参加职业技能培训8人，自主创业成功女性人数1人，发放宣传资料300余份。

【全面推进妇联改革各项工作】 一是按照那曲市妇联改革工作的相关要求及指示精神，成立以县委常委、组织部部长嘎玛泽仁为组长的领导小组，领导小组挂设在县妇联办公室，县妇联主席兼任妇联改革办公室主任，具体负责改革相关工作。第一时间向领导小组组长汇报妇联改革工作的目标任务、改革方向及相关要求，并就申扎县妇联改革中遇到的困难和问题提出针对性的意见和建议；结合申扎实际，制定妇联改革方案，并将方案提交县委常委会研究决定，为全县的妇联改革工作争取各方支持，确保申扎县妇改工作的顺利开局。二是组织召开妇改工作业务培训会，各乡（镇）妇改负责人共11人参加培训，并与各乡（镇）妇改办签订改革责任书，8个乡（镇）分别发放会改联专项经费各1000元，共发放会改联经费8000元整。三是组织召开申扎县妇联改革动员部署大会，县妇改办领导小组所有在家成员及县直各单位负责人共52人参加会议。四是全县8个乡（镇）妇联组织区域化改革工作全部完成，选举产生主席8人、专职副主席9人、兼职副主席46人、执委委员59人，总执委人数122人；62个行政村的会改联工作全部完成，选举产生主席62人、专职副主席81人、兼职副主席203人，执委委员198人，总执委人数544人。

【申扎县妇女联合会领导名录】

妇联主席：阿旺曲珍（女，藏）

主任科员：卓玛拉姆（女，藏）

法 治

公 安

【概　况】 以中共十九大，十九届一中、二中、三中全会以及全区公安处局长会和那曲公安工作会议等一系列重要会议精神为行动指南，深入贯彻落实习近平总书记重要讲话精神，特别是“治国必治边、治边先稳藏”的重要战略思想，以“六力”（即忠诚力、凝聚力、创新力、战斗力、亲民力、忍耐力）建设为思路，继续深化“六个年”活动，以确保申扎县持续稳定、长期稳定、全面稳定为目标，始终坚持维护社会稳定中心工作不动摇，不断提升打击犯罪、治安防范和服务管理的水平，2018年全县社会局势持续稳定。

【公共管理】 为进一步缓解公安局警用单警装备不足和陈旧老化等问题，投入11余万元警用单警装备，加大维稳执法力度、提升便民利民的服务效能，全力增强公安队伍战斗力和实战水平，有效震慑违法犯罪和保护民警自身安全。为全面实现“不打响、不炸响、不流失”的工作目标，按照“治爆缉枪”专项行动安排部署，在全县开展枪支、弹药、管制刀具收缴以及非法储存爆炸物品和非法持枪专项整治行动，检查危爆单位共820余家次，群众主动上缴各类军用弹1469发，小口径子弹4发，黑火药26公斤，管制刀具23把，导火线20厘米。

【禁毒、禁赌】 禁毒工作。坚持预防为主工作原则，以学习贯彻中共十九大精神维护宪法权威为指导，以“健康人生、绿色无毒”为主题，进一步弘扬宪法精神，增强全民法治观念，树立识毒、防毒、反毒、拒毒的意识，各部门密切协作、齐抓共管，重点就相关法律常识及“什么是毒品”“毒品的种类”“吸毒的危害”等向群众进行讲解，增强广大干部群众的识毒、防毒、拒毒意识和能力，不断提高全县禁毒宣传教育工作全覆盖。积极开展进乡、村、牧区共宣传9次，张贴禁毒海报60份，悬挂禁毒宣传挂图600份，发放禁毒藏日历1200册、禁毒宣传册1820份、党政培训领导干部禁毒培训资料360份，受教育群众达1100余人次。全县范围内排查易制毒化学药品3次。为深入贯彻落实中央禁毒委员会“关于加强禁毒工作、全国社区戒毒社区康复工作站规划”的禁毒工作安排部署，切实落实那曲市禁毒委员会《关于设立社区戒毒康复工作站》的工作要求，进一步完善申扎县禁毒工作体系。县委常委、政法委书记、公安局党委书记、政委次仁达瓦，政府副县长次仁旦巴共同为申扎县禁毒委在申扎县原申扎镇政府大院内举行揭牌仪式，并了解工作站工作职责和各成员单位职责分工，并学习毒品相关知识。

禁赌工作。“禁赌拒赌”专项整治行动是一项常态化工作任务，由治安大队牵头组织派出所、警务站经常性深入农贸市场、茶馆等人员密集场所进行大幅度排查整治，严厉打击整治赌博违法犯罪行为，遏制赌博蔓延，2018年禁赌专项清查行动28次，出动警力672人次、警车280台次，查处3起17人赌博案件，并依法处理，同比增长200%。

12月3日，在申扎县原申扎镇政府大院内举行社区戒毒康复工作站揭牌仪式

【社会治安整治】 全年，共查处治安案件共13起，违法人共49人。其中，行政拘留3人，行政罚款15人，拘留罚款31人；殴打他人7起17人，结伙殴打他人1起9人，寻衅滋事1起3人，阻碍执行职务1起3人，赌博3起17人，均已处罚。

【人口管理】 全县总人口22067人，总户数5561户，出生上户158人（男69人、女89人），死亡注销44人（男26人、女18人），迁入13人、迁出22人。共办理居民身份证704个（照片采集699个、指纹采集699个）、办理异地身份证23人、办理临时身份证14人，变更更正姓名0人，变更更正性别2人，变更身份证号码3人，变更曾用名4人，更正出生日期0人，变更民族0人，变更更正其他项目1258人（公民婚姻状况、职业、服务处所、文化程度、与户主关系）。

【交通安全管理】 以“压事故、整秩序、保畅通”作为中心任务，为有效预防和减少道路交通事故，坚决遏制全县发生重特大道路交通事故，全面贯彻落实县委、县人民政府和公安局党委的一系列决策部署狠抓各项交通安保任务，强化路面管控工作，持续开展各类专项整治行动，深化交通安全宣传，严格公安交警队伍管理，切实抓好、抓实、抓牢各项公安交管工作，全力预防和遏制重特大道路交通事故的发生，确保全县道路交通安全形势总体平稳。全年，交警大队共投入警力1132人次、警车780台次，排查道路隐患58处，查处各类交通违法行为2253起，其中无证驾驶40余起，其他违法行为2213起，宣传交通安全法律法规14余次，发放宣传资料1.5万余份；与客运企业和客车驾驶员签订安全责任书10余份，与客运企业、客运站签订春运安全生产管理目标责任书15余份；开展驾驶人员驾驶证审验学习17次，学习人员137人；救助被困群众36人次；巡逻国道、省道以及农村乡村道路10余万公里。将原雄梅镇派出所公安检查站与雄梅镇3村公安检查站进行合并，并投入2万余元搭建活动板房及各类配套设施，切实加大对雄梅至尼玛县、班戈等路段的限速、测速工作。各检查站严格按照“六必查”勤务工作要求，检查各类车辆10.1455万台，人员217904人，物品8.9723万件。

5月15日，为四个便民警务站配发了四辆治安巡逻摩托车

【治安防控体系建设】 信息化是公安工作发展的大势所趋，是提升警务效能、推进公安事业发展的有效途径，是推动公安信息化建设及应用的先导。紧紧围绕自治区公安厅、市局的各项决策部署，积极开展信息化建设工作，推进重点项目建设，强基础、促发展，不断提高信息化建设应用

水平，投入209.356万余元购买各类设备。其中，购买20部数字手台，30部单频手台和16部世纪通手台，配备各乡（镇）派出所、警务站、检查站，保障了基层派出所、警务站、检查站通信；购买视频解码器以做备用；支付视频监控和公安四级网租赁费85万余元给申扎县移动公司；6个高清探头，并进行更换，为预防、打击违法犯罪，处理交通事故、排解矛盾纠纷工作；购买两套华为会议系统；2架小型无人机；购置智能枪弹库。

【构建和谐警民关系】 为贯彻落实自治区、市、县关于精准脱贫工作要求，充分调动全体民辅警的积极性，踊跃参与到脱贫攻坚战当中，进一步增强警民和谐关系，切实做好结对帮扶工作。申扎县公安局全体民警自愿为结对帮扶对象捐款，前往塔尔玛乡6村、7村、9村、11村、13村、14村共81户开展一对一帮扶工作2次，送去慰问品及慰问金4.89万元；各乡（镇）派出所、警务站开展贫困户及精神病人走访慰问工作，并送去价值5313元的生活日常用品；同时公安局警衔培训班民警自愿捐款3000元前往县敬老院开展走访慰问工作。

【自身建设】 公安局警力147人，严格按照"引进来、走出去"工作要求，进一步提升民警综合业务水平，真正做到把好的经验做法带回来；把高素质人才引进来，其间人才引进21人，派出区内外培训85人次。以"四项建设"为工作目标，以贴近实战为原则，以注重基础理论、技能培训、体能训练、实战演练为重点，不断强化实战技能训练，增强民（辅）警的实战本领，使队伍形成基础训练普及化、体能训练常态化、处突演练随时化的工作格局，做到领导率先模范作用，杜绝练下不练上、练警不练长的现象，全面掀起岗位练兵热潮，确保在关键时刻"拉得出、冲得上、打得赢"。

【其他工作】 为进一步做好从优待警工作，切实提高辅警人员工作积极性、主动性，严格按照《辅警管理办法》及上级公安机关下发的《西藏自治区公安机关警务辅助人员经费管理意见》的文件通知精神，为52名警务辅助人员薪资补发115.9238万元，并执行新工资标准，切实解决辅警的工资待遇问题。

【申扎县公安局领导名录】

县委常委　政法委书记　公安局党委书记、政委：次仁达瓦（藏）

局长、督察长：门雄伟（1月任职）

党委员、副局长：普　布（藏，10月离职）

次旺多杰（藏）

拉巴顿珠（藏）

党委员、副局长、主任科员：

普　布（藏，10月任职）

党委委员、副政委：张　进

检　察

【概　况】 2018年是全面贯彻中共十九大精神的开局之年，也是改革开放和检察机关恢复重建40周年。在县委和上级检察院的坚强领导下，在县人大及其常委会的有力监督、政府的大力支持和政协的民主监督下，坚持以习近平新时代中国特色社会主义思想为指导，紧密联系中国特色社会主义进入新时代，特别是治边稳藏重要论述为根本遵循，紧紧围绕服务保障申扎长足发展和长治久安的目标任务，牢牢把握新时代检察工作的根本立场，大力加强检察队伍执法能力建设，积极适应中国特色社会主义进入新时代对检察工作提出的新要求，在忠实履行宪法法律赋予的职责中体现新担当、展现新作为，推动新时代检察事业发展取得新的进步。

【坚持把党的建设摆在首位】 紧紧围绕县委中心工作，在以习近平新时代中国特色社会主义思想武装头脑、指导实践、推动工作中，坚持党对检察工作的绝对领导，坚持使命引领和使命担当相统一，坚定不移走中国特色社会主义检察道路，建好班子、带好队伍、忠诚履职。切实履行察大势、谋全局、把方向、促落实的主体责任，召开党组理论中心组学习12次，支部学习会议49次，开展交流发言13人次、讲党课8人次、组织开展“党日”活动12次，传达纪检、组织相关文件典型案例通报25份，开展党的政治纪律和政治规矩集中教育活动学习20次，开展“全面加强政治建检、打造过硬检察队伍”专项教育整顿活动学习10次，召开党组民主生活会和支部组织生活会各1次，开展党的政治纪律和政治规矩专题组织生活会1次。

【坚决维护国家政治安全和社会秩序】 认真贯彻落实区、市、县委关于维稳工作的一系列决策部署，及时召开维稳专题会议，全面动员部署，科学合理安排，确保社会大局持续稳定、长期稳定、全面稳定。一是各敏感时期和特殊节点，严格落实24小时值班带班制度，执行“零报告”制度，定期不定期对单位内外巡查160次，严格排查登记外来人员121人次、外来车辆26辆。二是加大社会治安综合治理力度，在三月敏感期间，配合相关单位，积极参加“红袖标”巡逻队出警30人次，指派5名干警到加油站参与值守；派出2名干警驻村，开展强基础惠民生工作。三是主动融入共建共治共享社会治理格局，坚持和发展新时代“枫桥经验”，充分发挥派驻检察室职能作用，有效化解社会矛盾，雄梅镇派驻检察室调解矛盾纠纷2起5人，为坚决打赢维稳攻坚战贡献检察力量。

【扎实推进脱贫攻坚工作】 深入贫困户，面对面了解结对帮扶户的具体生产、生活情况，为早脱贫、真脱贫、脱真贫献策献力，向结对帮扶的贫困户捐资捐物价值7100元。

【深入开展法制宣传工作】 在“三月综治宣传月”、“四月法制宣传月”、“六月平安宣传周”、“9·16”平安西藏宣传日活动、“12·4”国家宪法日暨全国法制宣传日为契机，分别派出2名干警，扎实有效地开展法制宣传工作。联合县工青妇、教体局，深入县完小、中学和7个乡（镇）小学分别开展以“预防校园欺凌、共建和谐校园”为主题的法制宣传教育活动。指派1名干警深入塔尔玛乡、买巴乡各村进行《中华人民共和国宪法》修正案、《中华人民共和国监察法》和“两会”精神宣讲，共发放藏汉文宣传材料459份，受教育干部群众达2450人。

5月11日，申扎县人民检察院开展法制进校活动

【深化司法体制改革】 全面落实各项改革任务，制定完善绩效考核管理机制，努力健全员额检察官、司法辅助人员、司法行政人员绩效考核、绩效工资核算机制，进一步提高检察人员工作积极性和主动性。持续完善司法责任制改革，加强检察官员额，采取定额制配置方式，继首批遴选入额4名检察官，1名因转隶退出员额后，又顺利完成第二批2名检察官入额遴选工作。着力完善检察权运行和监督机制，依照“谁办案谁负责、谁决定谁负责”的办案责任终身制原则，严格执行检察官办案两个责任清单。

【聚焦主责主业】 加强刑事诉讼监督。全年，依法受理审查起诉案件5件6人，依法提起公诉4件5人，1件1人案件办理中，依法出庭支持公诉4件5人，审查刑事判决书4份。

加强刑事检察监督。在立案监督、刑事执行监督等方面加大监督力度，依法对公安机关2018年度治安、交通处罚案件开展立案监督，共核查各类治安案件40件，未发现应当立案而不立案，不应当立案而立案的案件；在开展社区矫正监督检察工作过程中，注重增强监督工作的主动性，采用灵活的监督方式，采取看、查、核、谈的方式重点检查全县范围内社区矫正执行档案、社区矫正人员花名册、请假登记表、矫正对象的思想汇报情况。全年，对5名（4名现已解除）社区矫正人员走访调查6次，掌握社区矫正人员思想动态，确保不发生脱管、漏管现象。

加强民事行政检察监督。按照上级院的总体部署，及时召开关于民事行政非诉执行监督专项活动动员部署会议，明确突出重点，补齐业务短板，切实通过专项监督工作维护社会公共利益和群众切身利益。

积极开展公益诉讼工作。开展公益诉讼工作列为“一把手”的重要工程，充分发挥检察机关公益诉讼职能，联合县食药局等有关部门深入开展“保障千家万户舌尖上的安全”检察公益诉讼专项监督活动，在检查中发现的过期食品药品，督促行政机关依法没收，并对行政机关提出加大检查力度的口头建议。2018年，收集公益诉讼案件线索3件，其中审查终结2件，向行政机关发出诉前检察建议书1份，并得到积极整改回应。

积极开展扫黑除恶打非治乱专项斗争活动。全国扫黑除恶专项斗争开展以来，严格按照上级院及县委的总体部署，结合工作实际，制定切实可行方案，召开动员部署会议，高度重视、精心组织，成立专项领导小组，明确专人负责制，设立扫黑除恶举报箱等，并充分利用下乡和各类法治宣传等相关活动，大力宣传扫黑除恶专项斗争的重大意义。2018年，未受理此类案件。

【加强队伍建设】 以学习贯彻习近平新时代中国特色社会主义思想为根本，加强政治纪律教育，引导全院干警以聚焦法律监督主责主业、着力解决人民最关心最直接最现实的法律监督问题来体现政治担当，防止和避免检察机关党的政治建设与检察业务工作“两张皮”。加强党章党规党纪学习与党风廉政建设，进一步压紧压实管党治党政治责任，部署开展“全面加强政治建检、打造过硬检察队伍”等专项教育整顿活动，严肃党内政治生活、严格党性修养锻炼。通过召开党组民主生活会、支部组织生活会等方式，查找作风问题、整改作风问题，广泛征求对院党组班子及班子成员的意见建议，共发放征求意见表25份，收回25份，共梳理意见建议4条，并认真查摆存在的突出问题。坚持以“六力”建设为思路，开展“为祖国点赞 同宪法合影”“重温入党誓词、入党申请书”等活动，不断提升检察队伍精气神，汇聚争先创优正能量，全面推进检察队伍建设，为加强检察官队伍正规化、专业化、职业化建设，以业务一线人员为重点，积极参加检察业务培训。全年，参加上级院组织的各类检察业务培训16人次，选派1名干警到内地对口援藏单位挂职锻炼。自觉接受外部监督，以主动、坦诚的姿态，接受人大监督、政协民主监督和社会各界监督，坚持定期向县人大及其常委会报告检察工作，坚持主动向人大代表、政协委员通报工作。积极利用“两微一端”和“门户网”平台，依法保障人民群众对检察工作的知情权、参与权和监督权，发布“两微一端”关注粉丝数104人，发

5月25日，开展党员干警重温入党誓词活动

布信息152条，今日头条关注粉丝数37人，发布信息8条。

【申扎县人民检察院负责人名录】

检察长：马文科（回）

副检察长：南木加（藏）

郭守宾（1月离职）

雄梅镇检察室主任：罗桑次仁（藏）

塔尔玛乡检察室主任：邓孔林

反贪局局长：宗巴桑母（女，藏，1月离职）

检察院办公室主任：罗布占堆（藏）

侦查监督科科长：巴丹曲琼（藏）

公诉科科长：南木珍（女，藏）

法 院

【概 况】 2018年，县人民法院在县委坚强领导和县人大及其常委会有力监督下，县政府、县政协和社会各界大力支持下，以习近平新时代中国特色社会主义思想为引领，深入学习中共十九大，十九届二中、三中全会，区党委九届三次、四次全委会精神，紧紧围绕“努力让人民群众在每一个司法案件中感受到公平正义”目标，牢牢把握司法为民、公正司法工作主线，忠实履行宪法和法律赋予的职责，着力维护社会大局稳定，促进社会公平正义，各项工作取得新进展。面对新形势、新任务，全院扎实工作、锐意进取，较好完成审判执行工作任务，为全县经济社会发展提供有力司法保障。年内有编制18人，实有人数18人。其中，女干警6人、汉族干警3人。员额法官名额6名，现有法官5人，法官助理2人，书记员6人，行政人员2人，法警3人，其中3人在雄梅法庭。法院支部共有正式党员12名，发展积极分子3名、预备党员1名。

【刑事审判工作】 积极参与“三个专项斗争”行动，严惩暴力犯罪和多发性侵财犯罪，增强人民群众安全感。共受理刑事案件4件6人。审结盗窃罪3件4人，故意伤害罪1件2人。结案率100%。落实宽严相济刑事政策，对罪行轻微的初犯、偶犯、未成年犯，依法从轻、减轻处罚，对2名罪犯适用缓刑。

【民事审判工作】 受理民商事案件23件，调解、撤诉结案22件，公开开庭审理1件，涉案总标的114.23万元，调撤率96%，审限内结案率100%。买卖合同纠纷6件，离婚纠纷6件，抚养费纠纷5件，其他纠纷6件，案件审限缩短三分之一21件。利用农民工服务专窗，采用诉前调解为39名民工追回22万元工资。

【行政审判工作】 以坚持保护行政相对人合法权益，强化行政长官应诉工作宣传，促进行政争议实质性化解。强化司法建议，密切关注司法领域反映的经济社会问题，就规范司法行为、加强环境保护等问题及时提出司法建议，向行政部门提出12条司法建议，完善改进管理服务，为科学决策、改进工作提供重要参考依据。无行政案件。

【立案工作】 按照“系统化、信息化、标准化、社会化”要求，法院新型诉讼服务中心已立项，建成之后将为群众提供一站式、综合性、低成本诉讼服务。全面落实立案登记制，对依法应当受理的案件，有案必立、有诉必理。加强便民服务网络建设，继续推行车载流动法庭巡回审判等机制，打通司法服务群众“最后一公里”。畅通群众诉求表达渠道，引导群众理性表达诉求。强化司法人文关怀，为残疾人、贫困牧民、农民工等困难弱势群体开通诉讼“绿色通道”，为当事人减缓免诉讼费2000余元。为残疾当事人上门立案、上门送达文书5人次。共依法受理各类案件30件，共接待来信来访、法律咨询16件29人次，均已妥善答复处理，无涉法涉诉信访案件。

【执行工作】 围绕“两到三年时间基本解决执行难”目标，强化失信被执行人曝光，依法制裁规避、抗拒执行等行为，让“老赖”无处藏身的压倒性态势、综合治理执行难工作格局基本形成。

法院严格按照基本解决执行难目标总要求的“三个 90%”的标准和“一个 80%”的要求，围绕上级法院党组决策部署和“基本解决执行难”决战决胜任务目标，建立由 1 名执行法官、1 名执行人员、1 名书记员、1 名执行法警组成的执行团队。受理执行案件 3 件，执结标的 0.96 万元。投入资金 11.547 万元，建成执行指挥中心，实现远程指挥、视频调度。

【法警工作】 紧紧围绕院党组的中心工作，以“公正与效率”为主题，以“公正司法树形象”活动为载体，积极为审判工作服务，配合各部门努力完成全院各项工作任务和院领导交办的事项。共参与值庭 46 次法警大队担负着法院的警卫和安全工作，有效地保证人民法院良好的工作环境，保证审判工作秩序正常有序进行。

【社会治安综合治理工作】 坚持以人民群众实际需求为导向，在充分做好各项审判工作的同时，积极延伸审判职能，大力开展法律“八进”活动，提高广大群众学法、守法、用法的自觉性，为开展综治维稳工作打下良好的群众基础，营造良好的法治氛围。共开展法制宣传活动 15 场次，以案释法活动 8 场次，“法致青春”校园法制课 1 场次。发放宣传资料 6000 余份，接受现场法律咨询 120 余人次，受教育群众达 3100 余人次。

【援建交流工作】 在拉萨、林芝分别接待浙江省嘉兴市、湖州市中级人民法院的援建工作组，并召开援建工作座谈会，就审判工作开展情况、队伍建设等方面进行深入交流。工作组表示，进一步加大援助力度，两地法院联结、沟通工作，密切交往交融，不断为提高审判工作提供有力保障。浙江两中院分别向申扎县法院捐款 25 万元。

【联系代表、委员工作】 召开联络人大代表、政协委员座谈会。邀请在申扎县的各级人大代表和各级政协委员共 16 人参加座谈会。是通过创造这样一个平台，让县人大和政协了解认识法院，进一步公开法院审判业务和队伍建设方面工作，自党接受监督，达到公正司法、严格执法的公开和透明度。

11 月 28 日，申扎县人民法院召开联络人大代表、政协委员座谈会

【支部学习】 坚持以习近平新时代中国特色社会主义思想为指导，深入学习贯彻中共十九大和十九届二中、三中全会精神，全面贯彻落实自治区第九次党代会和区党委九届二次、三次全会精神，按照新时代党的建设总要求，坚持党要管党、全面从严治党，坚持以党的政治建设为统领，以“不忘初心、牢记使命”主题教育为重点，以推进基层党组织标准化建设为抓手，全面加强党的政治建设、思想建设、组织建设、作风建设、纪律建设，把制度建设贯穿始终，深入推进反腐败斗争，以党建工作质量引领审判执行质效提升，为实现司法审判事业新发展提供强有力

1 月 20 日，召开中国共产党申扎县人民法院成立支部委员会大会

的政治保证和组织保障。开展党支部学习 30 余次，撰写心得体会 40 余篇。

【申扎县法院负责人名录】

院长：格尔桑（藏）

副院长：周　玲（女）

主任科员：徐　峰

雄梅法庭庭长：索朗旺旦（藏）

达瓦顿珠（藏）

司法行政

【概　况】 2018 年，申扎县司法局在县委、县政府的正确领导下，市司法局和县委政法委的有力指导下，坚持以习近平新时代中国特色社会主义思想为指导，深入学习贯彻中共十九大的精神，认真落实全面从严治党要求，加强政治建设、思想建设、组织建设、作风建设、纪律建设。扎实有效深入开展相关工作，为全县经济社和谐稳定发展保驾护航。

【人民调解】 全县各级调解组织共排查和受理调处民间纠纷 56 起（其中包括家庭纠纷 23 起，经济纠纷 7 起、邻里纠纷 7 起、草场纠纷 13 起，婚姻纠纷 5 起，劳务纠纷 1 起），调解率达 100%。坚持做到早发现、早化解，着力把各类矛盾纠纷化解在基层，消灭在萌芽状态，确保小事不出村、大事不出乡、矛盾不上交、为促进平安申扎、和谐申扎建设奠定坚实基础。

【社区矫正】 社区矫正是指针对被判处管制、宣告缓刑、裁定假释、暂予监外执行这四类犯罪行为较轻的对象所实施的非监禁性矫正刑罚。全年，无新增矫正人员，解除矫正人员 4 名，实有社区服刑人员 1 人，全部为缓刑类别，建档率 100%，管控率 100%，帮教率 100%，未出现脱管和失控等情况。

【法律援助】 法律援助是依法治国得以实现的保证，也是弱势群体得以保护的另一种有效途径。为广大群众代写文书 81 份，解答各类咨询 170 人次。法律援助服务工作的开展，为了更好地服务群众提供便利。

【安置帮教】 全年撤帮人员 6 人，新增 8 人，全县刑释解矫人员安置帮教对象共 25 人，建档率 100%，管控率 100%，帮教率 100%。

【普法宣传】 一是全民法治宣传第七个五年规划通过人大常委会决议，并召开全县第七个五年普法工作推进会，制订全年法治宣传教育工作计划，确保法治宣传教育工作扎实有效开展；二是征订《法制日报》《法治藏文报》《中国司法》和《普法宣传册》，方便学习和了解相关法律知识；三是积极组织参加三月综治宣传月、四月法治宣传日、六月平安宣传周、“9·16” 平安西藏宣传日活动、县宣讲组宣讲活动和“五下乡”活动，向群众、学生、僧尼、干部职工宣传法律法规知识，发放相关宣传资料（宣传单、书籍、画册等）3.7042 万份，开展法治宣传场次 161 次，现场咨询人数 388 余人，悬挂横幅 96 条，受教育人数 2.3943 万人次；五是积极开展在编宗教教职人员法律知识考试，共 60 人参与，均及格。组织开展全县干部职工《中华人民共和国宪法》《中华人民共和国监察法》和全国“两会”精神等法律政策知识考试，考试共 610 人，参考率达 69%，合格率为 96%。组织开展全县宪法线上统一考试，

9 月 29 日，那曲市政协副主席、县委书记夏彦巡考考

次参加考试共1385人，参考率达67.4%，合格率100%。通过法制宣传教育，提高干部群众对法制观念的认识，并促进全县法治建设的发展，为建设“法治申扎”奠定良好的基础。

【申扎县司法局领导名录】

局长：桑　珠（藏）

副局长：董定兰

消防大队

【概　况】 2018年，在县委、县政府的领导下，申扎县消防大队紧紧围绕“两会”安全保卫、“赛马节”安全保卫、“三大节日”（元旦、春节、藏历新年）安全保卫工作为重点工作，认真构筑社会消防安全防火墙工程，以消除火灾隐患为目标，以执法规范化为重点，大力加强防火监督检查工作，全面消除火灾隐患，确保全县火灾形势的基本稳定，出动警力100余人次，全体官兵共参加灭火战斗10起，灭火成功率100%，挽回经济损失近20余万元；共参加抢险救援1次，圆满完成以防灭火为中心、以抢险救援为重点的消防保卫工作任务，保障人民群众的财产安全。

【消防工作】 大力开展消防安全专项整治，全面消除火灾隐患。为确保辖区火灾形势的持续稳定，预防和遏制重特大火灾尤其是群死群伤恶性火灾事故的发生，深入开展建筑消防安全专项整治、易燃易爆单位消防安全专项治理、“3·15”消防产品整治、建筑工程施工现场整治、暑期消防安全大检查、火灾隐患集中排查整治、工程建设领域消防产品监督管理、“双节”期间火灾隐患排查整治、安全生产专项检查、消防产品专项整治等活动。特别在重大节假日期间，加大火灾隐患排查力度，组织开展联合夜查行动，全面清除火灾隐患。共检查700余家，发现火灾隐患650处，督促整改火灾隐患650处，下发责令改正通知书650份，下发行政处罚决定书3份，下发临时查封决定书1份，责令“三停”单位1家。确保辖区内火灾形势的稳定。组织综合应急救援队伍、公安各相关警种、社会专业力量开展2次联合演练，联合重点单位共开展演练活动12次，通过开展灭火演练工作，提高辖区安全环境，强化官兵执勤备战意识；使官兵进一步加深对辖区重点单位消防设施的掌控情况。

加大消防宣传培训力度，提高群众的消防安全知识水平。利用春节、“3·15”及“安全生产月”、“119”消防安全宣传周等时机，采取与相关部门联合利用在街道、社区、商场开展大型宣传活动、散发传单、悬挂条幅、开放消防站、开培训班等不同方式进行消防宣传，推广消防安全知识，切实提高群众消防安全意识，在全社会范围内形成人人关注消防的良好氛围；在消防大队的指导培训下，各单位“四个能力”建设完成预定目标，街道、乡（镇）消防安全“网格化”管理达标率达到90%。消防大队深入企业对员工进行消防安全知识培训，组织开展讲座活动，在学校开设消防教育课；与电视台合作，签订合作协议，利用电视媒体传播速度快、辐射面积广、受众面大的优势，播放消防公益广告，广泛传播消防安全知识；利用户外电视、LED屏等途径加大消防宣传力度、拓宽宣传途径；建立健全举报投诉机制，广泛发动全社会参与。

加强部队建设，强化部队管理。在队伍建设

1月20日，申扎县举行消防救援大队授衔及换装仪式

方面消防大队着重在内部管理、硬件设施及软件资料规范上下功夫并规范办公室的物品摆放，达到统一化标准。加大干部自学和集中培训考核，强化业务理论技能，严格执行条例条令和各项规章制度，制定各项措施，使全体执法人员的业务水平明显提高。立足工作实际转变工作作风，强化工作措施，帮助群众解决实际问题；大队加强队伍建设，强化训练，提高对各类器材的操作能力，积极打造铁军大队。积极完善器材设备，提高部队战斗力，有力地保障辖区灭火救援的实战能力。

【申扎县公安消防大队领导名录】

副大队长：杨　力

参谋：扎西仁青（藏） 朱建文　严　彪

刘　怡

社会民生 · 民族宗教

民　政

【概　况】 2018年，申扎县民政局在那曲市民政局的关心和指导下，在县委、县政府的正确领导下，创新工作方法，提高工作效率，加大为民服务力度，坚持以人为本、求真务实，认真落实低保、社会救助等各项民生救助的方针政策。

【社会保障工作】 城乡医疗救助。城乡医疗救助人次达1121人，救助资金155.65万元。

城乡临时困难救助。城乡孤老及贫困家庭发生突发事件，造成困难，超出其经济承受范围的，可以提出向户口所在社区居委会书面申请，并填写《临时救济审批表》及相关材料，由社区居委会调查后报乡（镇）审核，最后由县民政局予与批准进行救助。救助人次13人，救助对象本地户籍，救助资金达3.9万元。

【发放“三大节日”“八一建军节”慰问金】 在“三大节日”（元旦、春节、藏历新年）期间慰问贫困家庭5户，每户慰问金1000元，共5000元；退伍军人5人，每人慰问1000元，共5000元；慰问五保集中供养服务中心1万元，驻县部队1.5万元，地区共慰问金共3.5万元。县慰问住院病人35人，每人慰问100元，共3500元；驻县部队慰问金小计4500元；清洁工15人，每人500元，共7500元；退伍军人70人，每人200元，共1.4万元；慰问五保老人49人，每人200元，共9800元。慰问孤儿12人，每人慰问500元，共6000元；慰问退休老干部2人，每人500元，共1000元。2018年，共兑现慰问金8.13万元。八一建军节慰问驻县部队4500元。

【统计冬春受灾工作】 进一步做好2018—2019年冬春期间受灾群众工作，及时把各乡（镇）上报的灾情及时录入自然灾害系统。一是上报2018—2019年受灾人员冬春生活困难评估报告。二是关于申请冬春自然灾害资金报告。三是2018—2019年受灾人员冬春生活需救助情况统计表。

【惠民资金兑现情况】 严格清查纠正“人情保、关系保、政策保”的情况；清查是否有错保、漏保的情况，是否严格执行救助对象申报审批程序。从而提高城乡低保清理整顿工作的针对性，保证清理整顿工作有序开展。全年，农村低保2372人，低保资金共351.43万元；城镇低保340人，兑现城乡四个季度低保资金共179.96万元。按照那地政法相关文件精神，民政局开展全县严重精神障碍患者的筛选、鉴定和诊断。经鉴定，共有70名严重精神障碍患者，补贴标准每人每月200元。兑现一年补贴资金共16.8万元。全县残疾人证人数为737人，其中1—2级残疾人数为147人。按照困难残疾人生活补贴100元和重度残疾人护理补贴200元的标准，按照“两项”补贴6∶2∶2分级负担要求：自治区下拨74.232万元，市配套24.744万元，县财政需配套资金

24.744 万元，三级财政配套的残疾人补贴补助资金共为 123.72 万元。特困人员集中供养标准每人每年 4940 元提高到 1.17 万元；特困人员分散供养补助每人每年 5760 元；特困人 48 名，其中集中供养 39 人。分散供养 9 人，兑现集中供养资金 22.815 万元，分散供养资金 2.592 万元。

9 月 23 日，为特困人员发放慰问金

【双集中工作开展】 孤儿收养工作。有 16 名孤儿分别送往自治区孤儿院（1 人）、山南孤儿院（3 人）、那曲市福利院（12 人）。

特困人员集中供养工作。特困人员共有 51 人，已集中供养 42 人，特困人员集中供养率达 82.35%，自愿入住率达 100%。继续做好分散特困人员老人思想工作，争取把特困人员集中供养入住率达 100%。同时发放特困人员上半年 2018 年特困人员生活补助补助资金 12.1 万元。

【勘界工作】 根据上级部门《关于开展全区第四轮县级行政区域界线联检工作的通知》精神，结合申扎县实际，由申扎县牵头，双湖、南木林县等毗邻县配合，对两县间的行政区域界线管理维护情况进行一次全面联检。依据通知任务要求，结合国务院《行政区域界线管理条例》的有关规定，为确保联检工作合法、有序进行。一是起草联检报告。根据行政区域界线联检工作情况，由牵头方组织汇总、整理、起草联检报告，并送毗邻县人民政府盖章同意，共同报上一级政府和民政部门立卷归档。二是联检中，对界线双方根据实地检查，规范形成的各类会议纪要、协议书、检查及修测记录、联检报告以及界桩成果表、登记表、照片等与行政区域界线管理有关的资料，要分卷汇总归档，并准备一式四份，分别由双方人民政府（民政局）、上报那曲市民政局区划科。

【项目工作】 总投资 770 万元新建 11 个村级防抗灾物资储备库和卡乡乡级物资储备库投资 131 万元。项目全部完工。

【申扎县民政局导名录】

局长：达娃曲珍（女，藏，12 月离职）

副局长：加央卓玛（女，藏）

特困人员供养服务中心主任：顿珠群培（藏）

人力资源和社会保障

【概　况】 2018 年，申扎县人社局积极落实县委、县政府的总体部署，不断加大优化服务和改善民生工作力度，大力推进就业、人才和社会保障工作统筹发展，着力规范人事管理，树立服务观念，加强作风建设，以“服务发展，保障民生”为主线，强化措施，积极落实区、市两级人社工作会议、全县经济工作会议精神，紧紧围绕“关爱民生、服务群众”的工作理念，切实做好社会保障各项工作，进一步加大社会保险扩面和基金征缴力度，落实城乡居民社会养老保险，做好劳资纠纷预防和调处，依法治人、管人、用人，开展形式多样的劳动技能培训工作，促进群众就业再就业。认真履行工作职责，坚持依法办事，维护社会稳定，帮助群众增收，助力经济发展，有力的推动人力资源和社会保障各项事业的发展。

【社会保险】 2018 年，企业职工基本养老保险参保人数 248 人，征缴基金 492.80 万元，基金征缴率 100%；城乡居民社会养老保险实际参保人数 10135 人（含僧尼），征缴基金 104.02 万元（含县级财配及60岁补交），基金征缴率100%；城镇职工基本医疗保险参保人数1736人，征缴基金2212.71万元，基金征缴率100%；城镇居民基本医疗保险参保人数1254人，征缴基金5.35万元，基金征缴率100%；失业保险参保人数874人，征缴基金100.67万元，基金征缴率100%；工伤保险参保人数2745人，征缴基金147.63万元，机关事业基金征缴率100%；生育保险参保范围为全县正式干部职工，其他人员不纳入参保范围，生育保险参保人数1442人，征缴基金133.05万元，基金征缴率100%；完成60周岁以上1632人发放养老金89.38万元；2010年至2017年底201人兑现城乡居民养老保险丧葬补助金24.57万元。完成2017年9—12月10人职工住院报销8.70万元、2017年41人职工生育审核报销8.7977万元、2017年81人居民医疗报销70.02万元。

【人事人才】 一是完成全县政府系统262名公务员及483名企事业单位工作人员年度报表工作及申扎县2018年工资年报统计工作。新分配63名新录用人员；调入5名行政人员，1名事业人员；调出24名行政人员，15名事业人员；辞去公职人员3名。二是完成全县776人机关事业工人的正常晋升、级别晋升；完成相关部门享受岗位津贴工作、全县104人固定、浮动工资待遇及全县63名新录用人员安置工作，并将工资、福利待遇落实到位。三是为申扎县39名调出、6名调入人员办理相关手续。四是完成1名合同制工人、2名企业职工退休人员退休审批等相关工作；积极对2名合同制工人和1名企业职工做丧失劳动能力鉴定工作。五是完成全县机关事业单位工龄折算增资申报、兑现工作。六是开展工资审核和调整工作。按照工资执行制度对申扎县符合正常晋升的机关、事业单位人员工资进行正常调整及级别滚动。七是严格按照专业技术职务评定工作相关规定，对专业技术人员专业技术资格进行审核确认和聘任工作。完成1名拟聘任副高级职称专业技术人员的考核考查工作，聘任中级职称2人，初级职称19人，续聘初级职称14人，并对申扎县教育系统10名教师拟晋升高级职称进行考察。八是为三家企业失业保险参保企业申报2017年企业稳岗补贴2.7163万元。

【劳动监察】 为保障劳动者劳动所得，让劳动者体面劳动，不断完善劳动信访案件快受理、投诉案件快查处、各类纠纷案件快调解工作机制，形成信访、监察、调解三位一体的立体维权机制。严格落实民工工资保障金和工伤保险收缴制度，截至年末，在人社局备案缴纳民工工资保障金的施工单位共105家，按照工程款的4%收缴，民工工资保障收缴金共2148.85万元；备案缴纳工伤保险的施工单位共114家，按照工程款的0.3%收缴，工伤保险金收缴共290万元。严格落实劳动合同备案和用工登记备案制度，及时掌握劳动合同签订情况。各施工企业签订劳务合同2500多份，有效规范劳动用工行为，维护劳动关系和谐稳定。每月随机对各工地进行劳动保障执法大抽查，主要就项目施工企业同工人签订劳动合同情况，施工方缴纳工资保证金情况、签订用工管理目标责任书、维权公告牌制作情况、在施工过程中工资发放情况等进行全面检查。依法对不认真履行用工管理主体责任的项目施工方下达劳动监察指令，监督改正。开展劳动权益保护知识宣传，张贴维权指导公告。应那曲市《关于各县成立劳动人事争议仲裁委员会的通知》文件要求，成立申扎县劳动人事争议仲裁委员会，专门安排四名劳动监察人员，两名专职监察员，两名兼职监察员。严格审核退还民工工资保障金所需材料，完工项目需从人社局领取并填写民工工资保障金申领表，提交项目验收单、民工工资发放表、村乡未拖欠工资证明、建设单位未拖欠工资证明、建设公司保证书、法人身份证复印件；如存在委托关系，需提供委托书及委托人身份证复印件。材料齐全并验证其真实性后退还民工工资保障金。严格按照《信访条例》和有关法律法规，及时答复信访人员的信访事项，落实信访工作责任制，对涉及人数多、影响大的不稳定因素进行重点监控，做到早发现、早上报、早控制、早解决，维护社会稳定，保障农民工合法权益。共受理民工工资纠纷42起，办结调解劳资纠纷42起，涉及人数522人，涉及金额895万元，结案率100%。

【基层就业平台建设】 按照上级业务部门的要求，结合实际，在申扎籍未就业大学生中以笔试面试形式招录16名大学生，录用到8个乡（镇）基层劳动就业和社会保障公共服务所。深入基层，了解农牧民技能培训需求，本着实用性和有效性的原则，结合市场用工需求、农牧民生产生活需求等实际情况，进一步加大农牧民技能培训力度，提高农牧民转移就业工作，制订农牧民技能培训计划。全县676名（建档立卡贫困户人口613人）农牧民前往那曲市和拉萨进行挖掘机、装载机操作、电焊工、建筑技能类、汽车驾驶、种植养殖等培训；积极与保安公司沟通协调，从建档立卡贫困户中选派30人参加保安培训，在保安公司的帮助协调下解决25人就业工作；实现农牧民转移就业4610人，转移就业8034人次，其中建档立卡贫困人口实现转移就业人数2592人，建档立卡转移就业收入达1871.6万元。召开3次高校毕业生座谈会，宣传就业创业政策，主要在就业方向上加以引导，使其改变就业观念，大力宣传高校毕业生自主创业启动资金支持政策范围条件、支持标准、申请部门、申请流程，让申扎县高校毕业生熟悉政策内容，知晓办理程序；通过微信平台建立申扎高校毕业生交流群，通过各类招聘信息，宣传有关就业政策知识。已就业、未就业大学生总人数为294人，其中已就业人数189人；为及时掌握高校毕业生思想动态和就业意向，安排专人每周向每一位未就业高校毕业生通过电话沟通询问就业状况，建立《申扎县高校毕业生就业动态情况》，并与每周五向那曲市人社局上报就业周报，共报周报38期。

7月24日下午，人社局组织召开辽宁省面相那曲籍高校毕业生专场招聘动员会暨申扎县座谈会

【全民参保工作】 申扎县全民参保登记调查工作继续开展，全面统筹安排部署各项工作。实施“全民参保登记计划”的总体目标：基本养老保险覆盖全体职工和适龄城乡居民，参保率达到100%，基本医疗保险覆盖全民，失业保险，工伤保险，生育保险基本覆盖所有法定群体，实现各类人员参加社会保险制度的权利公平，机会公平，规则公平。持续扩大社会保险覆盖面，全面开展参保登记工作，落实和完善社保衔接转续政策，大力提升管理服务水平。在县城主干道两旁路灯上悬挂藏汉两种宣传标语，在县城东大门和南大门设立全面参保广告牌，加大申扎县全面参保率。

【申扎县人力资源和社会保障局领导名录】

申扎县人社局局长：拉巴多吉（藏）

副局长、主任科员：杨烈碧（女）

央　金（女，藏）

民族宗教

【概　况】 按照中央、区、市提出的民族宗教工作要求，县委、县政府以“教育、服务、管理”工作为主线，把寺庙属地管理工作提上重要议事日程，与全县经济社会发展同安排同部署，明确责任、细化分工，形成一级抓一级的工作格局，确保每项工作落到实处，取得实效。2018年，县民宗局在县委、县政府的正确领导下，在市民宗局的指导下，在申扎县涉宗干部的共同努力下，较好地完成各项工作任务。

【民族团结进步事业】 以西藏百万农牧解放59周年纪念日为契机，深入塔尔玛乡片区管委会组织辖区4座寺庙僧人开展“赞国强话幸福主题报告进僧舍”活动。县政协副主席、市佛协理事嘎久旦加深入买巴乡1村开展民族团结宣传活动，参加宣传活动的牧民群众共48人。集中在人口密集场所开展以“加强民族团结　建设美丽申扎”为主题的第28个民族团结进步宣传月活动，发放宣传资料650余份，悬挂横幅38条，参与人数650人左右。召开民族团结进步模范表彰大会，并对民族团结进步模范集体10个和模范个人15名进行表彰。组织各民族代表25人召开“民族团结以一家亲”座谈会，座谈会上4人讲述自己的感人事迹。按照相关要求，积极做好全国民族团结进步创建示范单位和区、市民族团结进步模范集体和个人推荐工作，2018年荣获自治区级民族团结集体1个和个人1名，市级民族团结集体1个。

【宗教事务管理工作】 宗教领域督导组深入8乡（镇）、14座寺庙（日追、拉康）指导检查宗教领域各项工作，共督导检查30次。深入各宗教活动场所和8个乡（镇）进行督导检查，共发现乱建、扩建宗教标志物12处，整改12处。根据《西藏自治区大型宗教活动管理办法》，履行报批手续，并建立台账，全县共举办传统性宗教活动14场次，民俗类佛事活动22场次。严格执行僧尼外出请销假制度，寺庙僧尼在区内治病、办事等外出169名，寺庙僧尼到区外治病、考察外出2名，做到底数清、情况明。制定完善《社会流动从事宗教活动人员服务管理工作实施方案》，成立主要领导为组长的领导小组。联合公安局等相关单位对全县覆盖社会流动从事宗教活动人员的3个乡（镇）的社会流动从事宗教活动人员的身份、籍贯、宗教信仰等情况一一更新登记。14座寺庙（日追、拉康）在编僧尼参加养老保险和医疗保险，参保率达100%；除享受政协、佛协工资待遇和已列入五保户2人外，其余全部列入农村长期低保。积极与县卫计委沟通协调，完成寺庙在编僧尼的免费体检工作，并建立65名僧尼健康档案。县委常委、统战部部长、民宗局局长阿旺带队的考核组，深入涉及2017年新吸收僧尼的乡（镇）、村、寺庙（拉康），通过走乡入村入户，对2017年新吸收2名僧人进行全方位的严格考核。2018年，3名僧尼去世、1名退寺僧人办理离寺手续。严格按照《那曲地区农牧民群众外出朝佛服务管理暂行办法》和地区关于农牧民外出朝佛的一系列文件要求，严格审批，农牧民外出朝佛人员手续，共外出朝佛260人。

4月10日，申扎县东热寺荣获第四批全国民族团结进步创建示范单位称号

【宣传工作】 一是各寺管会按每周四为法制宣传日，组织僧尼学习658场次，参加人数达2491人次；组织僧尼政治学习308场次，参加人数726人次。二是深入各宗教活动场所开展宣传教育活动91场次，共454人次。三是按照市弘扬历代高僧大德“爱国爱教、遵规守法、弃恶扬善、祈求和平”为主题的法制宣传教育活动方案，结合实际制定申扎县民宗局关于开展“爱国爱教、遵规

守法、弃恶扬善、崇尚和谐、祈求和平”为主题的法制宣传教育活动实施方案，并组织全县高僧活佛开展下乡宣传活动，宣讲5场次，参加人数达81人次。四是组织高僧大德深入各宗教活动场所开展以社会主义核心价值观引领藏传佛教教规教义阐释工作，共宣传24场次，参加人数达215人次。五是以“三月综治宣传月”为契机，在县人口密集街道开展民族团结宣传教育活动，悬挂横幅2条，发放宣传资料520余份。

【“五项”主题教育活动】 一是召开“四讲四爱”“遵行四条标准、争做先进僧尼”系列教育实践活动动员部署会议，成立由县委常委、统战部部长、民宗局局长阿旺为组长的领导小组和宣讲团，共开展14场次宣讲活动，宣传面达到100%。二是统战部、民宗局召集各乡（镇）负责宗教工作副乡长、寺管会、寺庙僧尼进行“五项”主题教育实践活动培训会。为进一步深化“五项”主题教育实践活动成效，检验驻寺干部寺庙僧尼学习成果，选派专人组织全县驻寺干部和寺庙僧尼开展“四讲四爱”、“遵行四条标准　争做先进僧尼”、《宗教事务条例》等政策法规应知应会知识考试，共有17名驻寺干部、34名僧尼参加考试，参考率达53.7%。召开“遵行四条标准　争做先进僧尼”教育实践活动经验交流会，表彰模范寺庙4座、先进寺管会干部3名、优秀组织单位2个。

【对口帮扶工作】 了解帮扶户生产生活情况，宣传党的各项惠民政策，送去价值1835元的生活用品；全年进行2次结对帮扶。

【支部学习】 支部学习习近平新时代中国特色社会主义思想14次，撰写心得体会4篇；学习十九大精神4次、撰写心得体会4篇，发展1名预备党员、党课学习2次。

【申扎县民族宗教事务局领导目录】

县委常委、统战部部长、民宗局局长：
阿　旺（藏）
民宗局副局长：小罗布（藏，10月离职）
民宗局副局长、主任科员：
小罗布（藏，10月任职）
民宗局主任科员、副局长：
泽仁央吉（女，藏）
民宗局主任科员：布琼南加（藏）
民宗局副主任科员：拉姆次仁（女，藏）

经济管理与监督

发展和改革

【概　况】 2018年，在县委、县政府的坚强领导下，全面贯彻落实中共十九大和十九届历次全会精神，贯彻落实自治区第九次党代会、区党委九届三次、四次全会、那曲市第一党代会精神和县委七届四次、五次全会精神，牢固树立“四个意识”，紧紧围绕总目标，以项目开发为抓手，立足发展、锐意改革、攻坚克难、砥砺奋进，努力服务经济建设和社会发展，各项工作有序推进。

【经济运行情况】 全县生产总值达到58918.11万元，同比增长14.37%。第一产业完成8966.43万元，同比增长12.99%；第二产业完成12855.62万元，同比增长20.55%；第三产业完成37096.05万元，同比增长12.85%。农牧民人均可支配收入预计完成10031元，同比增长13.08%。

【项目建设】 开复工170项（含援藏项目），总投资262974.41万元，完成投资124064.67万元。其中，复工项目17项，总投资33487.62万元，完工14项，未完工3项，完成投资19924.41万元；新开工项目153项，总投资229486.79万元，完工62项，未完工91项，完成投资104140.26万元。新建项目中农、牧、林、水领域7项，项目有申扎县申扎藏布申扎镇段河道治理工程、申扎县水系连通综合治理工程等；交通能源领域39项，重点项目申扎县G317线多绕村岔口至玉马公路改建工程、申扎县马跃乡至G317线公路工程等；城镇基础设施10项，申扎县2017年干部职工周转房建设工程、2016年棚户区改造、申扎县中信路改扩建工程等；社会事业发展类55项，申扎县扶贫商务中心建设工程、申扎县扶贫商业综合楼、申扎县特色小城镇建设项目（申扎县扶贫商业街）、申扎县第二完小风雨操场建设工程、8个乡（镇）“一乡一社”扶贫产业项目等，其他类29项，项目有县城老垃圾填埋场恢复治理工程、申扎县色林错景区建设工程等；援助项目9项；招商引资4项。

【特色产业和生态文明建设】 建成投产申扎县城投商品混凝土拌和站项目，产销商品混凝土3.5万立方米，总产值1650.63万元；申扎县产业扶贫石材加工厂项目，产销沙石6.47万立方米、混凝土砖13.22万块，总产值1700.15万元。民族手工业蓬勃发展。西梦达羊毛被加工厂实现销售收入27.2万元，带动就业人数12人。把生态文明建设融入经济社会发展的各方面和全过程。坚持建设项目在生态红线区内不审批、不备案制度，完成74宗违规用地填报录入系统工作。落实中央环保督查、自治区第八环保督查组和“2018绿盾行动”反馈整改问题，推动大气、水、土壤污染治理行动，改造燃煤锅炉12个，实施县乡村三级河（湖）长制度，实现农药、化肥使用零增长。先后召开环保专题会议15次，专项检查研究环保整改事项58次。全年，完成环保问题整改23项。投入30万元聘请第三方公司按季度监测县域环境质量，投入216万元为县城新区和5个乡（镇）配置垃圾转运车和垃圾箱。加强环保督导检查力度，下发环保整改通知书41份并监督全部整改。全面启动第五次全国污染源普查工作。

【发展支撑】 全年，接待游客突破2万人次，实现旅游创收712.99万元。成功申请地理商标3个。投入2000万元开工建设申扎县色林错景区建设工程，县城一品假日酒店投入运营，县城商务中心宾馆装修，旅游基础设施进一步完善。

完善招商引资项目库，列入20个项目，招商引资签订协议资金1.3亿元、落地实施0.78亿元，建设项目6个。新引入的县城新区液化石油气加气站完成备案申报工作。县汽修、汽配城，鑫源汽修厂，大罗汽修厂均建成投产，进一步规范县城汽修散乱分布、占道经营现象。

【改善民生工作】 投入616.68万元支持教育事业发展，成立那曲市职校申扎县分校。完成国家“三区三州”项目库申报录入工作。加强师资队伍建设，全面启动素质教育。学前一年毛入园率93.95%，小学净入学率99.95%，初中毛入学率100.55%，义务教育巩固率达97.82%。

中信集团投入4100余万元新建藏医院整体搬迁工程竣工验收交付。实施买巴、马跃、申扎、下过4个乡（镇）卫生院标准化建设项目，为8个乡（镇）配备卫生流动服务车。包虫病筛查率达100%，手术治疗率达96.07%，孕妇住院分娩率提高到95.10%，兑现计划生育家庭奖励扶助和农牧区特殊子女困难家庭扶助金48.44万元。与全区12家大型医院签订转诊协议，中医药健康管理、家庭医生签约服务工作有序开展。实现城乡医疗救助1121人次，救助资金155.65万元。临时工工资落实提标250元/月。兑现农村低保和城镇低保金535.54万元，兑现60周岁以上人员养老金302.2万元。双集中工作成效明显，实现适龄孤儿收养率100%，特困人员自愿集中供养率100%。投入265万元实施县五保集中供养服务中心改扩建工程。全民参保工作顺利推进，严格落实民工工资保障金和工伤保险金征缴制度。棚户区改造签订拆迁协议并开工建设146户，兑现44户租赁住房补贴资金19.29万元。实施3批共25户农村危房集中定居点项目，完成全县农牧区危旧房排查工作。开工建设44套干部职工周转房。县城集中供暖工程基本完成，进入调试阶段。总投资900万元实施农村安全饮水巩固提升工程，建成22口机井、10口大口井。新建通村硬化路29条、市政道路1条，开工建设班戈县青龙乡加根村（S206岔路口）至申扎县买巴乡亚色村公路工程、申扎县巴扎乡帕帐沃玛村至谢通门交界处公路工程，两条油路的开工建设将缩短三县交通时间，加强发展合作，带动经济增收。8个乡（镇）电网延伸工程完成前期可研工作，4个乡（镇）进入初步设计阶段，4个乡（镇）进入招投标阶段。全县62个行政村通信信号覆盖率100%、自然村通信信号覆盖率55.09%，行政村光纤宽带覆盖率100%，自然村通信信号覆盖工程、行政村5公里以内光纤宽带覆盖工程在开展可行性研究论证工作。广播、电视人口综合覆盖率达到100%。

7月28日，检查供暖工地

【援藏工作】 中信集团年度援藏资金提高到3000

万元，援建项目5个，80%以上资金投入到扶贫领域。中信集团投入4100余万元新建申扎县藏医院整体搬迁工程竣工验收交付，2018年接通水电、添置设备后即可投入使用。

【工信、物价工作】 按照每人5.5公斤标准由地区盐业公司统一配送各乡（镇），分发到每村每户。碘盐配送任务为109.6095吨，其中塔尔玛乡20.845吨、马跃乡11.1375吨、下过乡14.223吨、买巴乡8.3875吨、巴扎乡11.3135吨、雄梅镇21.373吨、卡乡8.976吨、申扎镇13.354吨。电子政务外网接入全县实体服务大厅共16家单位，电子政务外网一期及二期共覆盖县（中）直和乡（镇）共50家单位。开展以“节能降耗、保卫蓝天”为主题的节能宣传周和低碳日宣传活动。开展商品价格监测12次，开展“菜篮子”专项检查行动2次。

【其他重点工作】 深入推进“互联网+政务服务”工程，县、乡、村三级组网成功，建成县级政务服务大厅，入驻16家行政审批单位，为推进“只进一扇门，最多跑一次”和“让数据多跑路，让群众少跑腿”工作奠定坚实基础。积极开展社会信用体系建设工作，打造透明政府和公信政府，厘清县级23家行政单位权责清单共3878项，全面梳理出申扎县“双公示”（行政处罚、行政许可）目录并由那曲市发改委通过相关门户网站统一向社会公布，印发申扎县“双公示”工作实施方案，组织开展申扎县“双公示”工作培训，累计报送“双公示”信息871条。

【支部学习】 认真实施“主题党日活动”，突出加强党的基层组织建设，建立健全党员自学制度、理论学习制度、业务学习制度、学习考勤考核等相关制度，通过制度的完善促进党员学习的制度化。支部共组织集中学习50次、举办座谈会3次、召开组织生活会2次。认真落实中央《关于加强新形势下发展党员和党员管理工作的意见》，严格执行机关工委下发的发展党员流程，严把党员“入口关”，严格按照发展培育环节，积极培育入党对象，发展1名预备党员，和3名积极分子。

【申扎县发展和改革委员会领导名录】

主任：格桑尼玛（藏）

副主任：徐颈松

主任科员：吕　果

旺堆罗布（藏）

副主任科员：阿旺措姆（女，藏）

审　计

【概　况】 2018年，审计局在那曲市审计局和申扎县委、县政府的大力支持和坚强领导下，牢固“四个意识”，坚定“四个自信”，践行“两个维护”，全面开展审计工作，履行审计职责，积极参加审计培训，不断提高政治思想水平，审计工作能力，打造思想过关，技术过硬审计队伍。

【审计工作开展情况】 交叉审计工作。按照那曲市委组织部委托、那曲市审计局交叉审计工作安排，对尼玛县申亚乡书记、乡长两名党政领导干部开展履行经济责任审计。按照那曲市人民政府市长敖刘全重要指示和那曲市审计局工作安排，抽查尼玛县4个乡（镇）扶贫领域工作开展情况和“一乡一社”资金使用情况进行检查。

申扎县审计工作。对买巴乡党委书记，党委副书记、政府乡长两名党政领导干部开展履行经济责任审计和卡乡预算执行审计。8个乡（镇）扶贫领域资金使用情况进行检查4次。

审计监督工作。监督纪委书记离任交接工作。监督县委副书记、政法委书记离任交接工作。监督扶贫办主任离任交接工作。监督二小校长离任交接工作。监督农牧局种畜厂经营管理权交接工作。

【培　训】 2名工作人员参加那曲市审计局组织的扶贫领域检查培训，派1名工作人员前往昆明挂职一年进行审计培训，派两名工作人员参加嘉黎县扶贫审计实地检查培训。

【自身建设】 撰写中共十九大学习心得体会10篇，撰写“两学一做”主题教育实践心得体会10篇，抄写《习近平谈治国理政》学习笔记5本，开展审计业务学习6次，不断提高政治站位，牢固“四个意识”，坚定“四个自信”，践行“两个维护”，充分利用审计培训资料、书籍，加强审计业务学习，做思想过硬、技术过关的审计人。

【申扎县审计局领导名录】

局长：达　旦（藏）

副局长：旺久多杰（女，藏）

脱贫攻坚

【概　况】 2018年是全县脱贫摘帽预演的一年，按照深度贫困地区脱贫攻坚实施方案要求，全县上下勠力同心、攻坚克难，圆满完成2018年脱贫攻坚目标任务，全县完成脱贫225户922人（动态更新后为223户915人）、整村退出7个村的年度脱贫攻坚任务。

【精准扶贫】 易地搬迁层层深入。完成750户的搬迁入住。2018年，开工项目184户695人，其中搬迁到当雄羊八井1户5人。

产业项目稳步推进。申扎县“十三五”期间产业项目共有25个，总投资3.13亿元，完工18个，投产项目14个，项目产生的效益972.4462万元。“万千工程”持续增收。2018年累计完成1万亩人工种草面积，收割的鲜草产量达16吨，为40名贫困群众发放劳务工资3万元。“短平快项目”效益明显。完成石材加工厂、建材批发市场等6个产业项目建设，申扎镇2村牧家乐第二标段、申扎县产业扶贫运输队2个项目加快推进；小城镇项目主体完成，申扎镇、下过乡扶贫门面房（小城镇项目），总投资1.19亿元，主体工程已完工；“一乡一社”“一村一合”组建运行良好。

12月26日，举行申扎县产业扶贫砂石厂项目分红

“一乡一社”合作组织共8个，全部完成组建，使用资金1685.11万元，资金使用率为70%。56个“一村一合”全部完成组建，完成登记注册。商业流通项目加快推进；国家投资扶贫产业项目扶贫商业综合楼项目总投资3499.36万元，项目主体完工；绒山羊养殖基地项目已竣工。中信援藏助攻明显。实施援藏项目6个，总投资6024.15万元，其中续建项目藏医院整体搬迁建设、买巴乡5村村级组织活动建设2个项目，新开工建设完成藏医院围墙、水井建设工程、塔尔玛乡6村易地搬迁附属工程、巴扎3村、塔尔玛10村村级幼儿园等4个项目。

转移就业。大力实施转移就业培训工作，先后组织461人完成驾驶、建筑施工、种植养殖技能等培训；积极动员引导贫困群众参与项目建设，实现贫困户累计转移就业2604人，累计收入

9月1日，那曲市11县交流工作组参观申扎县买巴乡“一乡一社”

1995.93 万元。

教育脱贫力度不断加强。2018 年，新考入大学新生 35 名，其中建档立卡贫困户 31 人、城镇低保 4 人，年内资助资金达 15.75 万元。

生态补偿不断规范完善。享受生态岗位人员 9596 人，落实岗位率 100%，落实资金 3358.6 万元。

社会保障不断衔接深入。发放 2449 人的定向补助资金 63.674 万元，兑现农村 2372 人的低保金 366.92 万元。

【扶贫人口减少】 建档立卡总规模 1719 户 7054 人（动态更新后为 1697 户 7139 人），脱贫 225 户 922 人（动态更新后为 223 户 915 人），整村退出 7 个村（塔尔玛乡 1 村、3 村、4 村、11 村，下过乡 3 村，雄梅镇 1 村和申扎镇 3 村），年底全县剩余贫困人口 1089 户 4553 人（动态更新后为 1085 户 4549 人），贫困发生率从 38% 下降到 24.2%。

【其他业务】 对脱贫攻坚指挥部进行相应的调整，原有的人员基础上增加 1 名，共有人员 27 人，色林错扶贫开发公司 7 人。安排 30 万元专项经费用于脱贫攻坚；财政资金配套 15% 用于产业等脱贫攻坚工作。

督导考核情况。完成全面督导 5 次，对各类巡察巡视组发现的问题进行全面督导检查，分别对巴扎乡塔尔玛乡两个乡（镇）因参加县上建档立卡培训会议迟到和未及时兑现低保资金进行通报，强化脱贫攻坚责任追究。

结对帮扶情况。全县累计帮扶 1961 户，累计帮扶物资、资金折合人民币 74.216 万元，其中地级领导帮扶 8 户、县级领导帮扶 54 户、地中直单位帮扶 185 户，自治区驻村工作队帮扶 464 户，科级干部及以下帮扶 1250 户。

宣传报道工作。通过“四讲四爱”“爱劳动、讲文明、树新风”“五下乡”以及“两学一做”等活动，加强脱贫攻坚政策宣传，利用户外宣传牌、电视广播等媒体广泛进行宣传，累计发放宣传册 4000 余册和应知应会政策光盘 300 张，向上级报送简报信息 200 余条，申扎县上传播播放脱贫攻坚类新闻 103 条。

【申扎县脱贫攻坚指挥部（扶贫办）领导名录】

主任：阿旺旦杰（藏，10 月离职）

马东会（10 月任职）

副主任：洛　桑（藏）

主任科员：次登平措（藏）

拉巴平措（藏）

扶贫开发

【概　况】 为深入贯彻落实区、地两级脱贫攻坚工作会议精神和主要领导关于加快推进扶贫产业建设运营的有关指示要求，申扎县色林错公司全力运营各项扶贫产业项目，为全县的全面脱贫摘帽打好基础。

【产业项目运行情况】 “万千工程”全力推进。申扎县“万千工程”是以县国有草场的牧场为载体，由县牧发公司具体运行和管理。项目总投资 6975.25 万元。全年，收割草料 16 吨，出售 2.5 万公斤草料，收入 26 万元；其余留作牲畜育肥及接羔育幼人工草场，为 35 余名贫困群众发放劳务工资 2.94 万元。商品牦牛标准化养殖基地建设项

8 月 20 日，贫困群众正在操作运行砖厂机械

目，收入30余万元，吸纳21名务工人员，发放工资性收入41.58万元。从贫困户中购买牲畜955只绵羊，兑现资金27.14万元，增加贫困户经济收入。

“一乡一社”“一村一合”加快运行。为进步提升产业带贫减贫工作，按照上级要求成立“一乡一社”“一村一合”，并全部组建完成。8个乡（镇）投入运营。其中，涉及牧业的有4个乡（镇）(为雄梅、塔尔玛、下过、巴扎乡）。全年，“一乡一社”产业收入达100余万元。“一村一合”共有62个行政村居，其中联村一合塔尔玛乡1至5村、申扎镇1至3村，共有56家“一村一合”项目全部组建，并完成注册，贫困户注册率达到100%。形成“牧业＋企业”经营模式。收入近达300万元。对接428个岗位，兑现工资性收入79.27万元。

“短平快项目”加快推进。全县“短平快项目”共8个，总投资3993.26万元。短平快项目完成5个，推进中项目3个。特别是与西藏安达实业合作开发的石材加工等部分项目呈现良好前景。一是建材市场自运行以来吸纳30名务工人员，发放工资性收入9.37万元。产业收入202.93万元，税收41.8万元。二是石材加工厂项目该项目中包含石材加工厂、采石场、砖厂、砂石厂项目。累计就业建档立卡贫困户44名，实现增收54.78万元。运行以来，收入共计131.6万元；税收16.97万元。三是申扎县经济实体房项目主要以租赁房屋为主，其中干洗店、食材药材项目、牧场各自租出一套一梯一楼。商铺租出12套，每套租金为1200元，共计1.44万元。四是扶贫食材、药材加工项目。设备全部安装完成，建档立卡贫困户中筛选4名操作人员进行培训，并办理完成营业执照，从贫困户中购买5.49万元的当归、野葱、黄金菇等原材料，衔接制作相应的包装，进行销售。五是申扎镇2村牧家乐建设项目。该项目有两个批次，第一批为牧家乐，正式投入运营，吸纳建档立卡贫困户务工人员2人，非建档立卡2人。工资性收入7200元。收入共计2.8万元。六是买巴乡5村民族手工艺品加工厂扶贫建设项目。总收入24.68万元，出去材料费、人工工资，纯利润为17.35万元。

援藏项目。买巴乡五村蔬菜温室大棚，完工并投入运营。由买巴乡5村合作社运营，将种植分给建档立卡贫困户，折合人民币0.38万元。

绒山羊养殖基地建设项目。总投资为1249.97万元新建项目绒山羊养殖基地项目竣工并投入运营，产业收入3.2万元。

【建立健全“十三五”利益联结机制】 为进一步完善利益联结机制，根据市脱贫攻坚指挥部要求，积极完善利益联结机制，健全以项目定人员、以人员定收入的相关机制，产业脱贫的2804人，原则上每人不低于2000元，实现覆盖率达100%，2016—2018年已享受物质分红人员，将不再享受现金分红。共计1648人已享受易地搬迁的家居配套物质分红。其中，1612人达到物质分红折价不低于人均2000元的标准，由于户中人数较多，29户36人物质分红折价低于每人2000元的标准。

【申扎县色林措扶贫开发有限责任公司领导名录】

县农牧业科技服务站站长　总经理：
格　桑（藏）

县扶贫办副主任　副总经理：洛　桑（藏）

统　计

【概　况】 2018年，在县委、县政府的领导和区、市统计局的指导下，申扎县统计认真贯彻区、地统计工作会议精神，以中共十九大精神为指导，以科学发展观为统领，按照区、地统计工作的部署和县委、县政府要求，全局人员统一思想，研究方略，以提高统计数据质量为中心，以改革创新为动力，以信息化为支撑，认真抓好第四次全国经济普查工作，着力统计改革、队伍建设，开拓统计工作新局面，较好地完成统计工作任务。

【经济发展情况】 全县生产总值达到58918.11万元，同比增长14.37%。第一产业完成8966.43万元，同比增长12.99%；第二产业完成12855.62万元，同比增长20.55%；第三产业完成37096.05万元，同比增长12.85%。农牧民人均可支配收入预计完成10031元，同比增长13.08%。全社会固定资产投资完124064.67万元，同比增长4.55%。社会消费品零售总额达7560万元，同比增长16.3%。城镇登记失业率控制在3%以内。

【牧业情况】 2018年，接接羔育幼应生仔畜54.2674万头（只、匹），已生22.0314万头（只、匹），成活24.4981万头,（只、匹）成活率93.46%。

【固定资产情况】 进一步加强固定资产填报工作要求，积极与发改、住建等部门联系沟通，完成以县为法人单位的固定资产填报工作。全社会固定资产投资项目24项，计划总投金额70083万元，固定资产投资完成43157万元，5000万元以上项目2项，计划总投资29881万元（申扎县城供暖工程及申扎县商务中心建设工程），完成投资28118万元。法人单位不是申扎县的由自治区、地区统计局分别与法人单位核实分解后统一分配。

【限额以下批发和零售业方面】 对全县限额以下批发和零售业样本单位商品销售库存情况进行统计，统计对象的商家有8个单位；五星商店38.59万元、兴隆百货店34.485万元、星火超市107.77万元、顺康购物中心138.43万元、粮食局招待所29.4万元、羌塘商务53.9万元、天翼鸿运餐厅51.85万元、金桥饭店23.4万元，8家样本单位销售总额为477.825万余元。

【工业情况】 一是藏药加工厂生产藏药19种，0.75吨，共868.2万元；二是申扎县扶贫砂石厂资产总计133万元，其中主营业务收入12万元，主营业务成本3万元；三是甲岗农水电站资产共5193万元，其中主营业务收入133万元，主营业务成本149万元。

【完成全国第四次经济普查工作】 一是制定申扎县第四次全国经济普查实施方案；二是做出第四次全国经济普查经费预算，经县长办公会研究决定已做出经费预算5万元；三是3月为各乡（镇）下发全国第四次经济普查摸底表，并全部上报；四是结合方案组派骨干进行入户登记工作；五是对已汇总数据进行PDA移动数据终端录入。发放宣传画100张，张贴横幅22条。

10月19日，召开申扎县2018年第四次全国经济普查动员会暨培训会

【千分之一人口抽样调查工作】 根据那曲市关于开展“千分之一抽样调查”工作的部署要求，由申扎县组派工作人员对选中的普查小区进行入户登记工作并多次走访选中小区，确保准确性，严格按照规定人数和及普查小区居住分布准确划分

10月25日，开展千分之一人口抽样调查工作

每一户，把数据质量关，做到实事求是，对已汇总数据进行PDA掌上电脑移动数据终端录入，为期3天，共88户，宣传资料发放千余份。

【支部主题党日活动】 按照中央、自治区、市统计工作会议精神，县纪委相关要求，坚持标本兼治、综合治理、惩防并举、注重预防的方针，加强作风建设，不断提高反腐倡廉建设科学化水平，进一步营造风清气正的发展环境，充分发挥统计“免疫系统”功能，开展“主题党日活动”12次。

【申扎县统计局领导名录】

局长：才旺热旦（藏，12月离职）

副局长：孙志凤（女）

社会经济调查大队队长：吉卓玛（女，藏）

安全生产监督管理

【概　况】 2018年，县安监局坚持贯彻落实习近平总书记、李克强总理关于安全生产工作的重要批示指示精神，坚持安全第一、预防为主、综合治理的方针和生命至上、安全发展的工作主题，结合各节假日及各领域安全生产工作重要节点组织开展安全生产大检查和各类专项整治工作，申扎县安监局现有干部职工6人，其中局长1名，执法大队队长1名，副主任科员1名，科员3名。

1月24日，召开申扎县2018年安全生产工作会议

【安全隐患排查】 组织开展道路交通、建筑施工及危化品等重点行业领域专项执法检查共273次，发现隐患499处，现场整改205处，限期整改294处，整改率达100%。

3月23日，申扎县安监局组织专家组对运输加油站开展专项执法检查

【安全生产宣传】 结合三月综治宣传月、安全生产宣传月、普法宣传日等为契机，紧扣“生命至上、安全发展”的主题，总计发放宣传材料种类45种，共3460余份，内容涉及道路交通、消防安全、建筑施工、防雷避险、油气安全、农机知识、食品安全等多领域，接待群众咨询87人次，设置安全生产宣传展板1块，通俗易懂地讲解安全生产方针政策、法律法规和应急知识、消防安全知识、防灾减灾救灾常识等安全科普知识和相关技能。

【安全生产领域管理】 全县安全生产形势总体平稳，企业安全生产主体责任基本落实，基本形成生产经营单位负责、职工参与、政府监管、行业自律和社会监督的机制。与上年同期相比，道路交通、危化品、烟花爆竹领域、非煤矿山、建筑施工等高危行业领域安全生产状况得到进一步改善，安全监管水平明显提高，生产安全实现零事故。召开安全生产安排部署会议5次，安排部署全年及各季度安全生产工作，总结上年及上一季度工作开展情况。

【申扎县安全生产监督管理局领导名录】

局长：孙　文

执法大队队长：曲　宗（女，藏，7月任职）

副主任科员：次仁玉珍（女，藏）

工商行政

【概　况】2018年，申扎县工商局在那曲市工商局党组和县委、县政府的正确领导下，以区、市两级工商部门年初工作会议精神和申扎县经济工作会议精神为指引，分解目标任务，责任落实到人。围绕简政放权、放管结合、职能转变、优化服务等改革目标，为全县持续稳定的经济发展提供坚强的保障。

【继续推进商事制度改革】按照大众创业万众创新的改革目标，紧紧围绕简政放权的改革要求，继续落实先照后证、放宽登记条件、"一址多照"、"多证合一,一照一码"、网上登记注册等一系列商事制度改革。实现"三十三证合一"，涉及19个部门33个证照。为市场主体核发"多证合一"营业执照878份（其中，企业新办25份、换发35份，个体工商户新办757份、换发32份、农牧民专业合作社新办18份、换发11份）。

【深化放管服改革】简化审批程序。将个体工商户、农民专业合作社登记注册受理员和核准员职责合并，实行登记注册全程均由一人办结，切实提高登记效率。压缩办结时限。根据《西藏自治区关于压缩企业开办时间的实施方案》，企业设立登记时间压缩至2天，使办照大幅提速。全年，新增各类市场主体219户，同比增长15.7%；新增注册资金2414.69万元，同比增长5.8%；新增从业人员544人，同比增长20%。全县各类市场主体达到1396户、注册资金41992.36万元、从业人员2788人，同比分别增长15.7%、5.8%、20%。其中，个体工商户1297户、注册资金6244.73万元、从业人员2367人，同比分别增长15%、18.3%、17%；私营企业40户、注册资金13849.79万元、从业人员421人，同比分别增长35%、43%、33.4%；农牧民专业合作社33户、出资总额1119.84万元、成员总数984人，同比分别增长48.4%、33%、32%。

【实施商标品牌战略】制定申扎县商标品牌战略规划，已注册商标共3枚、版权5件。其中，"西梦达"商标推荐参加自治区著名商标评审工作。继续跟踪掌握辖区注册商标使用、管理和保护情况。2018年，申请注册商标3枚。

【非公党建】按照扩大"两个覆盖"和发挥非公党员模范作用的党建工作要求。申扎县工商行政支部非公党员共3人，培养1名入党积极分子。参与党组织生活会3次，参与支部党日活动8次。共收缴党费共135元，上缴至县直机关工委。

【事中事后监管】扎实开展"双随机、一公开"监管。在抽查平台内申扎县工商局共录入4名执法人员名录，组织干部职工熟练掌握9类34项随机抽查清单。认领抽查任务67户，完成实地检查67户。推进"双告知"工作。"双告知"是深化商事制度改革的重要环节，是强化事中事后监管的基础性工作，是部门间加强信息共享、进行联动监管的有效举措，发后置审批告知函609份。持续抓好市场主体年报公示和经营异常名录管理工作，上一年度全县应报年报公示企业50户、农

1月20日，县工商局执法人员开展年报公示宣传

牧民专业合作社 17 户、个体工商户 1070 户，年报公示率均为 100%。2018 年，没有移出或列入经营异常名录市场主体。

【市场监管】 危险化学品、燃气、“三合一”场所消防安全、烟花爆竹、建筑施工等领域，结合部门职责，配合相关部门开展检查，促进安全生产工作落实到位。企业集资风险排查化解、不合格塑料袋、电子电器、服装鞋帽、装饰装修及建筑材料等开展专项检查工作，以反垄断与反不正当竞争执法检查为手段，打击假冒伪劣商品，切实维护群众生命财产安全。网吧、娱乐场所等主体开展“扫黄打非”工作，净化文化市场环境。开展汽车配件、通信、化妆品、食品、家电、农资等为重点商品，开展商标品牌保护工作，打击仿冒知名品牌、打击假冒伪劣商品和虚假宣传行为，集中清理治理含有“特供”“专供”国家机关等内容广告专项行动。共检查各类市场主体 460 余户，出动执法人员 47 余人次。查办各类案件 3 件，罚款 1500 元。

【创建全区首家无传销县城】 按照与那曲市局签订的打击传销规范直销目标责任书的要求，扎实开展各项工作。举行“无传销示范县城”揭牌仪式，成为全区首例无传销县城。

4 月 27 日，西藏自治区工商局执法处处长席荣胜（左）、那曲市工商局党组副书记、局长李培智一行工作组到申扎县揭牌全区首个“无传销示范县城”，政府副县长益西曲珠陪同

【消费者维权服务】 按照机构名称、场所设施、人员配置、车辆保障、工作制度、宣传栏、服务承诺、维权文书“八统一”要求，进一步完善“12315”投诉站点建设。继续加大个体工商户的诚信经营和消费者的维权知识宣传，促进消费纠纷的调解。加大银行、电信、供电、餐馆、酒吧等领域的格式合同整治力度，维护消费者权益。以“12315”消费者权益保护日等宣传日为契机，大力宣传《中华人民共和国消费者权益保护法》《侵害消费者权益行为处罚办法》《网络购买商品七日无理由退货暂行办法》，发放宣传材料达 820 余份。

【干部队伍建设】 不断夯实基层党建工作，加强责任体系建设，局长与 6 名党员签订《不信教》《禁止参与赌博》责任书，与 3 名干部签订《党风廉政责任状》，抓好岗位廉洁风险防范管理工作。建立“两学一做”学习教育常态化制度化机制，每周五下午作为学习教育日，增强党员党性意识和干部业务能力，组织党员干部参加相关的考试。执行“三会一课”制度等党内政治规矩和政治制度，并充分利用《基层党组织工作手册》规范记录工作开展情况。相关主题开展 3 次大讨论，组织生活会 2 次，支部书记讲党课 3 次，撰写学习体会 7 次，理论学习 2 次，开展“主题党日活动”8 次。以落实有设施、有标识等“九有”要求，建设党建活动室，补充完善《党建十二项制度》、支部委员工作职责制度，公务车辆管理制度，公务接待管理等规定，完善党建投入体系和制度体系建设。

【申扎县工商行政管理局领导名录】

局长：索南旺堆（藏）

副局长：旦　曲（藏）

财政·税务

财 政

【概 况】2018年是贯彻中共十九大精神的开局之年，是中国改革开放四十周年，是打赢脱贫攻坚战、决胜全面建成小康社会的关键之年，县财政局在县委、县政府的坚强领导下，在县人大、政协的监督支持下，在上级财政部门的关怀指导下，认真贯彻落实区、市、县三级经济工作会议和市财政工作会议精神，统筹推进“五位一体”总体布局和协调推进“四个全面”战略布局，坚持“稳中求进、快中求好、补齐短板”的工作总基调，严格依法理财，务实注重绩效，有效实施积极的财政政策，深入推进财税体制改革，顺利完成各项工作目标任务。

【收支完成】2018年，财政一般公共预算收入完成2692万元。其中，税收收入完成1719万元，非税收入973万元；预算收入与年初指标数增加65万元，增长2.5%。公共财政一般预算支出完成85627万元，其中一般公共服务支出19871万元，公共安全支出4558万元，教育支出11281万元，科学技术24万元，文化体育与传媒支出917万元，社会保障与就业支出7662万元，医疗卫生与计划生育管理事务支出5266万元，节能环保支出2846万元，城乡社区建设支出253万元，农林水支出27673万元，交通运输支出2412万元，资源勘探信息支出93万元，国土海洋支出172万元，住房保障支出2599万元。超额完成八大支出的指标数。

【落实惠民资金，提升群众幸福感】为切实贯彻落实好《那曲地区惠民资金限时落实动态管理暂行办法》的文件精神，及时将全年各类惠民资金拨付落实，各类惠民资金共14739.72万元。其中，城镇低保生活补助179.96万元，村干部基本报酬526.64万元，村干部基本报酬提标54.65万元，村级组织工作经费96.09万元，村干部体检费9.3万元，三老补助59.93万元，村人医、兽医基本报酬301.2万元，海拔4700米以上乡（镇）干部生活补助91.62万元，各乡（镇）科技特派员补助74.4万元，农村低保生活补助351.42万元，村（居）民监督委员会补助150万元，乡（镇）干部生活补助640.8万元，驻村村务油料补助15.9万元，驻村工作队办实事经费1240万元，驻村工作队县城往返油料补助13.62万元，驻村生活补助170.93万元，驻村工作队驻村牛粪补贴22.32元，基层组织保障经费24万元，基层党组织保障经费24万元，村级第一书记安家费6.79万元，社区工作经费40万元，公共文化设施免费开放40万元；寿星老人健康补助7.8万元，“特殊子女”困难家庭奖励补助资金25.35万元，“一孩双女”困难家庭扶助资金21.21万元，农村五保户补助4.4万元，计划生育经费12.8万元，药品零差价销售补助66.33万元，双联户户长补助

128万元，双联户奖励资金68.15万元，驻寺岗位津贴26.03万元，草原生态保护奖励5022.08万元，牲畜良种补贴85.16万元，公益性岗位补贴177.4万元，生态岗位补助资金3340.04万元，野生动物肇事补偿97.1万元，新型农村合作医疗871.5万元，高海拔卫生所技术人员补助26.5万元，高海拔乡（镇）卫生院公益性专技人员8.9万元，退牧还草附属毒草7.7万元，残疾人建设资金3万元，2017年残疾人事业发展资金1.2万元，2018年高龄失能老人补贴9.18万元，村容村貌整治经费4万元，乡（镇）食堂运行经费80万元，定向政策性扶贫补助63.67万元，脱贫攻坚奖励资金26.5万元，2018年村级生态环卫管护员111.6万元，乡（镇）脱贫攻坚工作经费4万元，人大工作经费56万元，环境工作经费16万元，就业服务平台费28.4万元，团组织建设经费16万元，乡（镇）纪检监察工作经费16万元。

【推进预决算公开，着手建设阳光财政】 根据《中华人民共和国预算法》《中华人民共和国政府信息公开条例》《中华人民共和国保守国家秘密法》等相关规定，将预决算主体与内容（除涉密外）提交县长办公会议、在人大常委会议通过后，经宣传部审核在申扎县政府新闻网进行公开。

【有效落实为民“十件实事”工作】 按照县委、县政府的决策部署要求，投入资金1475万元，支持办好“十件实事”其中阳光工程160万元，最美乡村教师、乡村医生表彰15万元，宗教活动场所附属工程100万元，“金翅膀工程”200万元，提高环卫工人待遇300万元，老干部活动中心配套相关设备50万元，提高临时工工资150万元，“一村一合”扶持资金100万元，乡（镇）美化亮化工程400万元，为全县购买小额人身意外伤害保险。

【缴存住房公积金，提高干部职工幸福感】 工作人员对历年来干部职工意见最大的住房公积金缴存及支取问题高度重视，并每月指派财政局工作人员前往那曲市住房公积金管理中心，进行机关单位公积金缴存业务的办理。全县住房公积金缴存至2018年12月，申扎县住房公积金缴存进度走在那曲市的最前沿。

【国库集中支付改革全面展开】 县委副书记、政府县长格桑多吉主持召开国库集中支付改革安排部署会，通过政府采购购买统一设备并积极联系电信部门在短期内完成横纵向联网，安排专人安装相关支付软件、财务软件以及维护财务网络安全。提高预算单位重视程度，与预算单位负责人签订指导记账协议书，指导预算单位独立进行账务处理，将责任落实到各单位。提高各单位财务人员业务水平，组织各单位财务人员进行5次培训，其中对各单位的财务人员进行三次U8账套系统的全面培训，培训人员达225人次。将国库集中支付改革工作全面铺开，覆盖全县所有一级预算单位。

【乡（镇）财政标准化建设】 积极督促各乡（镇）财政所按照上级要求，贯彻落实乡（镇）财政所标准化建设。紧抓乡（镇）财政所办公场所及档案室建设，财务制度及工作流程制定及实施，并前后对乡（镇）的财务人员进行三次U8账套系统的全面培训、积极对8个乡（镇）进行“一乡一社”“一村一合”业务知识培训，全面覆盖，精准指导，提高财务人员业务水平。随着财权下放、事权下放的趋势，村级财务建设也势在必行，对全县62个行政村194名村财务及村委书记以PPT的形式用通俗易懂的语言进行第一届村

4月30日，申扎县举办第一批村级财务工作培训会

级财务培训，培训结束根据成绩的优异程度发放结业证书，以资鼓励。在原有的基础上为62个行政村配备票据装订机、三联收据（藏文）、村级财务记账凭证封面（藏文）、2018年惠民资金明白卡（每户一本），资金拨款单（藏汉双语）、村级报销笺（藏文）等。

【预算培训与优化预算管理】 为加强各预算单位［乡（镇）］预算管理工作、深入推进预算管理制度改革、进一步提升各预算单位［乡（镇）］预算管理业务水平。开展各预算单位［乡（镇）］预算管理的培训工作。各预算单位［乡（镇）］财务人员对预算工作有一个全新的认识，提高各预算单位［乡（镇）］预算管理水平。

【加强督导检查】 随着现代化、标准化财政建设的逐渐成形，积极发挥监督职能，指导各乡（镇）财政标准化建设，保障各项惠民资金及时兑现，确保国家财政资金安全。对各乡（镇）及村级财务工作进行3次督导检查，并多次参与人大、审计、纪检等部门组织的检查。聘请第三方北京新华会计事务所人员，以专业的角度对色林错扶贫开发投资有限公司、8个乡（镇）进行2014年1月至2018年5月进行审计，并积极监督落实整改。

1月30日，迎接那曲市2017年财政财务工作考评工作

【提升员工幸福指数】 通过积极沟通，依靠中信集团对县财政援助资金中3.78万元以及10%的财政激励资金16.97万元，完成办公室玻璃房修建和门面房改造职工周转房等项目建设，为职工谋福利、夯实基础建设。

【整合资金投入扶贫领域】 在市财政局的正确领导下，着手申扎县财政资金整合工作，将上级允许的资金整合后投入到扶贫领域，截至年末，申扎县共整合扶贫资金16504.08万元。

【其他工作】 利用警示教育基地推进党风廉政建设。结合工作的特殊性，单位将党风廉政警示教育列为日常工作中的重点部分，设立教育警示基地，并规定新入职同志必须在警示教育基地学习相关政策制度、学习领导人语录以及近年来周围发生的反面案例、播放相关视频等方式学习一周，通过测评后方可上岗。通过种种学习教育措施，进一步引导全局干部职工遵法、学法、守法、用法，自觉厉行法治、依法履职、廉洁用权，不断培育干部职工“以廉为荣，以贪为耻”的理念，健全财政局的党风廉政建设工作体系，推动建设风清气正的廉洁财政。

认真开展党建各项工作。6月成立财政支部，完善相关工作制度，落实相关学习、会议等具体工作措施，以抓党建、促业务工作的思路，加强党员的管理及党支部的学习，狠抓“三会一课”制度及组织生活会等落实制度，并组织全局人员开展组织生活交流会议，进行自检、自讨，并以书面形式写个人对照检查材料，从中发现问题，反省自身，应以为戒，抓干部作风、转变服务态度、提高服务能力方面起到应有的作用。党员人数5人，积极分子10人。

加强电子票据专业化管理。按照《关于稳步推进财政电子票据管理改革的试点方案》要求，各单位原则上使用财政部统一开发建设的财政电子票据管理系统。暂时不使用财政部系统的各县直单位和8个乡（镇），按照财政部规定的统一数据标准，开发本地系统。各单位实现单位系统与财政部系统的对接，做到全国财政电子票据一站式查询、真伪查验和报销入账。存根装订成册，有据可查。

树立保密意识，加强网络安全管理。为不断加强申扎县财政系统网络安全管理工作，继续强化财政业务操作规范，树立网络安全意识，结合工作实际，积极发挥主观能动作用，对内网进行重设、升级，并完善相关工作制度，同时明确内网及各单位的横向联网工作中专人专管、谁使用谁负责、内外网物理隔离等各项原则，一定程度上保证财政网络的安全。

规范档案管理　确保档案安全。根据《中华人民共和国档案法》《机关档案工作条例》《会计档案管理办法》等相关法律法规，将档案室建立并进行规范化管理。把档案管理工作作为提高机关工作效率和工作质量的一项重要工作内容来抓，由专人专管，从财政档案的收集整理、归档、保管统计、借阅借用以及安全保密等各个环节均建立健全完备的制度及措施，例如“三铁一器”等，其中消防灭火器等更是保障档案的安全，使档案服务财政工作的作用得以充分发挥。

认真抓好结对帮扶送温暖活动。深入结对帮扶点开展帮扶活动共两次。为结对帮扶的困难群众送去藏式卡垫等生活物资共价值 0.49 万元；投入资金 3 万元，因情施策的落实下过乡 6 村垃圾填埋场的新建项目，为下过乡五村的环境卫生改善工作起到积极的推进作用。

盘活存量资金，促进经济发展。成立存量资金清查小组，并特聘请北京兴华会计师事务所进行专项审计，共盘活存量资金 5823.58 万元。共使用盘活存量资金 3764.01 万元，其中投入 1.74 万元用于妇联“3·8 妇女节活动经费”，投入 20 万元用于建设流浪狗临时收容场所，投入 3742.27 万元用于申扎县 2016 年、2017 年棚户区改造县级配套资金。

规范财政工作流程。为建设法制化、阳光化、标准化的财政。将《政府采购相关法律汇编》《申扎县乡（镇）财政所标准化建设总体规划》《申扎县乡（镇）财政所标准化建设领导小组成员及职责》《申扎县乡（镇）财政所标准化建设的实施方案》等文件及时下发给各乡（镇）财政所及县直预算单位，并结合申扎县实际情况出台藏汉双语版《申扎县财政局脱贫攻坚资金报账流程通知〈各项资金拨款时具备的手续〉》《申扎县财政局三公经费管理办法》《申扎县财政局村、寺、院财乡（镇）财务管理试行办法》《申扎县财政局关于进一步规范财政资金拨付审批流程的通知》等相关文件通知，要求进一步抓好贯彻落实，为建设申扎县财政法制化、标准化、阳光化的大环境提供明确的准则，打下坚实的基础。

拓展财源补充财力。为进一步激励全县财政工作，那曲市财政局每年安排财政激励资金和收支平衡奖励资金共 518.17 万元。其中，财政激励资金 217.5 万元，收支平衡奖励资金 300.67 万元；考虑到县财力薄弱，支出需求大的矛盾，财政局向政府提交申请报告，除激励资金的 10% 用于县财政局自身建设外，其余 90% 用来弥补全县的财力。

【申扎县财政局领导名录】

局长：格桑措姆（女，藏）

副局长：潘　登

次仁拥宗（女，藏，3 月任职）

税　务

【概　况】 2018 年，在中共中央、国务院、国家税务总局的正确领导下，在西藏自治区税务局、那曲市税务局、县委、县政府和局党组的统一部署下，国家税务总局申扎县税务局（以下简称“申扎县税务局”）全体干部职工，面对诸多改革事项叠加，急难险重任务交织的情况，上下同欲，众志成城，深入推进党的建设，践行全面从严治党承诺，以国地税征管体制改革三大攻坚战、社保费和非税收入划转、增值税税率简并和个税改革等重点工作为抓手，取得国地税征管体制改革攻坚战的全面胜利，圆满完成税收收入任务和减税目标，持续推进“放管服”改革优化税收营商环境，社会信用体系建立取得突破性的进展。

【税收收入】 实现组织收入3348万元，其中税收收入3203万元，增值税2811万元，企业所得税80万元，个人所得税49万元，城市维护建设税197万元，印花税54万元，环保税12万元。非税收入145万元，其中教育费附加84万元，地方教育费附加56万元，税务机关罚没收入5万元。中央级收入1483.61万元，自治区级收入83.75万元，县区级收入1780.83万元。

【税收服务】 申扎县税务局深入贯彻落实“便民办税春风行动”，在严格执行《全国税务机关纳税服务规范（2.3版）》《全国税收征管规范（2.0版）》各项要求的基础上，持续性拓展服务渠道，简化办税流程，优化办税环境，为纳税人提供方便、快捷、满意的服务。在顺利开展好国地税征管体制改革工作同时，继续抓好纳税服务工作，确保队伍不乱、人心不散、干劲不减。面对个税起征点重大调整、增值税税率简并等多项税收优惠政策密集出台，申扎县税务局一方面强化局内全体干部的学习，不断提升理论水平和业务素养，为政策的精准落实提供坚实保障。另一方面，积极开展政策宣传辅导，特别是着重注意收集纳税人意见反馈，从而更好地优化工作方式，完善工作内容，以便为纳税人提供更加优质的服务，不断提升纳税人的获得感和满意度。

4月3日，申扎县税务局开展第27个全国税收宣传月活动

【税收管理】 针对2018年度国地税征管体制改革三大攻坚战、社保费和非税收入划转、增值税税率简并和个税改革诸多改革事项叠加，急难险重任务交织的情况。一方面组织全体干部认真学习相关政策，充分吃透弄通。在该基础上，申扎县税务局根据政策要求，结合工作实际对重点企业加大日常巡查力度，确保重点税源户籍管理常态化。特别是对异地建筑安装类企业的税源监控，对于建筑安装业企业项目开发进度和税收实现情况做到时时心中有数，进一步完善建筑安装业一体化管理工作流程和工作规范。与交通、发改委等部门保持有效沟通，尤其是及时掌握新来异地建筑安装企业和新建项目信息，做到心中有数，提高组织收入工作的主动性。同时，结合社保费与非税收入划转工作推荐，申扎县税务局与财政、农行、人社、卫计委积极沟通，在现有领导小组的基础上，进一步完善沟通联络机制，树立问题导向，加强与各相关部门信息的沟通与交换，通过对申扎县重点工程投资情况及资金落实情况进行详细的分析，为纳税评估、税源监控、税务稽查工作提供依据和指导，进一步加强税收分析的指导性和有效性。

【党建工作】 申扎县税务局高度重视党建工作、在习近平新时代中国特色社会主义思想的指导下，结合上级机关和县委、县政府关于加强机关作风建设要求，积极组织开展“两学一做”教育实践活动2次，完成学习笔记8篇，学习简报2份。开展“不忘初心，牢记使命”主题教育实践活动2次，完成笔记6篇，学习简报2篇。开展“四讲四爱”活动3次，完成笔记6篇，学习简报3篇。开展《习近平谈治国理政》集体学习4次，完成学习笔记 14 篇，学习简报 4 篇。每月按时参加申扎县委组织的理论中心组学习，并结合学习内容开展党支部的各项学习活动。建立党建活动室，进一步浓厚党员学习氛围。单独成立党支部的基础上，高度重视党支部建设，2018 年，转正 1 名预备党员，发展 1 名积极分子。评选出优秀党员 1 名，合格党员 3 名。开展批评与自我批评，让“红红脸、出出汗”成为常态，并充分征求党支部全体党员意见，对存在的问题及时进行整改落实。

3 月 28 日，申扎县税务局全体干部组织收看大型专题片《废奴》

【党风廉政建设】 根据中共中央、国务院、税务总局和各上级机关的文件要求，认真贯彻县委、县政府关于党风廉政工作的各项部署，成立以局长为组长，纪检员为副组长，其他干部为成员的党风廉政建设和反腐败责任制领导小组，明确职责分工与责任落实，认真履行“一岗双责”责任制，坚持“一手抓税收，一手抓廉政”，确保党风廉政建设工作与业务工作同部署、同检查、同考核。真正实现“以廉督税，以税促廉”的良性循环。对《申扎县国家党风廉政建设主体责任实施办法》和《申扎县国家税务局监督责任实施办法》进行修订补充，进一步完善内容，形成新的《国家税务总局申扎县税务局党风廉政建设主体责任实施办法》和《国家税务总局申扎县税务局监督责任实施办法》及两个责任清单，及时 2 次召开党风廉政建设工作专题会议。

【国家税务总局申扎县税务局领导名录】

局长：罗桑达娃（藏）

纪检组长：熊　林

金融·保险

中国农业银行申扎县支行

【概　况】 2018年，在申扎县委、县政府的正确领导及那曲分行的大力支持下，在上级分行党委的正确领导下，认真贯彻落实全区农行2018年工作会议精神，紧紧围绕“两学一做”主题教育活动，贯彻总行“六维方略”发展战略和进一步支持西藏经济社会发展的意见，抓住扩大内需的机遇，采取各种有效措施，稳步推进“三农”服务，全面落实国有企业党的建设工作会议和全国金融工作会议精神，以习近平新时代中国特色社会主义思想为指导，全面贯彻中共十九大精神和科学发展观，坚持党建和经营工作两手抓，把总分行及自治区各项决策部署不折不扣落实到各项工作中，不断推进基层党建工作科学化水平提高。在充分发挥金融服务地方经济，支持社会主义新农村建设的同时，实现“精准扶贫”推广工作和服务转型顺利进行。

【落实党总支主体责任】 一是按照党委主体责任要求，召开“党风廉政建设和反腐工作”会议，总体部署党风廉政建设和反腐工作，制定本行党风廉政建设和防腐败工作方案、计划，组织员工签订党风廉政建设责任书，签订率100%。二是学习“两学一做”和《中国共产党廉洁自律准则》《中国共产党纪律处分条例》，集中学习达6次，党员自学13次，开展2次“两学一做”考试测试。三是班子成员建立党建联系点2个，定期不定期落实和监督指导基层网点党建、学习和经营工作，不断提升基层网点党建工作薄弱局面，雄梅营业所党建活动中心已建成投入使用，活动设施较齐全。四是开展1次党总支书记“讲党课”教育活动和廉洁自律等情况进行集体谈话；两个营业所主任调回任前进行廉政谈话1次，涉及谈话4人。以班子成员的“责任清单”为基础，认真履行全面从严治党责任、全辖3个网点的党风廉政建设责任制考核制度全面考核落实。五是每周三组织员工进行关于习近平新时代中国特色社会主义思想和中共十九大精神的学习，11次，其中学习研讨2次。上报简报44篇，增强“四个意识”、坚定“四个自信”。国庆节前夕组织开展“迈入新时代、我该怎么做”主题大讨论活动、和“弘扬爱国奋斗精神、建功立业新时代”活动，认真执行“三会一课”制度，积极开展党内组织活动，“七一”建党节等时间节点开展党员干部宣誓、党建知识竞赛和老党员慰问等活动。共发展党员2名，预备党员1名，积极分子1人。

【主营业务开展情况】 各项存款余额101853万元，比年初增加14926万元，其中储蓄存款余额为20505万元，较年初增长1951万元，完成全年任务1700万元的114.76%。对公存款81348万元，较年初增加12975万元，完成全年任务16600万元的78.16%。各项贷款36252万元，较年初增加3791万元，其中农户贷款17855万元，较年初新增2605万元，完成全年新增任务2500万元的104.2%。城市个人贷款余额11454万元，较年初增加3329万元，完成全年新增任务1860万元的178.98%。法人贷款6943万元，较年初副增2143万元，减少任务500万元的42.86%。全年累计发放各项贷款18481万元，累计收回14690万元。

【案件防控方面】 把案件防控工作放在工作的重点来抓，组织落实“问责强化年”，全面加强三线一网格管理，三个网点巡视巡查和员工行为排查达到要求频次，日常员工行为管理工作得到上级肯定，“那曲分行员工行为管理督导会上”做经验交流，坚决支持纪委刚性执纪、严肃问责，年初与所有员工签订“案件防控承诺书”和“三线一网格管理”责任书，防范案件大检、尽职监督检查和内外账核对工作开展有序，健全案防工作机制。接受上级内外部检查共8次24人，出具底稿问题7个，问题整改率100%。

【推动乡村振兴和实体经济快速发展】 把“三农一号工程”作为政治任务，坚定不移落实党的各项方针政策。结合实际工作，不断推进信用体系建设、县域经济发展和脱贫攻坚工作。截至12月底，银行精准扶贫贷款余额达3192万元，累计发放1159万元，惠农E贷余额446万元，户数62户，惠农E商助农注册28户，助农POS服务点10个，居民委员会覆盖为92.6%。塔尔玛6村和

6月5日，在申扎镇举行金卡村挂牌仪式

8月24日，在雄梅镇色宗村挂牌钻石卡村

雄梅镇色宗村成功挂牌掌银村，雄梅镇1村和申扎镇6村成功挂牌金卡村。认真贯彻落实金融扶持政策，全力为牧户提供金融便利，为申扎县经济高速发展及乡村振兴和新农村建设提供坚实的金融保障。

【干部廉洁自律执行情况】 严格按照“自治区约法十章”、“中央八项规定”和领导干部廉洁自律准则，严格要求自己，按照上年度对照检查存在问题，严格剖析，认真整改。“个人形象一面旗”，日常工作中以身作则，严格执行请示报告制度和领导干部有关事项制度，不断加强理想信念、宗旨意识、作风建设，始终保持清正廉洁本色，在费用开支上一直本着节俭的原则，进行认真核查，严格审批；坚持“三重一大”决策部署，行内扩建维修等项目严格通过财审会，从不先斩后奏或一手清程序，做到财务“三公开”制度。

【中国农业银行申扎县支行领导名录】

行长：洛桑顿珠（藏）

副行长：次仁珠杰（藏） 旦巴南加（藏）

行长助理：多吉江村（藏）

中国人民财产保险股份有限公司那曲分公司申扎县三农服务站

【概　况】 2018年，申扎县三农服务站在那曲分

公司，县委、县政府的正确领导下，以落实年度农业保险任务为目标，切实做好申扎县农业保险工作，认真完成申扎县三农服务站农险部理赔收尾工作。

【农险理赔工作】 2018年，所有涉农保险理赔案件赔款转款工作于3月完成，共761.78万元。加大农业保险宣传力度，申扎县三农服务站在县城街道和8个乡（镇）中宣传涉农保险知识，增强农牧民防灾、减灾意识。

8月20日，深入各乡（镇）、村（居）委员会开展涉农保险宣传工作

【自身建设】 为进一步加强和改进涉农工作人员思想教育工作，打牢三农服务站工作人员团结奋斗的思想基础，开展“讲党恩爱核心，讲团结爱祖国，讲贡献爱家园，讲文明爱生活”主题活动宣传工作，加大宣传力度，让广大农民群众及时了解、认识、接受农险专项富民惠民政策。

【农险工作】 为切实发挥保险保障工作，确实做好农险理赔工作，降低农牧民不必要的损失，根据那曲地区分公司通知要求，申扎县三农服务站要求各乡（镇）严格审核受灾出险数据、照片等真实资料，规范理赔资料的收集，进一步加强对理赔资料的稽查力度，对于利用虚假资料骗取赔款的单位和个人拒绝理赔并追究其相应的法律责任，2018年农牧民涉农商业保险自担保费共收集33.35万元。

【人生意外理赔工作】 按照人生意外保险理赔的要求，及时联合相关单位对申扎县申扎镇五村1人意外交通事故死亡，申扎镇6村1人被野生动物撕咬死亡，卡乡四村1人被牛冲撞死亡，卡乡5村1人意外交通事故死亡，买巴乡三村1人被拖拉机翻车碾压死亡，买巴乡5村1人摩托车摔倒死亡，及时收集相关证明及资料，上报上级有关部门，并落实人生意外理赔资料86.35万元。

【中国人民财产保险股份有限公司那曲分公司申扎县三农服务站领导名录】

负责人：索朗拉吉（女，藏）

农牧·林水·气象

农　牧

【概　况】 2018年，在县委、县政府的正确领导下，在上级业务部门的悉心指导下，深入贯彻落实区、市、县经济工作会议、农村工作等会议精神，围绕“乡村振兴战略及三农”核心工作，逐步实现“草原增绿、牧业增效、牧民增收”目标，进一步解放思想，艰苦奋斗，开拓进取，顺利开展各项工作。

【畜牧业发展】 按照年初签订的经济目标任务，结合申扎牧业发展的实际，开展接羔育幼“产前、产中、产后”巡医诊治及常见疾病治疗服务工作；全县牲畜存栏52.98万头（只、匹），全县幼畜成活率94.58%，同比提高2.5%，大畜死亡率0.07%，同比下降0.5%；肉类产量1166万吨，奶产量844.89万吨，毛绒产量5.8006万吨，全县牧民人均收入10031元。

【防减灾工作】 防抗灾办按照“保人先保暖，保畜先保饲”的要求，积极动员、组织、引导群众，调动群众积极性，克服一切困难，保证防抗灾物资储备到位。在上级部门的大力支持下，上半年拨付65万元，购置246吨颗粒饲料，发放至8个乡（镇）；县政府专项安排50万元，充实防抗灾饲料储备工作；上级部门下拨70万元，购置250吨颗粒饲料作为县委储备物资；召开2018年今冬明春防减灾工作动员部署会议。

【草原生态保护补助奖励机制工作】 简称草补工作。兑现草奖资金5010.46万元，草原监督员补助资金189.54万元；完成区、市、县、乡四级草补验收任务。

基本草原划定。在申扎县财力紧张情况下先后投入52万元，与成都威尔贝科技有限公司，签订基本草原划定内业工作合同，按期完成基本草原划定工作任务；全县划定基本草原总面积173.0406万公顷，占总面积83%，其中重要放牧草场145.4333万公顷，割草地5.1327万公顷，人工种草340.74公顷，禁牧22.4万公顷，科研草场42.144公顷，湿地草场267.84公顷。

【专合组织建设】 组织召开培育壮大农牧民专业经济合作组织专题会议，并制定2018年的培育工作任务，按照“民管、民办、民收益”工作原则，新组建的股份制合作组织共5家（分别为申

6月21日，召开申扎县农村集体资产清产核资工作培训会

扎镇 1 村、8 村，买巴乡 5 村，卡乡 2 村、3 村）；年中，完成农牧局专合办初验；年底，对新组建的合作社进行全面验收，并对存在的问题责令限期整改。

【兽防工作】 建立县、乡、村三级主体责任制工作制度，组织县、乡、村三级动物防疫员开展牲畜疫苗蹲点接种工作，保证牲畜疫苗注射率，同时加大监督检查力度，做到“四不漏”，严格执行牲畜疫病“零报告”制度。2018 年，未发生过重大动物疫情，为申扎畜牧业健康发展提供科技支撑；完成全县 1769 条家犬驱虫工作和新生羔羊包虫病疫苗注射工作，负责县上流浪狗收容所消毒、驱虫工作任务；申扎县科技服务站出动专技人员达 1687 人次，发放价值 10 万元防抗灾兽药和 4 万元常规兽药。

3 月 20 日，开展巡医诊治工作

【科技工作】 申扎县科普大篷车用于科技下乡、科普宣传等科教活动的使用率在 90% 以上；引进安多县多玛种羊 120 只，为优化申扎绵羊畜群结构奠定基础。

【草原征占】 联合县国土局、县环保局、县林业局等部门执行草原职责及草原征占用审批手续，办理草原征占用审批手续共 8 项，其中 6 个项目在办理后续相关手续。

【渔　政】 在原有的基础上增加 5 名执法人员，并取得执法证，采取全面检查与重点检查相结合，日常巡查与蹲点守候相结合，白天检查与夜间抽查相结合，组织统一检查行动 3 次、参加检查 22 人次，渔政执法人员结合沿河（湖）检查，大力宣传《中华人民共和国渔业法》，同时利用全县综治宣传、五下乡等契机广泛宣传做到家喻户晓，宣传覆盖面达到 90% 以上，共发放宣传资料 1300 余份、张贴标语 40 余幅、出动宣传车 12 次。

【基本草原监测】 每年草地监测工作分返青期、生长期、枯黄期三个阶段进行，顺利完成全县 16 个样地，48 个样方，2 个国家级固定监测点草地监测任务。通过退牧还草工程项目、草原三害治理、人工种草、实施草补政策等措施，有效保护草地资源，恢复生态功能；实施 54.2667 万公顷退牧草工程，草地补播 1.667 万公顷，鼠害治理 0.6667 万公顷，生态恢复，草地保护工作推向新的台阶。

【党建工作】 发展入党积极分子 2 名，正式党员 2 名；召开支部学习会暨“两学一做”学习会 12 次；组织开展“主题党日”活动 12 次；开展“支部书记带头讲党课”活动 2 次；完成“九有”支部活动室建设任务。

【申扎县农牧局领导名录】

局长：曲　央（藏）

副局长：巴点次仁（藏）

科技服务站站长：格　桑（藏）

副站长：桑杰益西（藏）　李建峰（藏）

林　业

【概　况】 2018 年，县林业局在县委、县政府以及上级部门的正确指导下，充分发挥职能作用，大力开展保护生态环境、项目建设、资源管护等方面的工作，有效开展一系列加强自然保护区管理和野生动物保护等方面的工作。

【野生动物保护管理】 为明确各自职能部门的责

任，出台各类制度2个与修改预案2个，与各乡（镇）签订《2018年野生动物保护工作目标责任书》。加大野生动物保护方面的宣传力度，紧紧抓住各种法制宣传日和下乡等契机，向牧民群众宣传有关野生动物保护和湿地以及自然保护区等方面的法律法规9次，发放宣传册子825余份，粘贴横幅9条，受益人数800余人。根据《西藏自治区林业厅关于贯彻落实全国打击乱捕滥猎和非法经营候鸟违法犯罪活动电视电话会议精神的通知》等文件的要求，在重要时段根据本区域野生动物的活动地、迁徙地、通道等具体情况，组织人员进行重点看护和监管，禁止人员、禽类进入本区域。严格野生动物疫源疫病信息上报制度。加大打击力度，严厉查处破坏野生动物资源的违法犯罪活动。在“三大节日”（元旦、春节、藏历新年）期间和特殊时段对重点区域进行武装巡逻工作。对8个乡（镇）开展专项巡逻，巡逻次数达到500余次。一是对野生动物重点活动、交配、繁殖、迁徙区域开展驱车或徒步形式的武装巡逻；二是为加深牧民群众对野生动物保护意识，深入基层向群众宣传野生动物保护法，宣传次数达到30余次。对42名发放2018年度野保员补助资金共30.24万元，举办野保员能力提升培训班，为提高巡护工作效率向野保员配发巡护设备摩托车32辆、巡护背包42个、急救箱（FSM-X-002）42个。

10月30日，申扎县林业局举办野保员培训会议

【自然保护区管理工作】 联合县整改办与相关部门对S208三八二大桥农村公路改建工程项目中擅自设置拌和站和仓库等设施的拆除进行专项检查，根据《关于做好中央环保督察整改期间协调联络及信息报送等有关工作的通知》要求，对S301雄梅至尼玛段公路改建工程、S317及马跃乡至三八二大桥各类料场进行督察整改工作。对“绿盾2018”环境保护遥感监测人类活动点中的88个点位开展监测检查工作，通过专项执法和监测，查处违反《中华人民共和国自然保护区条例》等规定的案件4起，进行罚款共15万元，及时上缴至国库。《关于组织开展2018年上半年国家级自然保护区遥感监测实地核查工作的通知》的通知要求，根据《西藏自治区色林错黑颈鹤自然保护区申扎县片区重要湿地生态效益补偿（试点）建设项目实施方案（2015—2017年）》，组织572名监管员和管护员到实地开展核查工作。在日常工作中对自己管辖范围内进行日常巡护，每月组织管护员和监管员对湿地周围进行一次打扫卫生，共检查50余次。

【其他业务】 为防止草原火灾事故的发生，在“三大节日”（元旦、春节、藏历新年）期间和今冬明春来临之际，在全县范围内进行共15次大规模的摸底排查工作。制定《那曲市申扎县草原防火应急预案》，与各乡（镇）签订目标责任书。开展形式多样的法制宣传5场次，发放宣传册359份，粘贴横幅3条，受益人数达300余人。积极协助拍摄组完成“黑颈鹤故事”的拍摄任务。更好地宣传黑颈鹤的繁衍生息，拍摄过程中发现黑颈鹤的数量逐步增加，充分说明黑颈鹤等野生动物得到更有效的保护。为结对帮扶工作有效开展，干部职工深入帮扶点了解帮扶对象的基本情况和所思所想，共发放价值7000余元的生活用品。

【申扎县林业局领导名录】

局长：索朗顿珠（藏，兼森林公安局指导员 2017年12月离）

格列加才（藏，兼色林错国家级自然

保护区管理分局局长 4 月任职）

副主任：益西卓嘎（女，藏，4 月任职）

水 利

【概 况】2018 年，在上级业务部门的精心指导和县委、县政府的大力支持下，紧紧围绕全县经济发展大局，开拓创新、扎实工作，大力推进各项民生水利工程建设，取得显著的成效。

【水利项目】续建项目复工情况。2017 年安全饮水巩固提升工程，总投资 900 万元，新建 22 口机电井（异地搬迁点）和 10 口大口井，已竣工。

水系连通综合治理工程。总投资 6388.02 万元，水系连通开挖渠道 11.8 公里，疏浚清淤河道 10.5 公里，新建生态堤防 5.5 公里，工程进度为 60%。

河道治理工程。一是总投资 1023.68 万元，建设内容及规模：堤防长度 4.7 公里，5 级堤防，防洪标准 10 年一遇，工程进度为 70%；二是查藏藏布河道治理工程，总投资 1440.15 万元，建设内容及规模：堤防长度 3.8 公里，5 级堤防，防洪标准 10 年一遇，工程进度为 75%。

乡村防洪堤工程。一标塔尔玛乡 10 村上、下游两段防洪堤工程，总投资 244.4 万元，建设内容及规模：新建防洪堤 1.265 公里，未竣工。二标买巴乡 1 段防洪堤工程，总投资 233.45 万元，新建防洪堤 0.606 公里，已竣工。三标下过乡 3 村段防洪堤工程，总投资 173.74 万元，新建防洪堤 0.606 公里，已竣工。四标申扎镇 7 村永珠藏布段防洪堤工程，总投资 143.81 万元，新建防洪堤 0.527 公里，已竣工。

农村饮水安全巩固提升项目。总投资为 1010 万元，建设买巴乡 1 口机井，2 口大口井，受益人口 488 人，建档立卡人口 181 人；申扎镇 1 口机井，1 口大口井，受益人口 108 人，建档立卡人口 39 人；马跃乡 2 口机井，7 口大口井，受益人口 699 人，建档立卡人口 257 人；塔尔玛乡 2 口机井，11 口大口井，受益人口 941 人，建档立卡人口 253 人；雄梅镇 2 口机井，5 口大口井，受益人口 748 人，建档立卡人口 155 人；巴扎乡 2 口机井，受益人口 285 人，建档立卡人口 44 人；下过乡 2 口机井，14 口大口井，受益人口 699 人，建档立卡人口 234 人；卡乡 2 口机井，11 口大口井，受益人口 760 人，建档立卡人口 252 人。共受益总人口 4727 人，建档立卡人口总人口 1331 人；项目点共 65 口。

运行养护维修工程。总投资 200 万元，维修 89 个点（大口井），申扎镇 10 眼，卡乡 8 眼，马跃乡 8 眼，买巴乡 6 眼，塔尔玛乡 23 眼，雄梅镇 17 眼，巴扎乡 9 眼，下过乡 8 眼，受益人口 3471 人。该项目经过县基建领导小组初验通过，待市水利局终验。

8 月 2 日，检查甲岗电站水库安全生产运行情况

【“河长制”工作】编制《那曲市申扎县 2018 年关于全面推行“河长制”管理工作方案》《那曲市申扎县全面推行河长制工作领导小组》《那曲市申扎县河长制办公室成员单位及职责》《那曲市申扎县江河及骨干河湖名录表》8 个乡（镇）级河长制方案、领导小组，河湖名录，62 个村（居）级河长制方案、领导小组，河湖名录已出台。成立县级总河长 1 名，河长 22 名；乡级总

河长8名，河长95名；村级总河长62名，河长538名。《那曲市申扎县全面推行河长制工作相关制度》，制定完善河长制8项工作规章制度，做到制度上墙；及时调整充实县、乡、村三级河长名录；积极对接第三方编制“一河（湖）一策”工作，青海中水数易信息科技有限责任公司指派专人对 全县主要河（湖）进行调研，并已出台全县22条县级河湖“一河（湖）一策”方案的初稿，并召开初审会议。按照“一河一档”建立指南（试行），建立全县22条河湖“一河一档”工作。全县召开申扎县推进河长制工作大会，认真学习并深入贯彻落实中共中央、国务院和区、市党委、政府关于全面推行河长制的各项工作。

【防汛抗旱】 调整充实《申扎县防汛抗旱应急方案》，各乡（镇）和各村（居）也相应成立各项指挥机构，并设立县乡村三级24小时防汛值班带班制度，及时传达相关信息，签订全县与乡（镇）、乡（镇）与村之间《防汛抗旱责任书》共70份。利用防汛抗旱资金48.275万元，购买编织袋13.3112万条、铁锹850个、十字镐850个、雨衣850套、雨鞋850双、便携式汽油自吸泵30个、蓄水罐60个、输水软管600米、手电筒850个。防汛抗旱指挥部安排防汛抗旱各职能部门进行24小时值带班，确保安全度汛。为8个乡（镇）发放铁锹、雨衣、编织袋等9种防汛物资。

【其他工作】 一是积极做好上级部门和县（中）直各部门交办的事项；二是利用周末时间，组织办公室人员整理1间仓库成立水利局档案室（资料室）；三是积极开展支部主题党日，政治纪律政治规矩、“四讲四爱”“两学一做”学习教育常态化等活动；四是专门制作党务政务公开栏；五是制定安全生产实施方案，成立领导小组，每月按时汇报安全生产动态信息，对新建、复工等项目进行安全生产大检查，对部分存在隐患的项目，下令整改通知单，建立整改台账。

【申扎县水利局领导名录】

局长：罗布次仁（藏）

副局长：叶健文

主任科员：格桑卓玛（女，藏）

副主任科员：央　金（女，藏，4月任职）

气　象

【概　况】 2018年，申扎县气象局在自治区、那曲市气象局党组和申扎县委、县政府的大力支持及正确领导下，深入学习贯彻落实中共十九大会议精神和全区气象局长会议精神以及“两学一做”学习教育活动的方案，按照《那曲市气象局关于下发2018年工作目标和评分标准的通知》文件要求，结合申扎县气象局工作实际、立足发展，开拓创新，协调全局，合力奋进。以思想政治工作领先，以目标管理为主线，以业务工作为基础，以提高气象服务水平为目标，保证申扎县气象局各项工作持续，快速、健康发展。

【气象服务及宣传】 每周向县委书记、县长、县委办、政府办、人大办、政协办以及申扎县气象防灾减灾领导小组成员单位报送决策气象服务和工作简报，每周星期一发送一次预警短信服务以及每天制作电视天气预报。在重大节日和灾害性天气做出及时、准确的预报预测，着力提高防灾减灾能力和水平。针对防灾减灾气象局组织建立防汛抗旱有关的气象信息及时发布滚动预报，建立健全部门联席会议制度和气象灾害应急预警部门应急联动机制。切实发挥国家突发事件预警信息发布体系建设效用。有力提高防灾减灾的决策服务，春节、藏历新年和申扎县赛马节等重大活动气象保障服务工作圆满完成。高效率发布手机预警短信1万余次。及时报送天气预报、气象信息、重要天气等纸质报告50余次。按照《申扎县2018年“三月综治宣传月”宣传活动》和申扎县《综治宣传月活动方案》的通知要求，组织干部职工大力宣传《中华人民共和国气象法》《西藏自治区气象探测环境设施保护办法》《西藏自治区防雷减灾管理办法》《农村防雷知识读本》《防雷避险手册》，共发放宣传手册1500余册。

9月16日，申扎县气象局工作人员宣传气象科普知识

【气象业务现代化建设】 测评年前12个月的准确率平均值为67.5%，2018年24小时城镇晴雨预报准确率为67.2%，超过65%以上，达到考核要求突发灾害性天气预警提前量，牧业气象服务“直通式”服务专业化覆盖率开展“直通式”服务农牧大户数量1个。基层气象防灾体系建设基层气象防灾减灾工作机构健全率100%，县级和8个乡（镇）全部完成气象防灾减灾机构成立。村（社区）气象信息员覆盖率100%，利用三农服务项目，建设8个乡（镇）气象信息服务站，及时选拔78名气象信息员，对易灾区域安装气象警示牌8个。所辖区域内易燃易爆等重点场所防雷安全检查率100%，检查数量3个，辖区易燃易爆场所3个，无新建行政许可，没有行政处罚案卷。

【气候变化】 申扎县气候异常。6—8月，降水量偏多，气温偏高，面对异常的气候情况，气象局及时播放电视天气预报，高效率发布手机预警短信。为申扎县经济发展和人民生命安全等提供有力的保障。

【基层气象工作】 组织人员到各乡（镇）进行督导检查乡（镇）气象服务站5次。并将检查结果和整改方案向各乡（镇）党委书记汇报、沟通。同时开展气象防雷宣传，受益总人数750余人。举办基层气象服务联络人培训活动，主要围绕全县气象灾害进行展开，其间由业务人员讲解关于防雷避险和洪涝、地震、火灾等基本常识以及发生次生灾害后的急救知识，并发放防雷避险手册和气象科普知识手册850余册。

5月29日，对申扎县4个乡（镇）气象自动站进行数据维护

【防雷减灾工作】 按照申扎县委、县政府《关于开展6月平安宣传月活动》要求，气象局组织干部职工大力宣传有关气象业务措施办法及科普知识，发放《中华人民共和国气象法》《西藏自治区气象探测环境设施保护办法》《西藏自治区防雷减灾管理办法》共980张，《防雷知识读本》700册，《防雷避险手册》300册、《气象科普知识扑克》500册，宣传材料均为藏汉双语，同时用手机短信方式宣传防雷知识，提高防雷避险的能力。5—6月，气象局和县基建领导小组对新建工程进行联合工程督导检查工作，同时协调那曲市防雷高科有限公司完成县城及8个乡（镇）的新建建筑的防雷设计审核、工程跟踪服务、现场指导技术服务、常规检测的各项工作有序开展。为申扎县气象事业的持续，快速、健康发展提供重要保障。

【其他重点工作】 预报人员运用一体化平台和M4进行每周气象预测，并通过与市气象局会商对结果进行订正，每周气象预报通过预警手机短信平台、申扎县气象局微信公众平台、申扎县工作信息交流微信群以及申扎县气象灾害工作微信群第一时间发送到相关人员，预报准确率也得到当地党委政府和广大干部群众的认可。为认真贯彻落实习近平总书记系列重要讲话精神，切实把思想和行动统一到中共中央、国务院关于防灾减灾救灾工作的重大决策部署上来，全力以赴做好防御冬春暴雪、大风、强降温等灾害性天气的监测预报预警服务工作，切实发挥气象防灾减灾“第一道防线”作用，经申扎县委、县政府同意，结合那曲市气象局今冬明春短期气候预测结论及当前全县气候特点，减灾指挥部各成员单位及8个乡（镇）分管气象副乡长和气象信息员人员组织召开防灾减灾联席会议。

12月24日，召开申扎县气象防灾减灾工作联席会议

【气象支部建设】 组织体系、建党员干部服务平台。进一步强化气象支部的建设，在党员干部中开展党性教育、创一流业绩活动。积极参与地方党委和地区气象局党组开展的学习型支部、学习型单位活动，切实把学习的成果转化成工作的实绩；进一步转变工作作风，提高办事效率，克服“门难进、脸难看、事难办”的不良习气；严格“首问责任制”，在单位内部开展党员活动，比服务，创一流，争做“服务先锋”活动，党员干部职工为民服务的宗旨意识不断增强。全局形成统一领导、班子成员相互配合，支部党员相互学习的党建工作格局。

党员干部队伍建设。进一步创新学习形式，把学习纳入干部年度考评之中采取集中学习与自学相结合的形式，力求打造一支大局意识强、工作作风硬、综合素质高、业务技能精、奉献精神强的党员干部队伍。气象支部有7名党员，党员数占70%，组织党员走访慰问贫困户2次，内部学习6次。撰写党员心得体会3次。专题学习中共十九大精神8次。

严格考评、党建工作管理规范化、制度化。进一步完善党建工作专项考评机制，实现党建工作管理规范化、制度化。认真开展政风行风建设，落实监督机制，大力开展单位效能建设，党员作风进一步转变，党员干部职工廉洁自律意识不断增强，未出现一起违法违纪行为。机制更加健全完善，不断推进机关党建工作迈上新台阶。

【申扎县气象局领导名录】

局长：拉巴次仁（藏）

纪检员：格桑旺堆（藏）

城建·环保

住房和城乡建设

【概　况】 2018年，在县委、县政府的正确领导下，以中共十九大精神为指引，紧紧围绕政府工作报告和经济工作报告等系列任务部署精神，以保障和改善民生为出发点和落脚点，始终紧密围绕“服务”与“监管”两项重要职能开展各项工作。在全体干部职工的共同努力下，全面完成各项预定工作目标的同时取得较为瞩目的成绩。

【住房保障工作】 棚户区改造工程。2018年，实施城中村棚户区改造项目146套，总投资11486.94万元，建筑面积23273.16平方米，公共厕所70.56立方米；以及电力、给排水、围墙、大门、机井、硬质铺装等附属设施，包括2016年和2017年棚户区改造项目。

干部职工周转房项目。2018年，续建2017年干部职工周转房项目44户，总投资为1077.9万元，建筑面积为3076.1平方米，完成90%。

城镇低收入家庭租赁住房补贴兑现情况。租赁住房补贴分两批兑现，第一批享有租赁住房补贴42人，申报资料审核全部通过，并将资金全额兑现，兑现12.85万元；第二批租赁住房补贴申请3人。

【市政设施建设】 县城供暖项目建设情况。县城供暖工程为续建项目，主要新建热源厂1座，建筑面积5534.89平方米（含主厂房、储油间，值班室1、2，餐厅水泵房及附属工程），换热站317.85平方米，热力外线52.2公里，末端采暖17.54万平方米，该项目按五个标段实施，总体进度90%；完善乡（镇）垃圾转运站基础设施。建成卡乡和下过乡、塔尔玛乡垃圾转运站项目，日转运量分别达3吨。

排查维修市政基础设施。针对市政道路井盖缺失，容易形成安全隐患的问题，住建局在2月、3月、5月期间分别组织专人对县城的市政基础设施进行排查，共更换井盖30余个，路灯加固35盏；县城一直存在给水困难的问题，住建局进行多次排查，通过疏通主管道，解决中学片区无水的问题。

【工程质量安全监督】 对全县房屋建筑和市政基础设施建设项目进行工程质量安全监督，住建局牵头组织相关单位，对施工现场进行22次安全生产及项目质量检查，下发整改通知书60余份、停工整改通知书8份，并要求相关施工单位限期整改。

【建筑业发展】 按照《中华人民共和国建筑法》《中华人民共和国建设工程质量管理条例》《申扎县基本建设项目管理实施细则》等相关法律法规对全县房屋建筑和市政基础设施建设项目的建筑业发展进行全面监管，全年内办理施工许可证项目54份，选址意见书125份，建设工程规划许可证22份，乡村建设工程规划许可证102份，建设用地规划许可证124份，总投资7.852亿元，竣工验收项目70项。

【城乡建设】 继续编制塔尔玛乡等6个乡（镇）的总体规划，经过两次召开“乡（镇）规划评审会”，收集意见及时反馈给规划院，经规划院进行再次修改完善，提交县四大班子联席会议审核。

4月20日，申扎县召开乡（镇）规划评审会

【环卫、城管工作】 环卫工作。全面加强申扎县环卫工作的管理，提高清扫保洁质量，夯实工作责任，对辖区内环卫工制定相应划分区域清扫保洁，并听取环卫工人的意见，分2组区域划分。按照垃圾收集定时清运制度，特制定收集垃圾时段（10：00、18：30）每天对街上垃圾进行2次清理。同时保障垃圾箱周围保持干净。日清扫保洁道路长度达2500米，日清扫保洁面积达1.5万平方米，清运垃圾1900吨；配合大气污染防治工作。根据第三巡视组反馈的整改问题，及时制定相关整改方案，要求施工单位必须做防尘处理，

5月5日，召开申扎县2018年建设领域安全生产及扬尘治理工作会议

有条件的施工工地车辆进出须对车轮胎洒水做降尘处理，同时进出工地对车辆进行遮盖，县城市政道路，施工单位至少每隔两个小时进行一次洒水降尘，并及时清理建筑垃圾。选定全县建筑垃圾弃土场1座。

城管队伍工作（协管员）。整治乱搭乱建、占道经营、乱贴小广告等现象，并得到有效地遏制。

【其他工作】 住建支部统筹开展“主提党日活动”，学习中共十九大、“党的政治纪律政治规矩”精神，工作和学习中认真领会中共十九大精神，结合工作实际，把中共十九大精神运用到工作中，真正做到理论联系实际。住建支部把学习教育融入日常，安排每周星期四下午开展集中学习活动，共集中学习30余次，要求党员干部自学次数每周不少于1次。

【申扎县住房和城乡建设局领导名录】

局长：杨友华

主任科员：尹　艳

城市建设投资

【概　况】 2018年，申扎县城市建设投资有限公司在县委、县政府的坚强领导下，按照“投资、融资、经营开发”的工作思路，牢牢把握“抓融资、建项目、扩资产”的工作重点，不断创新工作方式方法，完善公司各项管理制度。为切实加强申扎县经济发展，大力创新经济新思路，在全县城市建设进入高峰期时，县城投公司积极储备建筑材料，保障各项工程材料质量安全合格。

【材料销售】 销售水泥2257.3吨，营业额211.90万元；钢筋1047吨，营业额501.89万元，实现公司创收约103万元。

【招商引资】 投资约1058万元（其中，申扎县城市建设投资有限公司占股51%，申扎县勇拓建材商贸有限公司占股49%），在G526申扎县申扎镇三村申扎藏布桥东侧50米处，新建商砼站一座

（新建办公区住房 313.5 平方米，玻璃房 150 平方米；硬化 9032 平方米，120 搅拌站一台，采砂场全套设备一套）。商砼站开始运营，根据销售情况统计，累计销售收入 1352.08 万元，其中混凝土销售收入 1290.54 万元，砂石销售 60.14 万元，利润 449.36 万元。

【项目建设】 棚户区改造项目。成立申扎县棚改办。坚持量力而行的原则，稳慎稳妥、分期逐步推进。棚户区项目概算投资 11690 万元，完成 146 户改造。项目完成率 70% 左右。

公路项目。申扎县 G562 线至查日村等十一条公路工程项目和那曲市甲姆公路改建工程等三条公路工程项目；通过 2018 年建筑资质顺利办理，具备公路、房建、水利、市政等项目类的投标和承建的资质，中标十一条道路工程和甲姆公路改建工程等三条公路工程。各项目完成率 70%。

商务中心项目。概算投资 5398.45 万元，县城修建建筑面积为 1.3558 万平方米的商务中心，项目完成率 85%。

6 月 14 日，申扎县召开棚户区改造拆迁户动员大会

【帮扶工作】 脱贫攻坚工作是全县重点工作，申扎县城市建设投资有限公司积极响应与落实该项工作，组织贫困户参与劳务输出近 400 人次，实现群众增收 26 万元。

【盘活土地】 整合利用土地面积 62.42 亩，其中住宅用地 9.85 亩，商服用地 34.87 亩，公共设施用地 17.7 亩。按申扎县土地市场价格约 1391 万元。

【申扎县城市建设投资有限公司领导名录】

总经理：徐劲松

副总经理：文蓉昌

市政管理

【概　况】 2018 年 9 月 20 日，成立申扎净地市政管理有限公司。主要负责改善县城给水、排水、供暖、环卫及照明等市政基础设施的维护管理。公司由申扎县发改委副主任担任董事长，成员组成共 8 人，实际工作人员为外聘人员，共 5 人。

【工作开展情况】 一是安排技术人员及车辆，对全县城给排水主管进行全面系统的排查。二是排查县城职工干部周转房及牧民群众住房给排水问题，统计干部职工给水情况。三是维修扎基路市政排水 1 处、县城干部职工周转房漏水 5 处、冬季主管冻裂漏水 5 处、县城结冰段 3 处。四是协助县环保、住建维修水源地大门以及监控、漏电保护器 3 次。五是对中信路排水垃圾进行清理。六是对县级干部周转房室外及室内进行给水管网进行改造。

【申扎净土市政管理有限公司领导名录】

董事长：徐劲松（9 月任职）

副董事长：赵　云（9 月任职）

总经理：赵　凯（9 月任职）

国土资源

【概　况】 在市国土资源局和县委、县政府的正确领导和支持下，以习近平新时代中国特色社会主义思想为指导，全面贯彻中共十九大精神，坚持稳中求进工作总基调，凝心聚力，主动作为，加快国土资源质量变革、效率变革、动力变革，不断提高国土资源工作水平，为申扎县城市建设提供国土资源保障和服务。

【土地资源管理】 一是办理项目用地预审报告，保障各项项目顺利落地。2018年共办理项目用地初审意见报告书165份。二是申扎县首次公开拍卖包括使用性质为商服用地2块共12宗土地，总面积1.8053万平方米，土地总价746.13万元；拍卖成交12宗整块土地，总成交价款1068万元，共增值321.87万元。三是土地利用总体规划方面。委托西藏地勘局第二地质大队，按照市级土地利用指标的基础和申扎县原有土地利用规划基础上再次收集相关资料，并通过了县级预审、市级土地利用总体规划调整完善成果评审。

5月4日，申扎县国有土地拍卖会现场

【矿产资源管理】 一是按照区市两级编制矿山资源规划的相关文件精神，委托四川冶金地质勘查院编制申扎县矿产规划工作，在乡村自主上报的基础上，国土、环保、林业、水利相关部门联合实地审查和三方实地测量定位，精心筛选出65个非金属矿砂石料点（其中温泉3个）和30个探矿和矿点列到矿产资源规划编制中，完成县级预审工作。二是宣传部门法规，提高群众知晓率。围绕“珍惜土地资源、建设美丽家园”宣传主题，采取多种形式进行广泛宣传，增强宣传的针对性、实效性和吸引力，及时将宣传资料发放到各单位手中。共制作横幅5条，各种宣传材料500余份，达700余人次。三是对辖区内的矿点进行巡查，确保安全生产。对各矿点进行9次检查，重点检查矿山安全生产、采矿权开采信息公示、绿色矿山创建、矿山恢复治理备用金返还及基金建立等情况。要求企业进一步落实安全生产责任制，严格按照开发利用方案开采，加大安全投入，完善安全制度，做好安全教育，将安全工作摆在更加突出的位置，确保人民群众生命财产安全。

【执法监察工作】 加大卫片执法力度，严厉打击非法用地。根据卫星图斑信息，申扎县共发现疑似图斑74个，经过实地核查，共发现违法图斑35个面积175亩。

【基础工作】 组织申扎县2018年度第一批次城镇、村镇建设项目用地报建工作，报建面积共316.86亩，项目分为村镇38个、城镇6个。

【不动产登记工作】 全县不动产统一登记发证及农村集体土地确权发证工作顺利实施，各项工作稳步推进。一是已发不动产权证书15本，县城逐步颁发不动产权证书。二是农村集体土地所有权外业、内业工作全面完成，所有权62个行政村、统计调查1026块宗地，面积约17.4279平方公里。已完成内业工作权利人信息录入和不动产调查表，同时8个乡（镇）和62个行政村外业测量情况公示阶段已完成，年内各行政村和第三方测量队已调查1031块宗地及不动产申请表、指界协议书、权属调查表界指点等签字盖章工作完毕。

11月26日，召开申扎县农村集体土地所有权确权登记发证工作县级自查会议

【申扎县国土资源局领导名录】

局长：达娃扎西（藏）

副局长、主任科员：

平措拉姆（女，藏，4月离职）

不动产登记中心主任：多　吉（藏）

环境保护

【概　况】2018 年，申扎县环境保护局在那曲市环境保护局和县委、县政府的正确领导与大力支持下，全面贯彻落实上级有关精神。以习近平总书记提出“守住生态和发展两条底线”为基本要求，认真贯彻落实区、市环境保护工作会议精神，全力做好中央环境保护督察整改工作，加强环境执法力度，严格建设项目管理，加强生态环境保护工作，全面开展污染防治攻坚战和蓝天保卫战。

【水源保护】投资 10.97 万元，治理县城饮用水水源地保护工程项目，项目已竣工。安排专人进行 24 小时值守，确保出水口无任何问题。水源地保护区内、周边及水厂厂房及时清理生活垃圾和建筑垃圾，组织干部职工打扫水源地卫生，建立健全水源地保护区的值班制度等相关制度，专人 24 小时值班。

【环境监察与监测】投入监测资金 30 万元，聘请第三方公司，为全县实施县域环境质量监测，县域环境质量监测主要对县城空气质量，饮用水源地、申扎藏布上下游进行监测工作。2018 年，空气监测 4 项指标，均达到《环境空气质量指标》（GB 309-2012）一级标准、申扎藏布上游 500 米、下游 1000 米监测的 24 项指标，除溶解氧监测结果每年均达到Ⅲ类标准，总氧监测结果达到 II 类水质标准以外，其余的 20 项指标均达到《地表水环境质量标准》I 类标准、全县饮用水水源地每年监测的 22 项指标均达到《地下水质量监测》II 类标准。

【改善环境质量】通过提高县城环卫队工资待遇水平，确保县城环境卫生洁净。投入资 198 万元购买环保设备（垃圾车 7 辆、垃圾箱 60 个、吸污车 1 辆）并分发到各乡（镇）及县城相关单位，确保县乡生活垃圾得到及时处理。将生态文明建设和环境保护列入党委学习计划，印发《中共申扎县委办公室关于印发〈县委理论中心 2018 年学习计划〉的通知》文件，2018 年共召开 6 次研究部署生态环境保护工作会议。传达学习《中华人民共和国自然保护区条例》《关于祁连山国家级自然保护区生态环境问题督察处理情况及教训的通报》《关于进一步加强涉及自然保护区开发建设活动监督管理的通知》《联合开展“绿盾 2017”国家级自然保护区监督检查专项行动的通知》以及生态文明建设和环境保护决策部署等相关文件精神及法律法规。利用 2016 年农村饮用水水源地结余资金 56 万元建设 3 个乡（镇）水源地保护项目。

5 月 25 日，召开 2018 年申扎县环境保护工作会议

【建设项目全程监管】始终坚持污染防治、生态保护并重的方针，把“恢复生态功能为重点、切实保护好现有生态资源，永葆申扎的碧水蓝天”这一发展目标贯穿始终，严守生态底线。一是为从源头上控制新污染源产生。密切配合住建、发改、国土等部门，加强对新、扩、改建项目的环境管理，严把项目审批关。坚决执行《中华人民共和国环境影响评价法》、环保设施“三同时”制度，对不符合国家产业政策、环保法律法规、县城总体规划和清洁生产、总量控制要求的建设项目一律不予审批。审批项目网上备案共 111 个、涉密纸质版项目 7 个，县级环评执行率 100%。二是抓好项目监管。重点加强新续建项目施工监管。与各个施工单位签订环境保护目标责任书，并不定期对全县建设项目施工现场进行检查，对

存在问题的施工单位，下发建筑垃圾专项整治、整改通知书，共下发整改通知书 41 份。

【污染防治设施日常监督】 与各乡（镇）、县直单位签订土污染防治目标责任书、水污染防治目标责任书、大气污染防治目标责任书。建立健全突发环境事件应急机制，提高政府应对涉及公共危机的突发环境事件的能力，修订完善出台《申扎县突发环境事件应急预案》，有效治理县城原垃圾填埋场环境问题，投入资金 601 万元，对存在环境安全隐患的原垃圾填埋场进行清运、覆土、平整压实等恢复整治措施，设立标识标牌，禁止倾倒垃圾、弃土。

10 月 19 日，召开申扎县第二次全国污染源普查入户调查培训动员会

【突发环境事件应急处理】 开展突发环境事件风险评估；完善突发环境事件风险防控措施；排查治理环境安全隐患；制定突发环境事件应急预案和演练；加强环境应急能力保障建设。制定水源地突发环境事件应急预案。

【环境宣传教育】 按照习近平总书记“绿水青山就是金山银山”，地区市容村貌专项整治行动和“爱讲树”主题教育活动，县委将环境保护工作纳入“三大建设”中，县委理论中心组、政府党组开设环境保护专题学习内容。利用“6 · 5”世界环境宣传日平台，在城镇聚居区域，采取制作悬挂横幅、LED 宣传标语、户外广告牌等形式和新闻播报、网信申扎、手机短信等媒介，开展系列环保宣传工作，并且开展水源地监测信息网络公开事宜，在全县范围内营造大环保氛围，树立大环保理念。

【环保机制】 一是建立长效、常态化监督机制。二是建立长效、常态化考核机制。三是建立长效、常态化治理机制。

【工作考核】 一是首次实行环保专项年终考核，由县环保局牵头，连同 8 个乡（镇）主管环保的副乡长交叉验收考核，发放考核奖励资金 5.5 万元。二是迎那曲市环保专项验收考核。

【生态创建工作】 在 2017 年申报生态村的基础上，2018 年环保局继续加大生态村创建工作力度，截至 2018 年底，申扎县共申报 41 个生态村创建项目，两个优美乡（镇），通过 15 个生态村，其中 2018 年申报 21 个生态村以及马跃乡和卡乡两个优美乡（镇）。

【环境综合整治】 全县 8 个乡（镇）、62 个行政村，按照“户分类、组保洁、村收集、镇转运、县处理”的总体要求，全面推进城乡生活垃圾收运体系建设。已经开展规范垃圾收集、暂存、清运、处置工作，定期开展环境卫生检查。每周组织全县干部职工在县城内分片区打扫卫生。

【环境监管与执法】 一是在县环保、国土、交通、林业等部门组成联合工作组对县域内的 8 个乡（镇）、加油站、液化气站、非煤矿山及建筑工地开展多次环境安全隐患大检查工作。通过环境安全隐患大检查活动，查出存在的安全隐患共 10 件、现场纠正 10 件，确保各单位的环境安全，进一步增强各部门环保意识。二是对矿山企业开展 13 次环境安全专项检查。三是对两个砂石场处罚 2.84 万元，并全部完成整改。

【申扎县环境保护局领导名录】

局长：普布次仁（藏）

副局长：许兆科

交通·运输

交通运输

【概　况】 2018年，以“三个代表”重要思想及科学发展观、习近平新时代中国特色社会主义思想为指导，深入贯彻落实中共十九大、党的十九届一中、二中全会精神，贯彻执行国家有关交通建设方针、政策和法律、法规，组织实施区、地、县重点交通项目建设，负责全县农村公路“建、管、养、运”等各项工作，全力保障申扎县道路交通各项工作的有序实施。

【项目建设】 油路建设。县城3条，总投资为365.2677万元的那曲市申扎县中信路公路工程，总投资为451.1602万元的那曲市申扎县甲姆岗公路改建工程，总投资为619.4574万元的那曲市申扎县昂木岁公路工程。2018年，油路项目19项。申扎镇1条，总投资为6689.34万元的G562线至罗布4村公路改建工程。雄梅镇3条，总投资为2693.399万元的那曲市马跃乡通乡油路至通9村公路工程，总投资为3288.9705万元的那曲市G317线多绕村岔口至玉马公路改建工程，总投资为7492.3万元的G562雄梅镇至贡琼村公路改建工程。塔尔玛乡2条，总投资为3997.8954万元的那曲市塔尔玛乡至申扎县买巴乡5村鲁久集中安置区公路，总投资为17561.3万元的班戈县新吉乡路布村至申扎县塔尔玛乡格玛村公路改建工程。买巴乡3条，总投资为3266.4703万元的那曲市买巴乡果芒村公路工程，投资为3223.3085万元的那曲市买巴乡东热村公路工程，总投资为33714.1万元的班戈县青龙乡加根村（S206岔口）至申扎县买巴乡亚色村公路工程。马跃乡4条，总投资为3687.0695万元的那曲市马跃乡至门唐村公路改建工程，总投资为532.6549万元的那曲市申扎县马跃乡通乡油路至彭康3村公路改建工程，总投资为1619.3487万元的那曲市申扎县那马跃乡通乡油路至江扎2村公路改建工程，总投资为3655.5813万元的那曲市申扎县马跃乡至G317线公路工程。下过乡1条，总投资为1718.4572万元的那曲市下过乡扎热罗玛村公路工程。巴扎乡1条，总投资为13601.3万元的申扎县巴扎乡帕帐沃玛村至谢通门交界处公路工程。卡乡1条，总投资为12351.3万元的申扎县恰乡普玛村至强欧贡玛村公路改建工程。所有项目均未竣工。

水泥硬化路面建设。总投资为1757.3986万元的那曲市买巴乡鲁久村公路工程，总投资为1263.4879万元那曲市S208线至尼查村公路改建工程，总投资为2587.0446万元的那曲市雄梅镇至曲志德吉新村公路工程，总投资为3634.4699万元那曲市雄通公路至玉拉村公路工程，总投资为155.4496万元的那曲市申扎县建制村硬化工程，总投资为109.172万元的那曲市申扎县G562线至查日村公路工程，总投资为1567.3019万元那曲市申扎县马跃乡通乡油路至普宗村6村公路改建工程，总投资为2458.3954万元的那曲市买巴乡扎琼村公路工程，总投资为392.3183万元的那曲市X630线至色地村公路工程，总投资为1087.4291万元那曲市申扎县塔尔玛乡通乡油路至隆桑11村公路改建工程，总投资为2145.3754万元的那曲市马跃乡通乡油路至仁那多8村公路工程，总投资为479.6007万元的那曲市申扎县卡乡通乡油路至德朗3村公路改建工程，总投资为436.6714万元那曲市申扎县确曲村至达龙村公路改建工程，总投资为23.8807万元的那曲市Y042线至申扎县塔尔玛乡6村格玛村集中安置点公路，总投资为49.0269万元的那曲市Y041线至申扎县雄梅镇6村多绕集中安置区公路，总投资为20.1307万元的那曲市G562线至申扎县塔尔玛乡2村罗雄集中安置区公路，总投资为68.2888万元的那曲市G562线至申扎县申扎镇4村罗布上安置点公路，总投资为285.9027万元的那曲市S302线至申扎县塔尔玛乡8村曲康欧玛集中安置点公路，总投资为26.5167万元的那曲市C282线至申扎县下过乡6村德仁集中安置区公路，总投资为13.6576万元的那曲市申扎县下过乡至宗斯村公路改建工程。

7月4日，召开道路交通领域项目推进会

【道路运输管理】 申扎县运管所严格按照上级职能部门的要求，深入贯彻落实道路交通法律、法规，全力加强非法营运车辆管控力度，年初与全县范围内5辆客运车辆及7家汽车维修企业签订安全管理目标责任书。制定严厉打击整治非法营运车辆工作实施方案，并联合安监局、交警大队、消防大队等部门联合检查非法营运车辆及客运车辆等共62次，检查汽车维修企业共12次。进行为期一个月的集中整治申扎县客运车辆乱停乱放问题，现取得良好的效果。

【加强安全生产监管，杜绝安全隐患】 协调县司法、综治、安监等单位宣传10次。发放各类宣传资料1460余册，制作、悬挂横幅和标语10次，投入执法人员24人次。开展“安全生产年”“安全生产大检查”“道路客运安全年”和交通运输行业“打非治违”专项行动等安全生产整治活动，排查各类安全隐患15项，其中9项安全隐患当场进行整改，发出安全隐患整改通知书7份，7项安全隐患责任相关单位进行限期整改。通过开展各项安全生产专项整治活动，消除安全生产隐患。加强安全生产标准化管理工作。召开专题工作会议对运输企业安全生产标准化建设工作进行部署，开展“安全生产大检查”及“道路客运安全年”活动工作中，多次到运输企业对安全生产标准化建设工作进行指导。

【交通廉政建设】 制定申扎县交通系统《惩防体系2018—2022实施意见》，将贯彻落实“两个责任”作为党风廉政建设的核心思路。抽调专人成立落实党风廉政主体责任办公室，明确八项工作职责。局班子成员结合分管业务认领廉政建设责任分工，亲自过问、协同推进，强化“一岗双责”工作机制。全面执行“三书两报告”制度，定期报告责任落实情况，形成一级抓一级、层层传导压力、全系统动手一起抓的良好格局。纪检机构实施领导干部作风状况评价，全面、客观、公正地评价领导班子和领导干部的作风状况，引导各级干部自觉加强党性修养和作风养成，建设为民、务实、清廉的交通干部队伍。

【农村公路养护】 一是239.2642万元用在8个乡

（镇）村道及寺庙公路的秋冬养护工作；二是39万元使用在各乡（镇）部分村两委向交通运输局申请整治的重点放牧点道路；三是2.42万元用于完善各乡（镇）农村公路标示标牌；四是计划使用50万元购买各乡（镇）放牧点大小河上的缺桥少涵处增设金属波纹管，该项工作是积极响应地委书记松吉扎西给各县的任务分解中提到交通部门要积极改善偏远乡（镇）偏远放牧点的出行条件指示精神，对全县70%的放牧点道路做调研，需增设金属波纹管的增设点都一一拍照留证，各行政村至各放牧点路况差，公路使用率高，公路使用寿命短等存在诸多现实困难，尤其是缺桥少涵问题严重；五是今冬明春防抗灾期间计划预留241.6042万元，用于危险路段、结冰路段的维修费用。交通运输局农村公路养护实行一路一合同，细化养护责任，推行边养护边验收。对全县范围内的涵洞、盖板涵进行全面排查统计，为下一步上报项目做好充分准备。

【强化干部学习力度，提升干部综合水平】 结合申扎县交通运输局工作业务实际，制订学习计划表，并严格按照学习计划，深入学习中共十九大精神、四讲四爱、“两学一做”、习近平总书记系列重要讲话精神以及交通运输相关法律法规知识，力促提升干部职工综合素质水平。学习24余次。撰写学习心得体会12篇。

【申扎县交通运输局领导名录】

局长：拉巴曲珍（女，藏）

副主任科员：巴桑拉姆（女，藏）

所长：尼玛扎西（藏）

公路养护

【概　况】 2018年，在县委、县政府及国省接管组的正确领导下，认真落实基层党组织建设工作各项措施，党建工作第一责任人与班子成员一道，不断改进党建工作方法，创建工作思路，取得一定成效。申扎公路段雄梅工区和申扎工区，根据季节特点开展以路面为中心的养护工作。具体对新接管养省道302线下过乡至尼玛县卓尼乡K1201+757至K1319+052路段进行养护生产。雄梅至申扎国道562线98公里日常养护，下过乡至尼玛县卓尼乡省道302线118公里。

【生产经营】 公路省道302线重新奠基约57.2万立方米、加铺路面约1821.6万平方米、埋设管涵32管、新挖边沟约1.56万平方米、排除路面积水42次，完成88公里养护工作。分两队彻夜进行养护生产，现已做好省道302线部分路段保通工作。国道562线整理路肩41.1258万立方米、整理边坡23.8522万平方米、清理河边20.8971万平方米、清扫路面30.7047万平方米、桥涵日常养护检查71.1215万道、清除积砂2.9565万立方米、清除积雪和积冰2.0164万平方米、修补路面坑槽1.6602万平方米、清除零星塌方4665.6立方米、灌缝3.4497万平方米加高路肩4.5696万立方米。

7月18日，申扎公路段工作人员清理边沟现场

【生产安全】 全面清理国道公路沿线安防设施、公路段组织实地督查检查，路边淤泥沟、道路下沉设置安全警示标志35个，加强对一线养护职工的养护作业生产安全管理。为确保养护人员的人

11 月 15 日，清除路面积雪积冰

身安全，凡是在公路上从事养护工作的人员都必须严格按照《中华人民共和国公路法》第四章第三十九条之规定，穿戴统一的安全养护标志服帽进行养护作业。

【支部学习】 坚持“三会一课”制度，促进各党支部开展好活动。2018 年，加强对老干部党支部阵地建设，开展慰问老职工等各项活动。在党员发展上严格把好“推荐关、考试关、表决关、审查关”。为党员队伍注入新鲜血液，增加战斗力。开展党员民主评议和党员点评活动，评选出先进优秀党员 1 名。

【自身学习】 认真学习贯彻落实中共十九大，十九届一中、二中、三中全会和习近平总书记系列重要讲话精神，牢固树立“抓好党建是本职、不抓党建是失职、不抓好党建不称职”的意识，紧密结合交通运输中心工作，立足服务县域经济社会发展大局的要求，认真落实党建各项工作。

【申扎公路段领导名录】

副书记：斯曲罗布（藏，主持工作）

段长：巴桑次仁（藏）

副段长：索朗扎西（藏）

扎西平措（藏，12 月离职）

邮政·通信

邮 政

【概　况】 2018年度申扎县邮政分公司各项工作，在那曲市邮政分公司和申扎县委、县政府的大力支持和帮助及指导下，在申扎县邮政分公司全体干部职工的共同努力下，圆满完成各项经营指标和其他各项工作任务。

【经营指标完成情况】 申扎县邮政分公司2018年度提前2个月完成全年经营指标任务。1—9月全区74各县支局完成情况来看，申扎县分公司完成预算90%，全自治区进度排名14名，同比增长44.59%、增幅排名15名；从那曲市分公司1—12月经营分析通报数据来看，申扎县邮政分公司2018年下达指标68.4万元，完成76万元，完成年预算110%。上期增幅40.16%，提前2个月完成各项任务，排名全市第一名。积极与县教体局教研室沟通教辅图书项目，该项目洽谈成功后拉动分公司的报刊收入。乡邮工作人员积极与各村协商信笺纸和村合作社工时本印制业务，与县委宣传部洽谈《习近平治国理政》第一、二卷订购业务，地质勘查样品和环保样品采集包裹寄递揽收业务，大力销售分销产品等营销工作，加上全体员工业务宣传及营销得力，圆满完成2018年制定的各项经营指标。

【乡邮管理工作和普遍服务工作】 申扎县8个乡（镇）、62个行政、14座寺庙拉康日追，现有乡邮驾驶员兼乡邮管理员1名、乡（镇）邮政所营业员6人，乡邮投递员13人，53个行政村邮站兼职人员53人（53人全部按要求有村委会成员兼任）；继续加大乡邮管理工作力度，负责人和乡邮管理人员按照上级乡邮管理工作要求，不定期下乡开展检查指导工作，对检查出的问题当场进行整改和纠正，宣传贯彻上级部门对乡邮工作精神及业务知识。为了便于乡邮工作更好地开展，建立乡邮微信工作群，每天乡邮工作开展情况用照片或视频发到微信群内，特别是乡邮APP登录和签退图片发至微信群里，乡至村的邮件投递情况必须发到微信群里（以村委会门牌为标准），开展以上工作后大大提高申扎县乡邮工作效率。业务发展7个乡（镇）邮政所全部开办邮政基本业务，汇兑业务，警邮业务、报刊收订等业务，所有乡网点已产生业务，给乡（镇）干部群众提供用邮便利。召开乡邮工作会议，会议传达学习上级对乡邮工作要求和普遍服务工作要求，安排部署2018年全县乡邮各项工作，县至乡邮运班期9月1日开始原周一班改为周五班，增加委办邮运车辆3辆车，那曲市到县、县到乡（镇）、乡到村邮运投递班期加密以来，各项工作开展运行正常，乡邮各项工作开展情况全市名列前茅，多次得到各级部门领导的工作肯定和表扬。

【基础管理工作】 一是为了提高服务总体水平，执行周一至五早上提前半小时召开晨会制度，

（晨会内容：安排部署当天工作、操练服务礼仪动作及服务用语）；要求每一名员工仔细阅读墙上岗位职责和规章制度，严格按照规定和要求办事；二是全体干部职工会议通过，确定为每周六上午对分公司大院内及县委分配邮政的卫生区域内搞清洁卫生，（常态化活动）；三是加强请销假制度，近年来，县局工作人员上级分配及自招劳务工越来越多（包括乡邮工作人员），合同制职工 5 人、劳务工 22 人，人员管理工作带来新的课题和难题，针对该情况县分公司采取严管理，严要求的工作措施，采取上级人事管理的先进经验和规章制度，要求邮政工作人员（包括乡邮工作人员）必须履行请销假制度；四是强化人员培训力度，组织 7 个乡（镇）邮政所营业工作人员举办业务培训；五是组织职工参加文化娱乐活动，先后召集全体员工开展台球比赛、跳棋比赛，卡拉 OK 歌唱比赛。选派 4 名职工参加县委工青妇举办爬山比赛，年初选派 2 名女职工参加县委举办的健美舞蹈比赛。

【支部情况】 2018 年，分公司有一名党员，挂靠县发改支部管理，积极参加组织开展的学习和各类活动。

【中国邮政集团公司西藏申扎分公司领导名录】

局长：扎西才旺（藏）

营业主任：单增卓玛（女，藏）

电　信

【概　况】 2018 年，申扎县电信紧紧围绕上级公司下发的各项经济任务指标，强化执行，狠抓落实，完成各项工作。申扎县电信局为改善提升申扎县广大用户的服务质量，将把原有的厅店改造为全区第一体验卖场、并领先设定为全区第一个高级中国电信天翼卖场营业网点。

【主要工作】 收入目标完成情况。2018 年，完成收入目标的 972.65 万元，2018 业务较 2017 年增幅较大，完成率为 18.6%。

业务发展情况。2018 年，电信业务总量增长 60% 以上，其中移动完成 2304 户，宽带市场份额为 695 户，4K 高清电视用户同比增长 75%。

“全光网县”。全县所有乡（镇）中心机房均实现专人环网保护，可为用户提供安全、稳定、可靠的通信服务。基于电信光纤高速宽带的全面覆盖，中国电信推出“电信 4K 网络电视”业务，将党和政府的声音传播到村村寨寨；与申扎县邮政局合作开通 7 个便民服务站，为百姓提供方便服务；为农村电商发展奠定网络基础，并把电信光宽打入农村市场。42 个行政村开通光宽网，对牧民群众带来网络的方便及数字高清的享受。

移动基站建设情况。有基站 42 个，微波基站 4 个，卫星基站 10 个。2018 年，新建 4G 基站补点 9 个，微波（卫星）改造基站有 11 个。县城及乡（镇）政府所在地实现 4G 网络，网络覆盖达 100%，大部分行政村实现 4G 网络的全覆盖，环湖公路沿线、申扎段沿线及大型商店所在地均覆盖电信高速 4G 网络。新补点 4 个 4G 基站。

【积极学习，提高进步】 公司共有职工 4 人，其中党员 1 人，预备党员 2 人、入党积极分子 1 人，开展 4 次中心组学习，4 次专题党课，每一季度开展一次学习会。

【申扎县电信局领导名录】

局长：次仁顿珠（藏，12 月离职）

仁　青（藏，12 月任职）

渠道经理：仁　青（藏，12 月离职）

觉　旦（藏，12 月任职）

移动通信

【概　况】 2018 年，申扎县移动公司在那曲市公司和县委、县政府的大力支持和帮助下，始终秉承“正德厚生，臻于至善”的核心价值观，致力于业务发展，扎实工作，对内坚持求真务实、埋头苦干的工作作风，强化生产经营管理；对外发扬艰苦奋斗的创业精神，努力开拓市场空间。公司员工12人，平均年龄30岁，其中县经理1人、渠道经理2人、客户经理1人、网络负责人2人、营业员1人、司机1人、直销员1人、乡（镇）渠道3家。

【网络运营】 加强网络建设。申扎县分公司坚持“网络质量是通信企业的生命线”的理念，大力加大各乡（镇）移动通信网的建设，全面支撑客户需求和市场发展，确保客户的网络满意度持续上升。

2018年，申扎县电普项目点位共有22个，电普一、二批点为四个，卡乡强欧贡玛村、马跃乡门唐村、买巴果芒村、雄梅镇曲志德吉新村。电普三批有18个点，申扎镇罗布村、姜荣村、那查村、永朱噢码村、热那多村、塔尔玛乡色地村、确曲村、郎泽村、买巴乡东热村、玛跃乡择典村、普宗村、贝嘎村、雄梅镇玉拉村、江雄村、通村、巴扎乡帕帐沃玛村、色尼村。完成申扎镇1村、2村、5村、6村，下过乡2村、3村、4村、5村，卡乡1村、3村、5村，雄梅镇3村、5村、9村，买巴4村，塔尔玛11村、13村，玛跃乡1村、3村、6村，卡乡1村、3村、4村、5村，巴扎乡1村、2村、3村、7村28个点的村通宽带任务。申扎镇永珠沃玛村、雄梅镇贡琼村、卡乡曲松普村、申扎镇曲布村、申扎镇噶桑多村、申南公路四公里处、塔尔玛乡贡西村和马跃乡门唐村8个站点开通重塑网络。

电子政务网点位。电子政务网一批7个点，二批42个，新增1个点位乡（镇）网点8个，县城网点42个，政务网点共计50个。

移动宽带。县城，8个乡（镇）全覆盖，下过3村，申扎镇2村、3村年内覆盖完，申扎县移动宽带用户接近900多户。

村级站点网络升级。为了提升村级网络全县大部分村已建4G站和3G站覆盖，后期未覆盖的点位将建4G站。

移动分公司与各乡镇邮政签订移动服务站合作协议

【网络升级及基站管理】 贯彻市公司无线网基站开通及调整管理办法，根据本地区实际情况制定管理实施细则。落实市公司制定的无线网基站基础数据考核指标和考核办法，建立定期分析制度和监督体系。定期组织本地无线网网络质量测试，定期分析、优化、检查本地无线网的运行质量，做好基站基础数据的及时更新。在市公司的指导下，负责做好本地无线网的设备、软件、局数据、资源管理工作，当有资源或数据变动时，及时上报网络运营中心优化支援中心进行备案。

工程基站开通以及搬迁、扩容等，网络维护部门应报备网络运营中心、优化支援中心，并得到片区负责人的肯定，方可开站、搬迁及扩容。负责开站、搬迁及扩容后的拨打测试、领区核查、城区的对比测试，及开站后的性能评估（包括话务量、各类指标），并及时提交相关报表给网络运营中心、优化支援中心。得到网络运营中心各片区负责人的确认后，方可结束工程。避免工程后引起客户投诉及对全网KPI的重大影响。

【经　营】 账务收入完成年指标的30%，乡（镇）便民服务站3家，县城营业厅2家，网络覆盖的行政村共58个，覆盖率达96%。被评为中国移动通信集团西藏有限公司那曲分公司授予申扎县分公司先进单位称号，新增活动客户7154

户，完成率60.1%，信息化收入年下达指标461万元、实际完成700万元、完成率140%，乐享100下达指标1.14万元、实际完成8579元、完成率75.3%。2018年申扎县信息化市场份额移动公司占50%，电信占40%，联通占10%。

【服　务】 申扎县移动分公司网络建设作为发展核心来抓，全年对全县基站进行维护，新建29个基站，实现网络无缝隙覆盖，使业务发展得到有力的支撑。

【基础管理】 夯实工作责任，加大检查、考核、奖罚力度、细化经营工作，完善各项激励措施，有效提高经营收入；完善财务管理制度、车辆管理制度、绩效管理制度以及生产经营管理制度，以创新管理作为提高企业经营效益的重要保障，在市公司进行的岗位、绩效、薪酬三项制度改革下，按照现代企业的管理要求，实行民主管理，加大员工交流轮岗力度，形成人员动态管理机制，通过宣传、培训及制度建设，强化项目管理，注重企业文化建设及党风廉政建设，鼓舞员工士气，营造良好的企业氛围。

【队伍建设】 重视员工队伍建设，统一进行岗位认证考试，合理地进行岗位分配。对自有渠道建设突出知识化、专业化、能打硬仗的特点，通过进一步完善经营联产，奖勤罚懒和末位淘汰，稳定和优化员工队伍。对社会营销渠道建设加强县城及乡（镇）代理，积极扶持其代理商开设移动卖场，在公平一致和风险可控的前提下，通过优惠政策和人情投入调动其销售的积极性。在乡（镇）代理建设的基础上积极建设并优化村级信息服务站，利用配备信息机强化销售和服务职能。公司的整体队伍建设得到进一步的延伸。

【班组建设】 创建学习型班组是班组文化建设的重要内容，申扎县分公司积极建立健全学习制度，使勤学苦练蔚然成风。申扎县分公司通过“每天一问，每周一课，每月一检查”，不断强化员工的业务和服务技能，班组定期开展技能评比活动，采取表扬批评机制鼓励员工进行业务学习，通过“一帮一”，促进整体服务水平的提升，在员工中形成比学赶超的风气，营造“学习工作化、工作学习化”的良好氛围。

【争先创优】 积极响应有关在窗口单位和服务行业深入开展“为民服务创先优”活动的号召，自觉践行公司“客户为根、服务为本”的服务理念，自上而下的，持续深入开展“为民服务创先争优”活动，围绕客户最关心、最直接、最现实的问题，推进实施一系列服务举措。要求做到“三亮”，即亮标准、亮身份、亮承诺。在服务窗口，采取公示牌、公示板、电子显示屏等形式，对服务事项、服务流程、服务标准、服务承诺等进行公示，并通过佩戴党徽、团徽，党员先锋岗、团员模范岗等，亮出身份、亮明责任，强化自我约束，接受群众监督“三比”即比技能、比作风、比业绩。对照行业和单位先进标准、先进典型，开展对标定位、岗位练兵、技能比武，不断提高业务技能，争当行业“排头兵”、“三创”（即争创群众满意窗口、争创优质服务品牌、争创优秀服务）标兵。积极推行阳光服务、微笑服务、规范服务、高效服务等特色服务，充分利用“党员示范岗”“党员志愿者”“青年文明号”“巾帼文明岗”等服务品牌，积极开展为民服务，丰富品牌内涵，提升品牌品质，打造社会知名度、群众信任度高的优质服务品牌；“三评”，即群众评议、党员互评、领导点评。通过设置意见箱、电子测评系统，组织召开内部评比会、评议会，以及聘请形象监督员、行风评议员、开展客户满意度调查等方式，对履职情况、服务质量进行群众评议。做好群众意见反馈和问题整改工作，以实际效果取信于民。

【举措及成效】 借助公司绩效考核劳动竞赛，将指标分配到人头，每人负责一块指标，做到“守土有责”。每月5日、10日、15日对各人负责的指标进行通报，加强监控，20日以后对指标进行每日通报。实现工作结果与管理人员绩效挂钩，提升员工积极性。

【质量管理】 所有新开基站、搬迁、扩容的基站必须有EOMS任务工单为依据，EOMS任务工单需提前一个工作日提交，遇星期六、星期天、节假日的应扣除相应天数。如在星期一7：00—8：00扩容的，应在上周的星期五提交EOMS任务工单。对于没有按要求进行报备的，将进行通报并考核。对于违反操作规则进行操作的，将进行通报及考核。新开基站、搬迁及扩容基站后，必须进行拨打测试，并详细记录拨测结果，对于没有拨测结果记录表的将进行相应通报。属于城区或县城基站的应有前后的对比测试报告，没有测试报告的将进行通报。每个月需要对新开基站、搬迁基站及扩容基站进行评估，没有评估报告的将进行相应通报。对于违规操作、私自操作造成全网KPI重大影响或造成用户投诉的、造成重大故障的将依据《中国移动通信集团重大故障定义》进行相关认定及处理。如遇疑难杂症需要优化支援中心协助优化的基站，分公司按照优化支援流程办理。

【申扎县移动公司领导名录】

经理：格桑达措（女，藏）

联　通

【概　况】 2018年，申扎县联通公司认真贯彻落实习近平新时代中国特色社会主义思想，学习弘扬“四讲四爱”精神，响应国家提速降费政策。与全国流量计费方式，推出冰激凌流量任意享，腾讯王卡等套餐，移动用户量达到520户，手机终端销售80台，在网使用率92%，较上年同比增长1.9%，解决客户在使用过程中流量不够用、费用高等问题，提升客户满意度。

【窗口服务】 “百倍用心，十分满意”是申扎县联通公司的口号，深入牧区，了解广大客户需求，在雄梅镇开展活动，为客户讲解套餐资费明细，解答客户在使用过程中遇到的资费不明确，手机网络状态切换方式不清晰等问题；在申扎县赛马节期间，为了做好客户维系工作，推出存费送费、存费送机等相关活动，预存话费实时到账，赠送费用分月返还，切实做到一切为了客户。积极贯彻落实各项任务，关注用户诉求，治理热点问题，提供优质服务，维护用户权益，接受社会监督，创造良好口碑，不断完善公司制度和资费信息，开通全国服务质量监督举报电话，接受客户监督，确保用户知情权，严格执行西藏自治区互联网用户真实身份登记管理办法，争做信息生活的创新服务领导者。

8月1日，申扎县联通公司开展存费送礼、存费购机等活动

【队伍建设】 加强规范管理，提升服务质量，注重物尽其用，人尽其才，充分发挥营业厅人才管理机制。为更好的服务广大用户，新增营业员1名，基站维护员1名，销售员2名，提升用户服务体验，确保基站安全运行。对新入职人员进行岗前培训与考核，了解消防应急相关知识，明确联通公司行为规范、日常用语规范，全面贯彻落实“安全第一、预防为主、综合治理”的方针，实现安全生产和文明生产。严格执行营业厅管理

制度，为实现新基因、新治理、新运营、新动能、新生态的五新联通而努力。

【申扎县联通公司领导名录】

负责人：甘文云（2月离职）
仁青索朗（藏，2月任职）

供　电

【概　况】 申扎县供电有限责任公司于2018年3月14日成立，注册资本金200万元，担负着申扎全县的供电服务任务，也是公司实现国网公司代管后的第一年。供电公司在申扎县委、县政府的坚强领导下，在国网那曲供电公司的关心指导下，牢记“诚信、责任、创新、贡献”的核心价值观，致力于提供安全、优质、可靠的电力服务，公司管理水平明显提升，经营业绩指标进一步好转，开启供电服务新局面。年内有员工30人，其中长期合同制员工24人，公益性岗位5人，临时工1人；男性20人，女性10人；汉族职工9人，藏族职工21人；大中专文化程度7人，高中文化程度10人；30周岁及以下员工5人，30—40周岁10人，40周岁以上15人。

【生产经营】 2018年，发电量60.48万千瓦时，外购电量629.3万千瓦时。完成售电量522.39千瓦时，营业收入537.95万元，营业总成本524.57万元。

【自身党建】 供电公司党支部设支部书记、副书记各1名，支委5名，党员14名，认真落实“三会一课”制度，建成党员活动中心，每月按要求开展理论学习、主题党日等活动，组织党员捐款及走进县敬老院等活动，进一步发挥支部战斗堡垒作用、党员先锋模范作用。

外线人员维护10千伏线路

【援藏帮扶】 国网衢州供电公司派出四位援藏帮扶人员到供电公司，开展为期一年半的技术、人力、管理等方面的结对帮扶工作，通过对口帮扶将进一步提升公司管理水平，改善公司经营业绩指标。

【电网现状】 公司现管辖35千伏变电站1座，水电站2座，10千伏线路8条共计160公里，低压线路12.8公里，配电变压器50台，总容量5580千伏安。

【营销服务】 用电客户达2711户，其中县城用户2559户，供电作业完成率94.39%，高压用户1户，完成率100%。

【申扎县供电有限责任公司领导名录】

总经理：武兴利
副总经理：扎西央加（藏）　郑璇源（援藏）
工会主席：次仁央金（女，藏）
生技科科长：雷　国
综合部主任：陆承东（援藏）
营销部主任：王定强（援藏）

商业贸易

招商引资

【概　况】 2018年，商务局在县委、县政府的领导下，在上级业务主管部门的关心指导下，认真贯彻落实中共十九大精神，全面落实科学发展观，坚持发展为第一要务，紧紧抓住年初下达的工作目标任务不放松，开拓进取，迎难而上，时刻不忘初心，牢记使命，对照树立发展是硬道理、稳定是硬任务的思想，充分履行商务职能，抢抓机遇，实干攻坚，较好的完成各项任务指标，商务工作形成良好局面。

【自身建设】 一是深刻领会习近平新时代中国特色社会主义思想的精神实质和丰富内涵，学习中共十九大精神，十九届一中、二中、三中全会以及西藏自治区经济工作会议精神，那曲经济工作会议精神等；二是学习“两学一做”精神，要求全体干部职工学党章党规、习近平系列重要讲话，做合格党员，自觉用党章党规约束自己的行为，用党的理论成果武装头脑；三是学习“四讲四爱”精神；四是学习《习近平谈治国理》第一、第二卷的内容并撰写心得体会；五是开展党风廉政建设，组织学习县纪下发的各类文件精神，开展党的政治纪律和政治规矩集中学习，时刻对单位干部职工鸣响警钟，提高政治素养；六是组织学习《县委理论组中心组2018年学习计划》的文件精神以及县委、县政府的各项文件指示精神。共学习7次，撰写心得体会20篇。

【商务工作】 招商引资。2018年，招商引资工作目标为1.2亿元，在原有的11个项目库上增加9个，共有20个项目。涉及旅游、扶贫、环保、能源、房产、金融等各个方面，涉及领域广，项目新颖。

加大招商宣传力度。积极主动开设招商引资专栏，派专人主动参加区内各类大型推介会及展销会活动，精心展示申扎招商名录，及时发布各类招商信息；积极与援藏方沟通，通过援藏的资源来宣传招商信息。

项目推进工作。一是持续推进2017年的招商引资续建及年内竣工项目（共3个）。总投资1000万元建一品假日酒店，项目竣工，投入运营；总投资940万元的申扎镇四村采沙场及砖厂项目，项目竣工；总投资774万元的汽修厂项目，项目竣工；二是加快推进2018年招商引资落地项目共6个的进展情况，总投资3200万元的那曲市中信酒店升级改造项目，完成总量的35%；总投资3500万元的申扎县扶贫商务中心运营管理公司，完成总量的30%；总投资800万元的鑫源汽修厂项目，完成总量的80%；总投资800万元的大罗汽修厂项目，完成总量的20%；总投资1068万元的申扎县城投商混站项目，项目竣工；出售12宗商服用地，共收入1048万元。

商品流通和市场供应。为更好地了解申扎县

人民物质生活水平以及零售市场的规模状况情况，每月统计全县社会消费品零售总额工作，社会消费品零售总额达7560万元。

安全生产工作。为有效预防和遏制安全生产事故，确保商务系统安全生产形势持续稳定，做好单位负责领域的安全生产工作，制订安全生产工作计划、安全生产应急预案、全县特种设备安全生产工作部署方案、汛期安全生产工作方案以及应急预案等；主要对全县加油站、加气站、景区、施工项目、特种设备、农贸市场、县城内宾馆等行业，进行不定时不定期的安全检查，共检查15次。开展对鑫源加气站的验收活动，积极参与各单位组织的“安全生产月”“平安宣传周”“平安西藏宣传日”活动；切实做好全县安全生产工作，确保人民群众生命、财产安全，保障人民群众的根本利益。

双打工作。及时召开双打工作会议，并要求双打相关成员单位对涉及的双打击工作进行逐一排查，再自查自纠形成自查自评报告，排查14次。

环保工作。对县城中石油加油站以及运输加油站完成油气回收工作，并通过第三方评审公司的验收，中石油加油站以及运输加油站双层油罐升级改造任务完成。开展县成品油市场运行情况统计及加油站相关手续的备案工作；2018年，没有未批先建的施工项目等。

其他各项工作。积极参与开展的“5·15”反经济犯罪宣传活动和“9·19”民族团结月宣传教育活动。

11月5日，召开申扎县“双打”工作会议

【旅游工作】 项目建设情况。一是色林错景区开发建设项目，总投资2000万元，建设内容有游客集散中心、旱厕、观景台、游步道及附属设施，完成工程总量的30%；二是投资2000万元的仓部落文化旅游公共服务设施建设和特色小城镇旅游公共服务设施建设项目的前置手续工作；三是积极打造旅游线路，优化旅游发展环境，积极推进小北线精品旅游线路及那仓文化体验中心项目、鸟岛景区旅游业开发项目；四是申报那曲市深度贫困县旅游产业发展项目。

旅游宣传工作。一是制作色林错野生动物保护观赏区总体发展规划，积极筹备赴辽宁省的旅游推介会，制作宣传视频，打造以色林错为中心的旅游品牌，包括打造色林错旅游景区、打造色林错AAAA级旅游景区、打造世界第三极野生生动物国家公园色林错野生动物保护观赏区等；二是召开第六届甲岗山（色林错）物资交流会暨赛马艺术节期间，联合农牧局组织各个乡（镇）、西梦达、藏药公司等搭设民俗特色帐篷，一起置办赛马节展销区，制作旅游宣传专栏、旅游地图、申扎县旅游宣传手册、特色产品宣传手册等，大力宣传各个乡（镇）的旅游景点、特色产品等，借此机会，申扎县人民政府与援藏旅游集体股份有限公司就中信酒店升级改造项目于赛马场举行签字仪式，实现创新性的突破，在羌塘恰青格萨尔赛马节时，参加游牧民俗文化旅游帐篷村的活动，并对申扎县旅游进行宣传；三是组织开展“申扎5·19中国旅游日”主题活动，发放宣传单共100余份；四是积极制作横幅宣传第四届藏博会等。

其他旅游工作。一是制订年度旅发委工作计划，结合全县实际情况，制定旅游项目库共16个，接待游客1.8万人次，实现旅游收入622.3万元；二是积极制定旅游精准扶贫行动方案，选派专人参加全区乡村旅游及精准扶贫培训3人次；三是严格落实工作责任，做好旅游相关数据统计情况工作；四是做好西藏自治区和那曲市旅游“十三五”规划关于申扎县的景区景点、项目、路线节点与保护区关系的梳理，规划旅游线路共14条；五是大力支持“冬游西藏，共享世界第三极”活动大力支持并取得圆满结束。

【质监工作】 一是组织全县各单位召开“质量兴县”的工作会议，提升全县产品质量、工程质量、服务质量；增加知名品牌、优质产品宣传力度，进一步增强全县干部职工和广大群众的质量意识，完成申扎县2017—2018年度“质量兴县”工作的自查自评报告；二是统计地理标志产品保护资源；与浙江专家组同市质监工作人员对县人民医院、藏医院的医疗计量器具进行检定工作；三是联合公安、食药等相关部门参加“云鹊”行动，打击假药违法行为等。

【申扎县商务局领导名录】

（旅发委主任）局长：次　朗（藏）

副局长：扎西卓嘎（女，藏，4月任职）

粮食工作

【概　况】 申扎粮食公司认真贯彻学习中共十九大精神、习近平总书记系列讲话精神和《习近平治国理政》、特别是治边稳藏重要讲话战略思想、深入学习“四讲四爱”群众教育活动精神。时刻不忘初心，牢记使命，扎实工作，坚持求真务实，埋头苦干的工作作风，强化生产经营管理，对外发扬艰苦奋斗的创业精神，努力开拓市场空间。

【经营情况】 以粮食购销为主，附营以房屋租赁、招待所，藏餐馆，各乡（镇）粮站百货经营等。一是年收入为284.48万元，主营业务成本为191.5万元，2018年粮食销售1490吨，完成计划的70%；二是经营费用38.72万元，管理费用294.32万元，财务费用为（利息收入）1023.72元，利润104.6426万元，减去2017年亏损25.1287万元，纯利润79.5元；三是多种经营收入344.62万元，其中酒店收入95万元，房租收入159.97万元，餐营收入37.06万元。

【会议、选举】 召开第二届二次职工代表大会，补选1名副经理和1名工会主席，修改公司章程和规章制度，制定公司年轻后备人选名单，批准1名离岗休养申请报告和1名留职停行申请报告；选举1名中国人民政治协商会议第一届那曲市委员会委员，选举1名女性为那曲市第一届妇联大会代表。

12月25日，召开第二届二次职工代表大会

【项目工程】 修建占地面积约1100平方米的停车场，自筹投资50万元的工程款，院内修建占地面积约170平方米仓库，支出10万元左右的工程款。

【主要宣传】 学习《习近平治国理政》“两学一做”“四讲四爱”及各类政策性文件等共宣讲10次，参加人数130人。

【申扎县粮食公司领导名录】

经理：多吉次仁（藏）

副经理：曲　增（藏）

副经理：巴桑次吉（女，藏，12月任职）

工会主席：边巴卓玛（女，藏，12月任职）

供　销

【概　况】 申扎县供销社认真贯彻落实中共中央、国务院、自治区党委、地委和县委、县政府关于供销合作社改革发展的重大部署，紧紧围绕上级社的中心工作，高举为“三农”服务的旗帜，抓龙头、上项目、建网络，发展专合组织，推进基层组织创新，服务新农村建设，深化改革，开拓进取，实现供销事业又好又快发展。

【经营情况】 年商品购进总额380万元，8个乡（镇）便民利民批发总店为龙头，成立连锁配送中心，大力开展总代理总经销业务，以超市这种全新业态承担起连接城乡大市场的角色，大力发展日用品消费现代化经营网络工程建设。给8个乡（镇）及各单位、各学校、个体经商户、广大群众提供；糌粑、酥油、白糖、饮用水、清油、藏砖茶等日常生活用品，批发货物由总店全县统一配货、统一配送，有力地推动申扎经济快速健康发展，改善牧区消费环境，缩小城乡消费环境差别，拉近城乡距离，使广大牧民能在家门口就能买到价格实惠、质量有保证的日用品、生产资料，为城镇居民和牧民群众带来方便，增强支撑牧业和牧区发展的能力。商品年销售额340万元，同比增长5%实现利润为3.5万元，缴费税额2万元。积极开展企业内部改革，据市场调查，直接促使申扎市场日用品物价下调达10%—15%，直接带动整个申扎县市场物价稳定，深受广大牧民群众和干部职工的广泛赞誉。县人大会上代表们对供销社的做法表示赞同和欢迎，更是希望县供销合作社总店继续保持这种做法，增强支撑牧业和牧区发展的能力。与申扎镇5村经过友好协商，达成合作开发申扎镇5村温泉项目。每年出资9万元，解决当地牧民群众4人就业。供销社全年房租费110万元。所有房租收入中提取15%用于合作社工作人员购买五大保险经费。

【企业内部改革】 按那曲市供销合作社的工作方针，根据申扎县供销社的实际，采取三种模式推进基层社组织体制改革。以流通服务为平台，吸收牧民入社入股，组建新型基层社。组建乡（镇）级日用消费品消费专业供销合作社，利用供销社的人才、网络、资源等优势，整合社会资源，专业合作社、牧民大户、农村经济能人带项目、带资金到供销社，创办生产、加工、销售龙头企业，打造新型基层供销合作社。8个乡（镇）全部建立新型基层供销合作社。巩固基层社组织体制改革成果，完善管理制度，明晰产权，提高运行质量，基层社经济效益和社会效益显著提升。

【业务学习】 主要学习“四讲四爱”“两学一做”18次，撰写心得体会13次，中共十九大会议精神及各类会议精神共15次，撰写心得体会10次。

5月12日，供销社织职工学习“四讲四爱，两学一做”主题教育内容

【申扎县供销合作社领导名录】

总经理：旺　扎（藏）

副经理：嘎桑达瓦（藏）　顿　加（藏）

工会主席：嘎桑曲珠（藏）

工会委员：次　旦（藏）

中国石油西藏那曲销售分公司申扎加油站

【概　况】 2018年，中国石油西藏那曲销售分公司申扎加油站在上级领导、县委、县政府的大力帮助和关怀下，紧紧围绕公司的经营理念，开拓市场，促进销量。同时尽心、尽职、尽责的完成好每一项工作任务。

【经营管理】 主要经营汽油（92#）、柴油（–20#）、非油业务（车用产品）等，努力实现加大油品的销售量，在全站员工的共同努力下较好地完成各项工作，非油营业收入26万元，同比增长

88.46%；销售成品油销售4964.19吨，同比减少3.39%，其中汽油2727.78吨，同比增长5.28%。柴油2236.41吨，同比减少12.22%。

【安全管理】 一是加油站实行加油实名制登记工作。按照《西藏自治区零散成品油销售管理办法》文件精神严格管控散装油料及核对加油车辆的三证，执行实名制登记加油工作；二是加强加油站资金管理，做到每日油料款及时存入银行。严格按照公司规章制度，加油员随身现金白天不能超过500元，晚上不能超过300元；三是加强账务账表管理，做到及时、准确、完整。按照公司财务管理制度，由站经理或综合管理员监督每日交接情况，财务专岗每日核对系统数据与手工数据、层层签字、账账相符后资金入账，资金上做到及时管理及入库。

3月27日，开展防地震应急演练

【队伍建设】 一是狠抓安全生产工作、抓住安全教育，抓好安全管理。管理中，十分重视安全工作，提高员工的安全意识，时刻注意互相提醒，每季度要消防演练培训并教育；学习消防知识12次、实地演练3次。定期不定期排查站内及周边安全隐患，共发现存在安全隐患事项59项，整改率达100%。

二是加强对职工的思想教育。落实各项安全举措，严查细管，防微杜渐，坚决清除一切安全隐患，确保安全防护万无一失，开展安全教育培训共计18次。

三是抓服务，构建长效机制。每周都要对服务工作进行讲评，对存在的问题直接指明，积极开拓油品销售市场，稳步扩大客户群体，以服务换口碑，以口碑促销量，真正使加油站成为公司的一个窗口、一面旗帜，从而为公司的长远、快速发展做出应有的贡献，规范基本服务礼仪。

【中国石油西藏那曲销售分公司申扎加油站领导名录】

经理：顿珠玉杰（藏）

教育·体育

综　述

【概　况】 全县义务教育学校32所，其中初级中学1所，初级小学5所，完全小学4所。全县在职专任教师309人，其中中学专任教师100人，小学专任教师161人，幼儿园专任教师28人，教育局20人。申扎县职业教育现有务工人员8户12人，其中贫困户5户5人，解决建档立卡贫困户就业5人。全县在校生3500人，其中初中1101人，小学2399人。小学净入学率99.95%，初中毛入学率100.55%。义务教育巩固率97.82%。

9月9日，申扎县庆祝第34个教师节暨2018年“最美乡村教师”表彰大会

【师资队伍建设】 加强教师培训，提高教学水平。开展秋季学期开学前期针对新分教师开展为期8天的岗前培训及藏语文教师教育信息技术能力培训，受训教师达135人，为期15天的村级幼儿园老师培训。2018年，全县校培407人次，县培70人次，区培75人次，国培210人次，公需科目283人次。

严格执行教师各项管理制度。一是贯彻落实《中华人民共和国教师法》和《西藏自治区实施〈中华人民共和国教师法〉办法》，并由县人大办牵头、县人社局、县财政局和县食药局等赴各学校检查8次。二是召开校长工作会议修改完善《申扎县教体局机关工作人员请销假规定》在教师请假步骤、请假天数、请假标准等方面进一步做出明确规定。三是严格根据相关制度规定完成高级教师职称评审资格审查，并对教师档案查漏补缺登记审查。

加大教师表彰力度，对教学质量优秀教师进行重奖。召开2018年度表彰“最美乡村教师”大会，表彰最美乡村教师7人，先进集体3个，优秀校长3人，优秀教师21人，优秀班主任3人，优秀教育工作者3人及优秀后勤工作人员6人，共计46个单位与个人。以公平、公开、公正、层层推荐的方式评选乡村青年教师、自治区骨干教师、先进工作者及市级优秀教师与优秀教育工作者。

【教育投入与支出】 预算内教育经费拨付使用情况。根据各学校2018年的在校生人数，根据2018年义务教育经费预算文件，及时将资金拨付到位，以确保学校的正常运转。全年，财政对教育投入资金为616.68万元资金。

加强“三包”经费管理。协调“三包”领导小组对2018年学生装备、学习用品、营养品和粮油等大型集中采购及时进行招标工作。建立资金公开、公示制度，基本做到“三包”经费使用管理过程透明公开，能够落实“三包”经费日清月结和月公示制度，“三包”经费能按时足额使用到学生生活上。下发《关于进一步做好“三包”经费管理使用的通知》，对各学校“三包”经费的划拨、支出、物资出入库等方面做科学详尽的规范化安排，保证专项资金使用一直坚持专款专用，做到专款使用的合规性、及时性和效益性。进一步提高中小学“三包”资助标准（即上半年学前教育阶段人年均3080元；中小学农牧民子女“三包”政策和城镇困难家庭子女助学金标准人年均3580元。下半年原标准上提高人均240元，即学前教育阶段人年均3320元；中小学农牧民子女“三包”政策和城镇困难家庭子女助学金标准人年均3820元）；其中，伙食费占80%，服装及装备费占15%，学习用品费占5%。国家及地方试点营养改善计划资金标准为年人均800元（按200天核定，日标准4元）。

教育公用经费使用。为保证申扎县教育、教学与日常工作的正常运转，有计划、合理地使用三公经费，日常公务支出中，各种列支真实有效且符合规定；对有限的三公经费实行公开、合理、有效的管理和使用，坚持不乱花一分钱，将每一分钱都用在刀刃上。学生公用经费预算资金为293.02万元整，已拨付293.02万元整。

【支部学习】 根据教育系统实际情况制订相符的学习计划。并根据计划总体学习习近平总书记系列讲话精神，习近平总书记系列论述摘编，治藏方略的相关政策，自治区、那曲市的相关重要会议精神等。每天的9:50在教体局会议室进行集体学习，学习内容包括《中国共产党章程》《中国共产党纪律处分条例》《习近平关于严明党的纪律和规矩论述摘编》《习近平关于总体国家安全观论述摘编》、治藏方略的相关政策、自治区、那曲市的相关重要会议精神、教育脱贫相关政策知识、习近平致西藏民族大学建校60周年贺信精神等，全体干部职工参与备课、讲课，从而营造人人参与的浓厚学习氛围，进一步增强“四个意识”，牢固树立“四个自信”，还增进团队凝聚力、向心力，形成良好的团队意识和团队精神。对所学内容进行测试打分，并对试卷内容进行讲解，以便更好地巩固所学内容。撰写心得体会60余篇。对十九大精神、严明党的政治纪律和政治规矩和习近平致西藏民族大学建校60周年贺信精神撰写心得体会，更加深化记忆储存，加深学习效果，并将心得体会上墙，方便大家相互交流借鉴。

7月12日，召开教育系统党的政治纪律和政治规矩集中教育活动动员大会

【教育惠民政策】 2017年至2018学年建档立卡大学生35名，共发放资助金23.2726万元；城镇低保户大学生5名，共发放资金3.71万元；孤儿大学生2名，共发放资金1.76万元。

【申扎县教体局领导名录】

局长：拉巴次仁（藏）

副局长：拉巴次旦（藏，4月任职）

主任科员：达瓦次仁（藏，4月任职）

党总支书记：布多扎（藏）

申扎县中学

【概　况】 申扎县中学在上级的正确领导和亲切关怀下，坚持以科学发展观、中共十九大、十九届二中、三中全会及中央第六次西藏工作会议精神为统领，认真贯彻“勤、严、细、实、准、创”工作作风，将“四讲四爱”群众教育实践活动贯彻于学校工作的始终。着力加强干部队伍建设、加强校园文化建设、加快学校发展，团结并依靠全体教职工，做大量的富有成效的工作，取得一定的成绩。

【学校行政工作】 严格按照学校工作计划认真贯彻落实各项工作，做到上传下达零失误。一是在学校安全稳定方面严格落实“三排查”工作，每天安排校委会成员带班，监督学生起床、洗漱、跑操、打饭、午睡和晚睡以及走读生的护送工作。同时还安排中层以上领导对教学楼教师上课和学生上课纪律情况、学生就寝情况进行排查。二是严肃学校工作纪律。对做事拖拉，多次对安排的工作敷衍了事的人员进行诫勉谈话和处理。三是多次召开毕业班级激励大会，严肃毕业班学习风气，为中考做好各项准备工作。

【党支部工作】 党支部工作以“四讲四爱”群众教育实践活动为主题，按照该校“四讲四爱”群众教育实践活动实施方案的安排部署，紧扣主线进行集中宣讲，严格按照《宣讲提纲》（2018版），原原本本、原汁原味，进行宣讲。那曲市宣讲团和申扎县宣讲团到县中学开展宣讲活动。通过宣传活动让全校师生政治立场更加坚定，爱党、爱国、爱社会主义的情怀进一步升华，中华民族共同体意识进一步提高。组织党员教师开展“四讲四爱”集中学习和自主学习，每位党员都认真做学习笔记和心得体会以及对口帮扶困难党员等。在中国共产党成立97周年之际，组织庄严的升国旗仪式、国旗下讲话以及表彰优秀党员等庆祝活动。先后学习《习近平谈治国理政第一卷、第二卷》《厉行节约、反对浪费重要论述摘编》统一思想，深入开展专题活动。

【教务教研工作】 制订详细的“校本培训”活动计划，开展教师技能大比拼及试卷规范化制作等培训活动。各教研组认真组织听、评课活动，对新教师实行“一对一”师徒帮扶。初三毕业班遵循上学期签署的教学目标责任书，稳抓教学质量，每月按时一次月考，并认真对各班月考成绩进行分析总结，每次月考奖励前100名成绩优秀学生，激励学生努力学习。圆满完成初三升学统一考试，并且于当天将所有初三毕业生安全护送回家。定期召开毕业班家长会，与毕业生家长共同探讨学生的学习成绩，实现学校与家庭对每一位毕业生齐抓共管，共同提高。对初一和初二学生进行高效民主课堂分组教学，开展兴趣课教学，从而全面提高学生的学习自觉性和综合能力素质。加强各教研组的队伍建设，将教研划分为8个教研组，全体教师按教研组进行坐班等日常管理，方便全体教师做教学研究，并由组员民主选举组内德高望重，敢于担当，教学经验丰富的老师担任教研组组长和副组长进行教研活动。教务处本着以各教研组为发展平台，塑造教学名师，发挥教学骨干教师主体作用，培养教学新秀的教研理念，给予各教研组充分的民主管理和优厚的待遇将教研工作做得有声有色。

【团委工作】 以纪念“五四”青年节为重点，开展“五四”运动会，“五四”文艺会演以及新团员入团仪式等系列活动。抓好团的常规管理，团的自身建设进一步完善。加强学校共青团工作的规范化建设。使学校共青团的工作规范化、制度化，重点规范团员民主评议制度，团员注册制度，加强团费收缴工作。进一步做好“育优”和“推优”的有机衔接，做好推优入团工作。认真开展批评与自我批评，开展团员民主评议活动，并把民主评议与团员证注册结合起来，使团员不断完善自我。加强团干部队伍建设。团干部作为学校共青团工作的领导者，自身素质直接影响团的整体工作水平及其他团员素质的发展。通过活动的开展及系统的培训，使每一名团干部明确自身的工作职责、工作方向和奋斗目标，促进团干部队伍素质的整体提高，促进各项工作的有效开展。

5月3日，开展“五四”青年节文艺演出

【德教工作】 开展法制教育宣讲活动、普法主题班会、校园安全教育宣传、消防、地震应急演练等。与此同时，加强德育队伍建设，规范师德考核和班级量化考核制度。该年度通过定期召开班主任工作会议、召开全校班主任经验交流会，在交流好的工作经验的同时，继续加强对班主任培训和学习。根据完善后的“班级量化考评细则”，做好每学期的班级考评工作，使其更加科学化、合理化。通过召开主题班会，对学生进行思想教育。该年度德教处充分利用班会这个主要教育阵地，要求各班主任老师对班会课认真组织、精心设计，并确保班会课主题鲜明，内容充实，形式多样，从而进一步提高班会课的质量，起到教育学生的目的。每周定期开展周会，总结各班各项考核，取得良好的效果。充分利用各种节日活动等有利时机，积极开展各项活动，进一步加强学生的文明意识、节约意识、荣校意识等，使学生的素质全面提高，从而进一步形成良好的校风。

【后勤工作】 根据学校教育教学工作的实际需要，及时购买发放教育教学中的所需物品，确保本学期工作的正常运行，在校园卫生环境管理方面会同德教及办公室等部门加强校园卫生环境管理。该学期主要抓食堂建设管理和公物维护，加强财产管理、制定管理制度，对班级正常损坏物品查明原因，作出处理后及时修复，使班级物品损坏率减少到最小程度，各专用教室确保正常使用，确保教学的实际需要。加强维修方面管理，发现物品损坏及时维修。在食堂管理方面对学生就餐用具和卫生情况进行全方位、无死角监管，确保学生食品安全，同时改进教师食堂就餐环境，实行自助式就餐，提高菜品质量。

【申扎县中学领导名录】

校长：格桑多杰（藏）

副校长：普哇太（藏） 索南加层（藏）

格桑玉珍（女，藏）

申扎县完全小学

【概　况】 2018年，申扎县完全小学在市教育局的正确领导下，在申扎县党委、政府的关心和指导下，在学校党、政领导班子，全体师生的共同努力下，在各位家长和社会各界的大力支持下，取得令人可喜的成绩。

【提高教师队伍素质】 加强领导班子建设，明确职责分工。学校由校长办牵头，通过开学初的行政会议，进一步明确学校每位行政工作职责。在日常的工作中，整个领导班子团结协作，各项工作有条不紊。同时，在工作中能充分发挥领导班子的民主管理作用，能充分调动班子成员的工作积极性和创造性，做到既分工又合作，勤政高效，非常出色地完成本学期的各项工作。

加强教师职业道德建设。学校在教师周会上组织大家学习党报党刊和先进教师的育人事迹。借助市区级各类优秀教师的评选活动，学习周边优秀教师的先进事迹。着力提高教师的政治思想素养和职业道德水平，打造互相合作、共同提升团队精神。

健全制度管理，严肃纪律，提高教师从教的自律性。学校根据教育发展的新变化，组织全体教师学习《西藏自治区实施〈中华人民共和国教师法〉办法》《中华人民共和国教育法》《严禁教师违规收受学生及家长礼品礼金等行为的规定》《中小学教师职业道德规范》等法律法规，用规章制度严格约束、引导、修正、规范教师的教育行为，最终变规章制度为教师的职业自觉性，保证学校正常的教育教学秩序。相比以往，违反纪律的教师少了，教师的制度观和纪律性得到增强。

【党组织建设】 以邓小平理论、“三个代表”重要思想、科学发展观为指导，深入学习贯彻中共十九大和习近平总书记系列重要讲话精神，认真开展党的群众路线教育实践活动，认真学习社会主义核心价值观，大力加强党组织建设，围绕教育工作中心，为学校发展提供坚强的思想、组织和作风保证，推进学校精神文明建设跃上新台阶，学校党组织被评为县先进基层党组织。认真贯彻落实上级关于领导干部廉洁自律的有关规定，加强法律监督和群众监督。坚持立党为公，执政为民，全心全意为教职工，为学生服务。切实解决教职工的生活工作困难，解除教师的后顾之忧，使教师能够全身心地投入到教育教学工作中。完善民主评议政风行风工作机制，动员师生和家长等积极参与，使民主评议工作顺利进行。对学校物资采购、后勤等工作的管理和监督。提倡勤俭办学，加强校财务管理和内部审计提高经费使用效率。认真落实“三会一课”制度，民主评议党员制度等党内生活制度。按规定召开全体党员大会、支部委员会议，小组党员会议，上好党课，开展民主评议党员活动。继续“两学一做”教育活动。开展“两学一做”学习教育，是落实党章关于加强党员教育管理要求、面向全体党员深化党内教育的重要实践。将“两学一做”学习教育作为今后一段时间各项工作重中之重的党建工作任务。组织教师集中学习党的政治纪律政治规矩，使全校教师明白我们党严肃查处严重违纪问题的坚强决心和鲜明态度，要坚持党纪国法面前没有例外，不管涉及谁，都要一查到底，使制度真正成为党员、干部制动联系和服务群众的硬约束。

【提高育人实效】 发挥德育领导小组的核心作用，形成各部门密切配合，班主任和任课教师共同承担的纵向连接的德育工作体系。德育领导小组成员增强“教书育人”“服务育人”“管理育人”的意识，并能以身作则，努力工作，带领全员积极探索学校德育工作的新途径。注意加强德育队伍建设，特别是班主任队伍建设。利用周会和学校工作微信群安排部署好每周的工作任务。利用开学第一天进行养成教育，从品德、学习、劳动、卫生、安全、锻炼等方面进行通俗易懂地分析、讲解，明确告诉学生在学校、家庭和社会哪些事能做哪些事不能做，从而培养学生养成珍惜时间，努力学习，热爱劳动，讲究卫生，勤俭节约，诚实守信，勤于锻炼，礼貌待人的行为习惯，为学生的成长营造一个健康、和谐的环境。进行1次安全紧急疏散演练。大大增强广大师生的安全意识与自护自救技能，切实加强学校的安全教育工作，为创建“平安和谐校园”奠定坚实的基础。每周一开展升旗仪式和国旗下讲话活动，增强师生爱国意识。每两周开一次学生大会，针对在两周内存在的问题，及时进行教育和整改。每周一下午每班开展主题丰富的班会，对学生进行爱国主义、健康、安全、法制教育。继续加强四排查工作，狠抓学校安全工作，牢固树立“安全第一，预防为主”的思想，做到教育预防在前，确保学校师生生命及财产安全，杜绝各种安全事故的发生。组织教师学习《中华人民共和国教师法》《严禁教师违规收受学生及家长礼品礼金等行为的规定》《中华人民共和国反间谍法》《中小学教师职业道德规范》《教育部关于建立健全高校师德建设长效机制的意见》和市县教委有关师德教育和建设的文件资料等，有效地加强师德建设。紧紧围绕深入学习贯彻习近平新时代中国特色社会主义思想和中共十九大精神这条主线，扎实开展“四讲四爱”群众教育实践活动和过好当下幸福生活教育活动。活动紧扣主线，集中宣讲，严格按照《宣讲提纲》（2018 版），原原本本、原汁原味，分阶段、按节点进行。整合宣讲资源，统筹宣讲力量，组建强有力的宣讲队伍。结合实际，依托骨干宣讲员、校园广播、德育教师、党务工作者、组建宣讲团（队）深入到班级、课堂，广泛开展集中宣讲。开展“过好当下幸福生活”活动，引导广大师生树牢“四个意识”，增强“四个自信”，坚定马克思主义科学信仰、共产主义远大理想和中国特色社会主义共同理想，引导广大师生肩负时代责任，掌握真才实学，练好人生和事业的基本功，做有理想、有追求、有担当、有作为、有品质、有修养的时代新人。

【抓好少先队工作】 坚持以学生为本，实践育人的基本途径，围绕工作要点，重点抓好学生良好行为习惯养成教育；强化少先队阵地建设；抓好少先队干部培训及座谈会。不断完善少先队各方面的职能。发挥大队委员的作用，力争培养一批德才兼备的队干部，全心全意为队员服务。各中队设立队干部服务岗位，实行民主选举和队干部轮换相结合的少先队小干部任职制度，并加强对他们的思想教育和技能培训。继续按德育常规的要求，切实加强少先队组织的建设，促进少先队常规工作管理的规范化和制度化。加强德育与少先队的工作整合，以课程化、精致化的理念，重视学生养成教育。增强学生的团结、奋进、强身、进取的意识，开展我是共产主义事业接班人主题活动。使全体学生进一步认识到自己的使命，自己身上的责任，勤奋好学，自强不息。做一个有理想、有思想的好少年。开展“感师恩”为主题的黑板报评比活动，充分利用教室后墙黑板，创造出一幅幅温暖人心的板报。在校园营造“尊师重教”的良好氛围。每两周开展 1 次主题队会活动，引导学生积极参与道德实践，自我教育、自我提高，成长为一个真正有道德的人。开展“童心向党”歌咏比赛活动，使学生铭记革命历史，继承党的光荣传统，弘扬民族精神，充分展现师生热爱祖国、热爱共产党、热爱校园的风气。大力加强安全教育，提高学生的安全意识和自我防范能力，举行安全知识讲座，利用国旗下讲话进行系列安全教育，配合学校进行安全疏散演习。

【强化教学管理工作】 学校严格执行《小学学籍管理规定》等教育法律法规和素质教育的基本要求，按规定办理入学、转学、借读、毕业等手续。学籍管理档案齐全、规范、真实准确，且能按市教育局要求实行电子化管理。严格执行《课程计划》，开齐课程，开足课时，认真落实《那曲市中小学管理规范》，使教学常规工作进一步规范化、制度化。每个月“定期检查和随机检查相结合”的办法，把备课、上课、作业批改、课后辅导、教后反思等作为检查重点，并将检查结果及时反馈给教师，督促教师及时改进。对各教研组开展的教研活动进行跟踪检查，在检查过程中，做到定时间、定地点、定人员，切实保证教学工作的正常开展。有效提高学生的素养。在那曲市教学大赛中，次仁罗布老师获市数学学科三等奖。学校组织各学科教师外出学习、培训，做到培训有记录，回校有反馈。注重“以老带新、以强带弱，鼓励教师，大胆评点各已见”，促进教师共同提高，建立以“自我反思、同伴互助、专业引领”为核心要素，以“理论学习、集体备课、反思交流”等活动来提升自己的教学素养，教师在教学中的问题或困惑为研究内容，确立一个教研主题进行研究，集思广益地达到同伴互助共同来解决问题为主，为下一步教学思路铺垫。强化校本培训，抓实教师的专业知识理论与新课程理念的学习。开展三次校本培训，共 27 学时，邀请局教研室人员给教师讲授说课评课的基本理念，着重讲述说课六说内容的解析。把“一校一品”的建设工作纳入学校教育发展的总体规划中，推动学校特色、品牌教育的发展。学校建立一支专兼职相结合的特色教育教师队伍，按规定配齐、配足、配好教师，积极开展体艺活动，促进学校特色教育的发展。

5 月 10 日，召开申扎县完全小学新课改下的教师教学大赛表彰总结大会

【加强安全责任意识】 抓好学校的安全保卫工作，为师生营造一个安全、和谐的校园环境。以安全法律法规为重点，以安全常识为内容，根据不同季节、气候特点，针对本校实际，有计划、多形式开展安全隐患排查与整改，消防安全演练，安全法规、安全常识教育，落实安全责任。学校与派出所等单位相互配合、齐抓共管，既保证学校自身的治安秩序，又对学校门口的交通安全、治安等起到监督作用。学校通过主题班会、学生大会、法制宣传讲座等方式对学生进行各类专题安全教育。学校严格执行《中华人民共和国食品卫生法》《学生集体用餐管理办法》，做好食品、原料的定点采购，索证索照、食品留样、食堂清洁卫生等工作，要求从事食堂服务的工作人员必须持健康证上岗，定期进行健康检查，同时搞好个人卫生，不带病、带伤工作。学校不断加强领导，建立健全食品卫生制度，严把“病从口入”关，对食堂工作进行随机检查督促与指导，保证食品卫生和师生的饮食安全。

【“三包经费”专项工作】 针对“三包经费”使用、监督、管理情况，特成立以副校长为组长的审核小组，完善“三包”管理制度，进一步加强对《中华人民共和国政府采购法》《中华人民共和国合同法》《中华人民共和国票据法》等有关法律法规进行学习，建立健全教育“三包”人员审核管理、财务管理、物资采购管理等各项制度，保质保量进行采购，做到出入库有详细记录，确保教育“三包”政策落到实处。强化对教育“三包”经费的使用管理，经费开支范围、使用情况、使用比例都有严格规定。“三包”经费均用于完小 629 名学生。

【申扎县完全小学领导名录】

书记：次旺仁增（藏）

副校长：胡　雄　层　珠（藏）

刘桂芳（女）　赵春涛

申扎县第二完全小学

【概　况】 申扎县第二完全小学在上级部门的领导下，沿着期初制定的目标，全体教师团结奋进，务实进取。2018 年中学校继续遵循“三个一切”“四个一流”的办学理念与宗旨，在学校教学质量、教师管理、常规管理、班级管理上狠下功夫。

【党建工作方面】 加强教师队伍建设，提升教师素质，转变工作作风。利用每周的例会组织教师认真学习相关教育法律法规，同时，学校强化教师的政治学习，进一步规范教师行的为。组织教师不断学习《治国理政》《中国共产党章程》《中华人民共和国教师法》《守则》等，积极开展“四讲四爱”群众实践活动。加强师德师风的学习和培训，搞好民主生活会。同时，学校强化教师培训工作，积极推荐教师参加上级组织的各种培训和学习。

【德育工作方面】 切实加强珍惜生命教育，心理健康教育和法制教育，营造良好的育人氛围，努力构建“和谐德育”，做到有计划、有落实、有总结。加强对班主任的管理与指导，提升全体教职工德育管理水平。对学生宿舍、教室、卫生区进行每日检查，确保学生养成良好的卫生习惯。及时排除隐患，积极开展教育活动。抓好学校的各项常规，创建优良校园。抓好“少先队”德育主阵地，开展好每一次德育活动。加强班级文明建设，营造良好班级氛围。以活动为载体，开展丰富多彩的德育活动。抓好德育宣传阵地建设，把法制教育紧抓不放，聘请司法部门人员担任法制副校长，定期到校做报告。举行安全演练，设置安全应急预案。该学期德育处主要开展“勤俭节约，从我做起”主题演讲活动、文明用语教育活动、“感恩父母”活动、个人卫生习惯养成教育活动、庆“3·28”、庆祝“六一”、庆国庆、春秋季运动会、“四讲四爱”等活动。

【安全工作方面】 认真落实“安全第一，预防为主”的方针，以对学生负责的高度认识，把安全工作纳入学校重要议事日程，采取措施，保障学生安全工作落到实处。建立健全学校日排查制度，每天由一名校级领导带领两名教师组成日排查小组，对当天的学校安全隐患进行排查，对学生的学习、生活负责。成立以校长嘎桑为组长的安全领导小组，加强教师安全防范的责任主体意识，教育学生增强自我保护意识，与教师签订安全管理责任书。加强学生交通安全教育，加强校内学生活动安全，举行安全演练，设置安全应急预案。

5月7日，开展学校“安全”教育课

【教学管理方面】 加强理论学习，转变教育观念。组织广大教师进一步学习《课程标准》，认真学习电子白板的使用方法，强化现代教学意识，明确教育改革的方向和特点，牢固树立“以学生为主体，以教师为主导”“为孩子的幸福人生奠基”的教育理念，抓教学方法的改革，抓课堂效率的提升，抓后进学生的转变，抓学生的全面发展。全面深化学校教学管理制度改革。

充分发挥教研组的作用。各教研组分工合作，积极开展教研活动，对教师在教学过程中出现的疑点、难点及时组织教师进行研究探讨，开展活动，总结经验及时推广。教研活动搞得有声有色。

抓常规教学的检查工作。开学初学校制定常规检查工作方案，包括对教师的教课进度、教案、批改作业、听课、学习笔记等各项检查，并在开学后例行每月常规检查，在检查的过程中及时进行阶段总结，表扬先进，推动后进。

让文化育人，让活动促发。投入资金，建立舞蹈室、音乐室、骰子室、图书室、围棋室、美术室等功能室，同时开设舞蹈、音乐、藏文书法、汉文书法、骰子、美术等兴趣班，大大丰富学生的课余生活。学校继续开展“阳光体育一小时”活动，保证学生锻炼身体。

【申扎县第二完全小学领导名录】

校长：旦增尼玛（藏，3月任职、4月离职）

嘎　桑（藏，5月任职）

副校长：扎西南加（藏） 达　曲（藏）

申扎县幼儿园

【概　况】 始终以“安全第一，预防为主”的思想指导幼教工作，认真学习上级转发的各类安全教育、安全检查等文件，通过学习，明确到安全工作是人命关天的大事，安全工作人人有责，在思想上对安全工作有一个高度重视。

【强化内部管理，提高办园档次】 教师注重自我的反思与学习，更注重教师队伍的建设，强化三个意识：“一体意识”“开拓意识”“服务意识”。讲奉献，作表率，早来晚归，潜移默化引领着幼儿园良好的师德师风。注重为教师创设有弹性的工作空间。工作中，时时不忘征求教师的想法意见，采用对话式而非命令式；思想上，鼓励多交流不求大一统；工作方法灵活多变。我努力营造健康温馨的文化氛围。以务实的作风投入工作，引领着的年轻教师奋发向上；以满腔的工作热忱凝聚人心。不摆架子、不说空话、不唱高调，教师珍爱自己、热爱生活、快乐工作。一件件细致入微的小事，充分体现教师团队的凝聚力。在点点滴滴中激发各位教师工作的积极性、主动性、创造性。

【安全方面】 时刻牢记，眼中有孩子，心中有安全，处处有教育，安全第一。不定期对园内房屋、设施、大型玩具、线路等进行安全检查。利用安全教育碟片来辅助教学，增强幼儿的安全意识，时刻防范一切不安全的因素发生。重点做好早接晚送的门前管理，以免孩子因意外而走失。课间、游戏、如厕洗手、室内活动、户外活动等几个关键时间段的防范，及时发现问题，及时整改。幼儿园和老师签订安全责任书，明确各自的职责，贯彻“谁主管谁负责”的原则，做到职责明确。幼儿园和家长也签订安全责任书，确保幼儿安全健康的成长。提高安全意识，自我防范和自护自救能力，抓好安全教育，是幼儿园安全工作的基础。坚持每周一必上一节安全课并有备课记录。

【环境创设、教研教学方面】 根据本园的实际情况出发，充分利用本土优势对室内的装饰、墙面设计、吊饰等都进行改装。并从幼儿的年龄特点出发，力求做到生活化、情趣化、儿童化，尤其每一个教室都设置不同的风格，老师们一起策划、分析，尤其帮班级设计两面主题墙。老师们也从自身做起，遇事相互帮助，相互鼓励，相互交流，让孩子们切实感受到幼儿园大家庭的温暖和谐，逐步形成活泼开朗的良好性格，从而迈向健全人生的第一步。

【学校党建工作开展情况】 支部在局党委的正确领导和关心支持下，深入贯彻落实习近平总书记系列重要讲话精神和治国理政新理念新思想新战略，开展“四讲四爱”实践教育活动，抓好党建促教育教学这个指导思想，充分发挥学校党组织的战斗堡垒作用和党员干部教师的先锋模范作用，推动学校党建工作和教育教学工作的顺利开展，有党员 9 人，其中正式党员 7 名，积极分子 2 名。

【工作开展情况】 组织学习“两学一做”学习教育常态化、制度化，“四讲四爱”群众教育活动。组织全体党员干部教师，以自学和集体学习相结合的方式，深入学习党章、党规、关于新形势下党内政治的若干准则、中央第六次西藏工作座谈会精神、习近平参加十二届全国人大会议西藏代表团分组审议时的讲话精神、习近平给西藏隆子县玉麦乡群众的回信精神、总书记系列讲话精神和治国理政的新思想和新理念、开展党的政治规矩集中学习、学习中共十九大报告等，并组织党员干部教师进行树立“四个意识”坚持“四个服从”专题学习交流研讨，把意识形态列入工作当中，不断增强党性觉悟，争做合格共产党员。每月检查党员自学笔记，并由党支部书记进行检查签字。党员在规定时间内不按时完成笔记的将进行量化考核扣分制度。围绕中共十九大主题，开展各类学习宣讲活动。开展民主生活会，对照党章进一步查找自身不足，开展党内批评和自我批评。

【保教方面】 合理安排和组织幼儿的一日活动，动静结合，室内外结合，每天保持 2 小时的户外活动时间和游戏时间，来提高幼儿的整体素质。在孩子们入园前，要求各班老师每天先做好教室内外的通风、卫生消毒工作，加强晨间、午休的检查，做到一摸、二看、三查、四问，严禁幼儿带危险品入园，每天坚持加强晨检、午检的力度来杜绝传染病的入侵，并做好详细记录，发现问题及时通知家长。

【家长方面】 做到主动、亲切与家长沟通，利用早送晚放的时间和家长交流，平时多观察孩子在园的各种情况，孩子们的点滴进步、成长、特长、优点都及时反馈给家长，随时取得家长对老师们的信任和对幼儿园各项工作的支持，学校为增进家园共育，先后开展“家访”“家长会”“家长开放日”等大项活动，得到家长的好评。

【申扎县幼儿园领导名录】

园长：卓玛玉吉（女、藏）

副园长：宗青贡嘎（女、藏）

雄梅镇完全小学

【概　况】 2018 年，雄梅镇完全小学在县教育局的领导下，在全校教职工的团结协作和努力拼搏下，坚持“德育为首，以人为本，质量强效”的办学理念，以教学常规管理为切入点，坚持科学发展观，依法治校，认真抓好学校各项管理工作，较好地完成了本学年工作任务。

【教师队伍建设】 在学校鼓励新老教师“人人争先进，个个当典型”的口号带动下，教师争当先进的积极性被充分地调动起来，各位老师利用空余时间提高自我，并积极参加区、市、县组织的各种培训，在培训中实现升华，在培训中提升自我。进一步提高教师队伍的素质，建立一系列的规章制度，并且与老师们签订师德责任书。不定时的对教师的品行进行考核，对在工作中生活中表现突出的教师进行表扬。及时学习有关会议精神及上级文件精神，并组织全体教师认真学习《那曲市教师管理办法》《中华人民共和国义务教育法》《西藏自治区教师管理办法》等，让教师认清形势，提高认识，2018 年，老师们自觉遵守纪律，学校未出现一例违规事件。

【教学质量稳中有升】 积极准备素质教育迎检工作，对管理制度进行深化改革。完善各项制度，学校的管理更加科学，更加人性化。组织教师参加市、县教育主管部门组织的教师培训。组织教师参加“听评课”活动，切实开展教师岗位大练兵活动，参加大练兵教师积极准备，认真讲课，通过活动，学校涌现出不少优秀教师。对全体教师的备课、作业批改、成绩考核等业务开展多次检查，并记入档案，作为教师评优、评先的依据。学校领导不定期地走进课堂，了解教学各方面的情况，加强监督与指导。

【学生全面发展】 坚持加强体育锻炼，提高学生身体素质。每天坚持进行阳光活动，充分利用上级主管部门给学校配备的体育器材，让学生在快乐运动中成长。同时随着音乐器材、美术器材、科学器材的齐备，这些富有益趣的课程也开展得有声有色。加强思想道德、法制教育活动。组织全校学生积极参加朗诵比赛替、画画比赛等主题教育活动，经常邀请镇派出所民警到学校给学生讲解有关交通安全、自救自护等法律知识。

【安全工作】 每天参照安全管理有关要求，对校园日检查、周排查、月督导等工作进行安全检查，每天坚持做到学生身体状况三检查工作，争取早发现、早解决，切不可将安全隐患留到明天。每周开展校园内的安全排查工作，定期或不定期地对学校食堂进行检查，要求食堂工作人员规范操作，确保学生饮食安全。利用校会、班会等时间对学生进行各方面的安全教育，不定期地举行防震、防火等逃生演练活动，让学生们掌握防范突发事故的技能与技巧，提高紧急避险的能力。

【雄梅镇完全小学领导名录】

校长：晋　美（藏）

副校长：多吉次仁（藏）

塔尔玛乡完全小学

【概　况】 塔尔玛乡完全小学在县教育局的正确领导下，沿着学期初制定的工作目标，全体教师团结奋进，务实进取。在教学质量管理、教师管理、常规管理、班级管理上狠下功夫。在全体师生的共同努力下，学校工作取得可喜的成绩，圆满完成学期初所提出的各项工作任务。

【抓师德工作，建和谐团队】 提高教学质量，关键是师资队伍的建设。学校的发展，归根到底决定于教师队伍的素质。学校要求每一位教师在平凡的工作岗位上，都要努力做到八个字：敬业、好学、爱生、爱校。利用每周教师周会的机会，组织教师政治、业务学习，努力打造一业务精湛、师德高尚的教师队伍。以学习新修订的《中小学教师职业道德规范》为契机，开展一次师德教育。学校要求，每一位教师都要树立作为一名人民教师的光荣感，安心本职工作、要为人师表，以德立教，以自己的良好行为和形象为学生树立榜样，要有埋头苦干的精神，将奉献教育当作乐趣。

【常规管理】 在县教育局统一部署下，继续一丝不苟抓常规，千方百计提质量。狠抓教学常规，强化过程管理。教学常规的落实是提高教学质量的保证。在教学管理中，要求教师严格按照教学常规的要求，备课、讲课、布置与批改作业。学校对老师们的常规教学一周一抽查，一月一检查，并将检查结果与教师的业务考核挂钩。学校常态开展推门听课、听课评课、课内比教学等活动，全面打造快乐课堂。学校经常选派教师外出学习观摩，开阔眼界，提升课堂教学技能。提高教师素质，促进教师专业成长。

【抓安全卫生】 按照县教育局要求，以“纪律、安全、卫生、教育”为抓手，强化班级管理。加强学生常规管理，进行良好的行为习惯教育。学校举行小学生习惯养成教育启动仪式，分步实施，促使学生从小养成良好的行为习惯、学习习惯和生活习惯，为他们成人成才打下坚实的基础。班主任从进校、出操、课间、离校、纪律、卫生等学校生活的各个层面对学生、班级检查、记录，使学校呈现出团结紧张、严肃活泼、举止言行规范文明的大好局面。学生养成爱学习、守纪律、讲文明、有礼貌的良好行为习惯，真正成为班级小主人，学校的小主人。在治理校园环境卫生效果比较显著，校容校貌有了明显的改观。为师生创造一个干净优美的工作和学习环境。由于学校安全教育深入扎实，安全防范措施落到实处，该学期学校没有发生一起安全事件。

【丰富校园文化】 学校充分发掘校园人文资源，以校园文化活动为载体，以学生发展为根本，推到校园文化建设。力求让每位学生在高品位校园文化的浸润下，激发爱校、爱国情怀，增强学生的光荣感和责任感。在爱国主义读书教育活动中，学校制定切实可行的教育方案，并扎实做好读书的指导工作，为读书竞赛打下良好的基础。同时结合节庆和其他重要节日，因地制宜地开展庆祝或教育活动。

【提高办学效果】 继续坚持家访活动的开展，要求教师将关爱学生，在生活上、学习上、思想上关心“学生”。召开一至六年级家长会，通过家长会，学校向家长提出学校管理、班级管理的制度及要求；教师与家长相互交流学生在家及在校的表现。活动的开展，促使学校、家庭、社会的相互配合，共同努力，形成合力，提高办学效果。

【塔尔玛乡完全小学领导名录】

校长：次仁旺拉（藏）

副校长：曲　旦（藏）

巴扎乡初级小学

【概　况】 全面贯彻中共十九大、十九届二中、三中全会和中央第六次西藏工作座谈会精神，高举习近平新时代中国特色社会主义思想伟大旗帜，坚持以马克思列宁主义、毛泽东思想、邓小平理论、“三个代表”重要思想、科学发展观为指导，紧紧围绕保持党的先进性和纯洁性、以为民务实清廉为主要内容、以学校领导班子和领导干部为重点，深入贯彻习近平总书记系列讲话精神和治国理政新理念新思想战略、特别是治边稳藏重要战略思想、青少年学生全面深入开展“四讲四爱”群众教育实践活动以提高教学质量为核心，以安全工作为重点，科学管理、依法管理、从严管理。继续贯彻落实“创科研、促质量、创特色”的工作思路，加强学校内涵建设，促进学校各方面工作顺利发展，力争办人民满意的学校。

【工作方面】 加强法制宣传课，提高师生的法律意识和民族团结意识。开拓创新，求真务实，奋发进取。为了取得良好的成绩而努力奋斗，做笔记，每周星期五以学校领导为主集体学习教育教学方法，并做特殊的笔记，交流经验。教师们共同学习儿童基金会的四种教学方法。举办学生藏汉书法大赛及美术展览比赛等活动。每周星期五的下午第三节课组织学生们开班会，主要内容有学生的学习、卫生、安全等教育。检查全体教师批改作业的情况，大部分教师的作业次数达到学校的要求并且超额完成每周达到 3 次以上。

【巴扎乡初级小学领导名录】

校长：拉　加（藏）

副校长：次　巴（藏）

下过乡初级小学

【落实常规教学】 落实完成计划总结。学期初，教务处全体教师认真制订本学期的教学工作计划，任课教师制订教学计划。各位教师对该学期的教学任务详细分解、安排，着重提出对学生、教材的分析及提高教学质量所采取的方法与措施。在平时的工作中，既重工作的安排，更重工作的落实，每次活动做到有安排、有总结、有登记、有通报、有整改，使教师养成从细小着手，点滴做起，既重平时的工作安排，更注意积累总结。

落实常规教学检查。对教师的教案、作业、听课、业务学习等工作定期检查。对检查中存在的问题及时提出，点到事、说到人，有力地促进工作，让检查起到真正督促提高的目的。该学期以来，教师在备课上有了新的认识，课堂的驾驭能力有所提高，既注重新课程改革的理念，也体现对学生的知识与技能、教师教学的过程与方法及学生情感态度价值观的培养。

【抓好教研工作】 开展教师相互听评课活动。开学初各教研组统一安排教师上公开课，做到定时、定人、定主题，要求全体教师参与听课评课，达到共同探讨共同提高。活动过程中，教研组每位教师都积极准备，同时互相交流，互相帮助，为了一堂课出点子，理思路，教研气氛特别浓厚。课后主动对自己的教学行为进行反思，根据上课情况认真反思总结，真正实现理念的刷新，行为的改变。课后由教研组长及时组织教学研讨，达到“以研促教”的效果。

加强校级交流。利用学校教师间的人脉关系，加强学校与各兄弟学校的交流，促进学校教师自觉提高自身的业务水平的能力，增强学生的学习能力。

【进一步深化教育教学改革】 利用校本培训活动进行师德培训，提高教师的自我岗位认识，其次利用听评课校本培训促进教师主动学习课改理论，不断更新教师观念，用新的教学理念武装头脑，促进教学。最后要求教师认真钻研教材，大胆整合教材，结合学情合理制定学习目标，精心设计课堂教学程序，努力打造有效和高效的课堂。

【举行教研组活动】 在该学期的教研组活动中，各教研组根据学科学情特征组织学生举行了汉语文教研组：朗读比赛、书法比赛、讲故事比赛；数学教研组：我能算、我会算等竞赛活动；藏语文检验组：书法比赛、朗读比赛；体育教研组：阳光体育活动、冬季运动会。

【下过乡初级小学领导名录】

校长：格桑尼玛（藏）

副校长：格桑伦珠（藏）

次　巴（藏，8 月任职）

卡乡初级小学

【概　况】 2018 年，卡乡初级小学在县委、县政府及县教育局、卡乡党委、乡政府的正确领导下，全校师生团结一心，求真务实，聚精会神干事，踏踏实实工作，在改善办学条件，推进课程改革，规范办学行为，推进素质教育等方面都做出卓有成效的工作。年内有 7 名专任教师、有幼教 1 人，小学三个班、74 名学生，幼儿园 1 个班、34 名学生。

【主要工作】 安全教育工作。学校把安全工作放在首位来抓，牢固树立安全压倒一切的意识，安全工作重于泰山，在开学工作安排会以后，学校认真制订学校安全工作计划，在开学前一天对学校内外的安全隐患进行彻底排查。每周星期天校级领导及值班老师对学生的宿舍及学生个人卫生排查，有问题及时进行整改。教育学生注意交通安全、饮食安全、消防安全，不得做危险的事情。学校大力控制学生个人带的外来食品，每次外来食品进行登录，有过期食品当场没收。

开展“3·28 西藏百万农奴解放纪念日”主题教育活动。通过活动的开展，让学生明白今天幸福生活是来之不易的，要时时刻刻都享受着祖国、父母、学校、朋友和他人的恩惠和友善。学会知恩，让学生学会“报恩”“滴水之恩，涌泉相报”“衔环结草，以恩报德”，懂得对生活和他人心存感激。

开展观看爱国主义影片、新旧西藏对比活动。通过不同形式的活动，加强学生的爱国主义教育，增强学生的爱国主义情感，激励学生把爱国热情转化成勤奋学习，努力实践、报效祖国的实际行动。

加强常规管理，规范教学行为。加强常规教学管理是教研工作的重要内容之一，是规范教学行为的重要举措。通过开展经常性的教学督导检查，深入开展听课活动认真查看老师们的备课与作业批改情况，并将每次检查作好记录，即时交流、反馈，督促老师们把思想放在教育上，把精力放在教学上，把行动放在课改上。

开展教学竞赛活动，提高教学质量。每学期都开展教研活动，交流各自对教材理解与困惑，认识理解有了长足的进步，还进行集体备课、听课、评课。利用高效课堂活动开展一次评优活动，以激励、调动所有教师的竞争意识、以激励教师不断地钻研教材，苦练基本功，从而鞭策教师不断地进步，使他们拥有积极向上的心态。

开展兴趣课活动，活跃校园气氛。学校注重培养学生综合能力，针对学生的兴趣爱好开展足球兴趣小组、美术兴趣小组、电子琴兴趣小组、舞蹈兴趣小组、信息技术兴趣小组、确实丰富学生的业余生活。

【财务规范管理】 一是完善各项财务管理制度，继续推行经费公示制度，经费行为进一步规范，严格开支标准，不断提高学校资金使用效益。二是制定措施，保证国家优惠政策落到实处。对每学年的寄宿生补助，保证每一分钱都能够发到学生手中。

【卡乡初级小学领导名录】

校长：次仁边巴（藏，10月离职）

旦增曲扎（藏，10月任职）

副校长：格桑罗布（藏）

买巴乡初级小学

【概　况】 2018学年，在县委、县政府和申扎县教育局的领导和关心下，坚持以邓小平理论、“三个代表”重要思想和科学发展观为指导，以学习贯彻十九大和十九届二中、三中全会精神、习近平总书记系列讲话精神、治国理政为契机，用科学发展观统领学校工作的全局，坚持教育创新，强化教育管理，践行特色教育、特色管理、打造一流队伍，进一步提升学校软硬件水平，以创教育教学、特色管理品牌和平安学校为奋斗目标，以求真务实的态度，团结带领全体教职工锐意进取，开拓创新，为提升教育质量，为学校赢得实质的管理效果和良好的社会声誉。

【主要工作】 创建美丽校园。利用学生宿舍玻璃房，利用校园内空地，种花种草，努力打造美化校园、绿化校园，创造美丽舒适的学习环境。

无私奉献的精神发扬光大。在申扎县教育局的大力支持和师生员工的积极努力下，充分利用学生澡堂，利用周末和休息时间争取每月帮所有学生洗一次澡，由于学生年龄小、安全防范意识差的原因，从头到脚的搓、洗、清全部都由教职工帮学生。给学生温暖感、家庭感。

一人对一舍帮扶工作。学校特别重视学生在校园内的生活，每一间宿舍结对一名指导老师，严格要求教师经常性进入学生宿舍指导学生卫生习惯，帮助学生学习和生活上的困难，掏出腰包帮学生买卫生纸、鞋子、袜子等各种生活用品，进学生宿舍，融入学生课余生活跟学生讲故事，跟学生聊天，了解学生内心处的想法，知晓学生隐形的困难（精神上的困难），以亲切、温暖的师生关系帮助学生解开心理的障碍。

【党建工作】 认真践行“三会一课”制度，抓实抓好学习教育“十九大精神”的落实，确保推进“两学一做”学习教育常态化、制度化各项规定动作和自选动作落地生根。制订年度“三会一课”计划，中共十九大精神学习计划，党的政治纪律、政治规矩学习计划，习近平治国理政学习计划，抓好“三会一课”登记工作，并制定党支部、党员学习清单。开展每月1次支委会、党小组会，每两个月1次的支部党员大会以及每季度1次的党课。每周固定一、三、五为“学习日”，开展形式多样的党日活动和学习活动。每学期开展一次组织生活会。认真落实基层党建重点任务，健全各项工作制度，加强党员日常教育管理，切实发挥党支部战斗堡垒作用。开展先锋模范活动，经常性组织党员教师帮学生洗澡、洗头发、剪头发、清扫厕所、做爱心包子等活动。组织开展“责任、承诺”活动，激励广大党员始终对党绝对忠诚，坚决与以习近平同志为核心的中共中央保持绝对一致。根据党员发展情况及时更新党员花名册，按时收缴党费。加大阵地建设规范化布置工作，及时更换重点宣传内容，营造浓厚舆论氛围。在买巴乡党委、申扎县教育局党总支的大力支持下本年度按照标准正式建设党员活动阵地。

【党风廉政建设】 加强支部班子成员和党员干部、全体教育工作者的党风廉政行为，建立党风廉政领导小组、层层签订廉政目标责任书，做到有研究、找问题，有安排、有整改。加强全体教职员工廉洁教育，开展党的政治纪律、政治规矩教育学习活动，有计划、有落实、有总结。认清自身问题，提高警惕，坦白述职述廉。针对廉政建设和反腐败工作开展情况，每半年汇报一次。组织领导小组严格贯彻中央八项规定，区党委约法十章、九项要求。

【宣传工作】 开展“给习爷爷的一封信”演讲比赛、“恩从何来、恩向谁报”的演出活动、“国旗飘起来、国歌唱起来”“师生才艺展示”活动，“聚中华美文、歌颂祖国”演讲比赛、“我与改革开放四十周年”故喜会等有教育性和有实践性的活动。

【学校安全稳定工作】 日检查、周排查、月督导促学校全面工作。根据申扎县教育局的正确领导，结合学校实际情况，制定日检查、周排查、月督导的安全稳定工作实施方案，值班带班老师从早上学生起床给学生打水，督促学生宿舍卫生、监督学生食堂卫生、食品药品安全、学生吃饭能够有序、有组织、有纪律的文明行为，中午监督学生洗手、组织学生吃饭秩序，监督学生午睡情况，晚上帮学生打洗脸水、洗脚水，督促学生自主学习，检查学生就寝情况，深夜再次检查学生被褥等保暖情况，晚上继续睡在学生宿舍值班室了解和掌控学生一切情况。紧密联系乡党委政府、乡派出所、乡卫生院等相关部门经常进入学生宿舍、学生食堂、教室等教学场所排查消防安全、食品药品安全、交通安全。

组织开展“安全教育”“法制教育”。学校把“安全教育”“法制教育”“健康教育”纳入常规课程，积极有效开展相关课程，学校领导第一把手负责任课，经常性开展“安全教育”和“健康教育”的理论宣传和实践活动让学生健康成长、安全无事的在学校内学习和生活，让家长放心地把学生送到学校。

【强化教学质量】 学校按照西藏自治区义务教育课程标准进行开齐开足课程，严格按照课程目标开课，经常开展“听课评课”“磨课”“集体备课”“教研研讨”等多样性活动，提升教师专业水平。根据小学生思想动态，采取多样性、有效性、科学性的“奖励积分”机制，奖励机制分为，上课积极、自主学习、进步积分、作业积分、绘画周记、互帮互助等以根据学生平时各方面的表现发放积分卡，鼓励表现好的学生激发全体学生。学期末按照积分卡的分数进行兑现奖励。为激发学生学习情趣，积累学生词汇量，提高学生口语交际，丰富师生沟通平台，2018 年度根据学生年龄特点，实行学生绘画周记作业特色，让学生把一周内印象最深刻的、最有意义的、比较难忘的一件事的情景先用绘画形式描述，再以简单的文字形式表述绘画里的内容来激发学生学习兴趣，提高学生写作能力，搭建师生沟通平台。

【德育工作】 健全和强化德育领导机构。成立德育领导小组，加强师德及学生德育考核，促进德育工作的安排与落实，使工作扎实有效开展。同时，成立工作领导小组，对困难学生进行帮扶，使他们感受到学校的关爱，实现德育教育多渠道并施。

扎实开展德育常规工作。开学初制订德育工作计划和主题活动安排，学校按计划有条不紊地开展德育工作，避免德育工作开展的随意性和盲目性。坚持日检查、周评比、月总结工作。学校一直把纪律、卫生检查作为学校德育管理的一项重要内容，做到责任到人，分工明确，要求少先大队部，值日教师切实履行好检查职责，对课间纪律、校园卫生、放学站队和学生到校情况等方面加强检查，发现问题及时处理，促进学生文明行为习惯的养成。确定每周班队会主题，开展各项班级活动，在班内以召开主题班队会形式，做好宣传教育工作，转变班风，促进学风。

强化落实德育考评工作。以“学生德育积分奖励机制”为标准的评比为抓手，认真检查，严格考核，从而强化班级管理，促进班级进步，为学生的发展创造良好的氛围。

加强校园文化建设。文化宣传板定期更新图片和文字；利用每周一的国旗下演讲等活动，教育提升师生的品德修养；同时充分发挥公示专栏的作用，及时公示学校事务。

组织学生活动，丰富校园生活。积极组织阳光体育，开展锅庄、运动会、跳绳、乒乓球、篮球、足球等多项活动；时常组织跳绳、踢毽子比赛，增强师生们的身体素质。充分利用每周星期二下午和周末时间开展音乐、舞蹈、美术、打字输入、书法等兴趣小组活动，发扬学生德智体美审美功能。

5月30日，开展“恩从何来，恩向谁报”文艺演出

【教学工作】 教学工作是学校的中心工作，教学质量是学校工作的生命线。规范手写教案，坚持提前一周备课；一直要求教师对学生作业全批全改，用心下批语，进行常规检查监督，及时发现问题整改；定期（每月）检查，对检查存在的问题统一在例会上通报。教学为中心、管理是根本。在教学工作中，实行师德量化考核、教师业务考核，科学评价教师的各项工作，从备课、课堂教学、课间操、作业批改、教学质量、后进生转化等方面对教师进行全面考核，作为教师评优的依据。通过考核，激励先进，鞭策落后，大大地提高教师的工作积极性，为提高教育教学质量打下坚实的基础。

教研教改持续开展，促进教学水平的提升。提升教研教改理论修养，拓宽教师教学视野。继续推行走出去，请进来的方法，加强业务学习和经验交流。围绕课堂深化教研，依托教研优化课堂。利用单周进行语文、英语组教研活动，双周进行数学教研活动。力求每位教师每期讲授3节公开课。从课堂教学实际出发，找问题、找差距。对于个别教师实行重点听课解决存在问题；对于个别班级实行专项整改，彻底解决存在的问题。教师的责任心强了，比拼精神足了，课堂效果较以前也有明显的转变。通过上级正确指导和学校教职工的共同努力下，在全县统考中12个科目中8个科目进入学科前三名，教学成绩明显提高。

【买巴乡初级学校领导名录】

校长：朗　加（藏）

副校长：旦增其米（女，藏）

马跃乡初级小学

【概　况】 2018年，对于马跃乡小学来说是万象更新的一年。在教育局及乡党委、乡政府的正确领导和细心指导下，坚持落实科学发展观，更新教育观念，努力实现学校管理规范化、教学管理精细化、德育工作目标化、学校发展特色化。

【工作方面】 围绕精细管理的文件要求认真组织学习讨论，学校领导及全体教职工都充分意识到精细管理对学校发展的重要性。各科室用精细的理念引领，精心制定相应的管理和考核制度，校长及全校教职工定班定人进行检查和督促。进一步细化要求，涉及卫生、教学、班级管理、食堂就餐等各个方面，给班级打分、给教师打分，将其纳入学期考核之中。结合岗位责任、量化考核等，对教学过程中的“备、教、批、考、辅、研”等环节层层把关，狠抓落实，实现教学过程的规范性、科学性和创新性。教学常规检查坚持每月化，做到检查到位，反馈及时，整改有效。每月还特别安排学校领导分工抽查不同的年级、不同科目备课、作业等情况，并将检查的情况及时向教师反馈，提出指导意见，纳入学期考核中。把素质教育真正落到实处，严格按教学计划，科学、合理地安排课程表、作息时间表、课外活动表，认真督查“三表”的执行情况；实行备课组长负责制，发挥骨干教师的作用，带动一批非专业教师的成长。坚持深入课堂，每位教师每学期必须上一节有质量的教学研究课。学校领导推门听课、教师听教研课、听同科目随堂课制度，要求老师进行教学反思，注重平时教学得失的积累，从实践中学习，在反思中进步。对课堂效益不高、教学方法陈旧的，集中教研组长，骨干教师一起听课会诊，实事求是地分析，提出不足和改进意见。加强教研组和备课组建设，切实做到“四定”（定时间、定地点、定内容、定人员），开展集体备课，做到本学科教学计划和教学进度、教学重点难点突出。专门召开教职工大会，研究青年教师的培养工作。每位青年教师均按要求制定三年读书成长规划，学校定期召开青年教师座谈会检查督促推进。学校还指定相关学科有经验的教师担任指导教师，对指导教师规定具体指导任务，完成任务的给予适当奖励，实行新老教师捆绑考核。这样，很好地调动师徒双方的积极性，师徒结对成效十分明显，新教师很快适应教学工作，课堂教学效益有了显著提高。每周都安排一项教育重点，规范德育常规，培养学生良好的行为习惯、学习习惯和生活习惯。由校长主抓，不定期组织部分教师和学生进行检查，检查结果纳入班级考核中。一学期下来，学生的行为习惯有了明显的改观。以“绿色学校”和“健康促进学校”的创建为契机，通过图片展、发放流动红旗和星期一升国旗的时候给予表彰和奖励，很好地规范学生的行为。学校积极推进“阳光体育活动”，用制度保证学生每天有一小时的体育活动时间。并在全校开展广播操和眼保健操，很好地推广新的广播操。积极组织乡职工与学校教师以及周边的群众活动，成功举行“3·28、10·1放飞心中的歌舞”拔河比赛，极大调动教师和学生的积极性

【学生安全教育】 加强安全教育。为保证师生安全，争创“平安校园”，学校全方位开展安全教育活动。在管理上保证校园安全；深入师生、班级，每周都安排固定的时间宣传安全教育；制定突发事件的应急预案，并成功进行预防地震的演练，提高学生自我保护的学习实践能力，让学生学习安全知识，掌握自护本领，提高自护自救能力。分两次发放告家长书，提高家长的安全意识，让家长协助学校共同搞好安全教育。请乡派出所的警察到学校进行交通安全知识讲座，增强学生的安全意识。

周边环境的检查。学校成立安全检查小组，由校长牵头，每月定期对校园及周边安全隐患进行排查，防患于未然。最近学校又安装上监控系统，既将投入使用。

抓好学生常见病和传染病的预防工作。认真上好健教课，提高学生的健康意识。针对肝包虫与红眼病情不断蔓延之势，严格执行因病缺课上报制度，做到天天上报。关注学生心理健康，加强学生饮食卫生管理，确保学生的人身安全。

【马跃乡初级小学领导名录】

校长：仁增多吉（藏）

副校长：德吉曲宗（女，藏）

文化·广电

申扎县藏语委办（编译局）

【概　况】 申扎县藏语委办（编译局）在县委、县政府的高度重视和区藏语委办（编译局）的正确指导下，始终坚持为全县编译工作服务，为基层群众服务原则，积极主动承担县委、县政府及政协办各项翻译任务，保质保量地完成各类重要文件、领导讲话、会议材料，认真学习深入贯彻落实中共十九大、十九届二中、三中全会、中央第六次西藏工作座谈会及那曲市第一次党代会精神，坚持藏语文工作的正确政治方向，积极开展，努力提升申扎藏语言文字工作和编译工作，为推动申扎经济社会长足发展和长治久安做出积极贡献。

【翻译工作】 各类重要文件、领导讲话、会议材料及《政府工作报告》《财政工作报告》《法院工作报告》《县委宣传部、县司法局关于在全县公民中开展法治宣传教育工作的第七个五年规划》《在申扎县十二届人民代表大会四次会议党员大会的讲话稿》《那曲地区申扎县城区域内的12宗国有建设用地使用拍卖规则》《“四讲四爱”群众教育实践活动方案》《进一步加强申扎县非婚生子女问题专题治理工作方案》等相关材料的翻译任务；完成其他各部门送来的部分文件、材料的翻译任务，《三八文艺节目主持词和3·28文艺节目主持词》、《人事局养老保险缴费通知》、申扎县委巡察组在巡查工作动员大会上讲话稿、县委巡察组问卷调查表、经济普查材料、高原捡拾车简介、《申扎县财政局村、寺、院财乡（镇）管财政管理试行办法》、《申扎县财政局三公经费管理办法》、《申扎县财政局脱贫攻坚资金报账流程》、《申扎县财政局关于进一步规范财政资金拨付审批流程的通知》、那曲市藏语委办（编译局）交办的文件《班戈阿卡儿孔顶牧业专业合作社章程》1份20页等材料翻译任务。

【规范藏语文社会用字】 藏语文社会用字清理整顿工作领导小组工作人员深入县城各单位、8个乡（镇）及6座寺庙（日追、拉康）开展三次全面细致藏汉社会双语用字检查督导工作。主要街道的商店牌匾，宣传横幅等内容采取定期和不定期的形式进行深入检查，共检查85家，其中存在

10月12日，那曲市藏语委办（编译局）党组书记、编译局局长卓吉（左六）一行工作组调研核对申扎县地名工作

问题的商户共有45户，下发藏汉双语限期整改通知单20份，整改率达到98%以上，全县藏语文社会用字检查整改工作取得明显成效。

【双语工作】 为进一步加强民族之间交流，增强民族团结不断提高干部职工掌握和使用“双语”的能力，切实提升干部职工工作能力和平时日常工作等各项工作的开展，并为以后各项工作有力有序推进奠定良好基础，创造先决条件，全面确保基层一线各项工作有效落地。为了检验申扎县干部双语学习效果，在政府二楼视频会议室对干部职工进行藏汉“双语”学习测试，共有90名干部参加测试。监考员精心负责，参加考试的干部态度端正、认真应考，确保了考试秩序井然，顺利完成。

【其他业务】 完成那曲市藏语委办（编译局）交办的文件《班戈阿卡儿孔顶牧业专业合作社章程》1份20页的翻译工作。

【业务培训】 安排1名工作人员到自治区藏语委办（编译局）进行45天的跟班培训学习，安排1名工作人员前往拉萨参加西藏自治区第十一届人民代表大会翻译工作，为期15天。1名工作人员前往那曲参加那曲地区撤地设市的翻译工作，为期56天，通过跟班培训学习，基层翻译业务人员的藏汉翻译业务水平有长足的进步。

【申扎县藏语委办（编译局）领导名录】

藏语委办（编译局）主任：普　琼（藏）

申扎县文化局

【概　况】 文化新闻出版广电（文物）局，坚定文化自信、坚持改革创新，大力推进文化建设，各项工作成效显著。在编干部职工7人，内部设“扫黄打非”办公室、文物局、广电局、非遗办。

【文物工作】 在日常及重大节点，加强文物安全检查工作，确保不发生文物安全事故。兑现2016—2017年野外文物看管人员补助共20.16万元。中国科学院、国家文物局联合发布重大学术研究成果，考古学者在藏北羌塘高原发现一处具有原生地层的旧石器时代遗址——尼阿底遗址（NwyaDevu），证实古人在距今3万—4万年前就已经踏上青藏高原的高海拔极端环境地区，在世界屋脊上留下清晰、坚实的足迹。该重大研究成果是西藏地区最为重要的一项旧石器研究成果，而且是人类在高海拔地区生活的最早的证据。

【非物质文化遗产保护情况】 充分利用国家级非物质文化遗产巴扎服饰产生基地和维修基地等作用，生产40套巴扎服饰，并在市、县赛马节及非遗宣传日等群众集会时间点进行宣传；“牧区皮袍制作技艺”“黑帐篷制作技艺”成功列入自治区级非物质文化遗产目录。

【文化发展和宣传工作】 申扎县综合文化活动中心免费开放时间达2190余小时，人数达1.2万余人；联合自治区群艺馆、非遗办出版《那仓民俗文化图鉴》、出版西藏民间文学《邦锦梅朵》（申扎专刊）；完善县城新华书店、牧家书屋、寺庙书屋，开展书籍发放仪式，共发放152包6085本书，各方面起到积极推动作用，对挖掘和弘扬牧区传统优秀文化产业有着显著贡献；为8个乡（镇）文化站、62个行政村、发放习近平《治国理政》第一卷藏文版。从基层文化经费中支出190万元用于维修改造三个乡（镇）文化站（分别为塔尔玛乡文化站投资116万元、下过乡文化站投资24万元、马跃乡文化站投资50万元）。

【扫黄打非工作】 把坚持封堵和打击政治性有害出版物、达赖集团策划闹事的反动出版物和宣传品作为“扫黄打非”工作的重中之重。文化执法大队牵头，联合文广局、公安局、工商局等10余家“扫黄打非”领导小组成员单位，对县城内的朗玛厅、打字复印店等文化娱乐场所进行共36次检查。对干部职工和群众的手机、电脑、内存卡、车载播放卡等储存器进行全面清查，有效预防政治性有害出版物在全县干部群众中渗透；建立“扫黄打非”基层站点16个点。

【文化活动】2018年，共完成县乡（镇）村三级878场次（其中，县民间艺术团54场，乡村业余文艺队824场）。开展“助力脱贫攻坚共筑小康申扎”为主题的春节藏历新年晚会、“3·28”西藏百万农奴解放纪念日文艺活动、七一红歌比赛、首届“文化惠民助力脱贫”相声小品大赛、首届“感党恩助脱贫”歌手大赛、申扎县第六届甲岗山（色林错）物资交流暨赛马艺术节等大型文艺活动。丰富干部群众的业余文化生活及满足生活需求，利用周六、周日时间，积极开展由县民间艺术团带头的全民健身广场舞。

7月25日，申扎县第六届甲岗山（色林错）物资交流暨赛马艺术节选美现场

【文联工作】申扎县文联主席及成员共25名；文化大发展大繁荣和文化强县战略的思想，不断提升申扎县文化产业品质，政府投入3万元出版申扎县第二辑文化丛书共3本（《申扎岩画》《历史传说与民俗》《谚语与谜语集》）。西藏作家协会2018年“深入生活扎根人民”笔会顺利在申扎县召开，由西藏文联副主席、巡视员作协副主席吉米平阶带队的24名自治区文联作家到申扎县参加笔会。

10月8日，在申扎县召开西藏作家协会2018年“深入生活扎根人民”笔会

【民间艺术团】民间艺术团共有21人演员组建，是一个没有专业编导老师的团队，在演职人员的齐心协力下，自编自导新编排《挤羊奶舞》《纳仓服饰》《靠劳动致富》等舞蹈、小品、相声28个节目，积极协调有关部门开展“送文艺下乡”“五下乡”等巡演活动，共开展54场次文艺演出；重大节日在县城内开展文艺会演，同时参加市、县赛马节文艺演出；参加那曲市“四讲四爱”相声小品大赛，《劳动才是硬道理》荣获优秀作品奖。

【申扎县文化局领导名录】

局长：扎　顿（藏）

主任科员：罗宗吉玛（女，藏）

副局长：次仁扎西（藏，4月任职）

副主任科员：琼　达（女，藏，4月任职）

申扎县新闻出版广播电影电视局

【概　况】紧紧围绕“抓新闻，提高知名度；抓项目，加快发展步；抓廉洁，传播正能量；抓稳定，营造好环境”的工作目标，广播影视各项工作顺利推进。行政在编人员2人，事业在编人员15人，公益性岗位人员3人。

【设备管理】“村村通”“舍舍通”设备维护工作已成常态化，上级拨款维修经费3850元；2018年，共维修机顶盒408套；发放“村村通”设备1022套，发放“舍舍通”设备68套；设备发放覆盖率达到100%。

【新闻宣传报道工作】申扎县广播电视台主要围绕县委、县政府工作部署落实宣传报道，以及申扎县全县脱贫攻坚开展工作成果进行宣传报道。2018 年自办节目共播出 345 条，向那曲市上传新闻 288 条，被那曲市采用 132 条，自治区采用 2 条，圆满完成新闻宣传报道的既定目标。新闻上传 285 条。

【电影放映】 为更好地丰富群众的业余文化生活，用群众喜闻乐见的形式，潜移默化教导群众树立正确的价值取向，到各乡（镇）村送电影场次达 720 场次，观看人数达 5 万人次。

【转播各省市台】 转播中央电视台一套、《西藏藏汉新闻》等各地方卫视新闻 35 条。

【县城有线电视维护】 对线路故障做到常规性检查和维修，安装新用户 96 户，维修次数达 22 次，可收看频道 51 套。

【自办节目】 自办节目内容主要以申扎藏汉新闻，以及申扎专题片等；为县、科级干部学深悟透、融会贯通，切实用党的创新理论武装头脑、指导实践、推动工作，联合宣传部自办《夏彦副主席邀你共读新思想》节目，共有朗读者 64 人。

【其他重点工作】 申扎县广播电视台安全播出工作为主，做到零播出事故，做好值班交接工作，按时完成电视台各项任务；2018 年国家投资 120 万元实施县级数字影院项目。

【申扎县新闻出版广播电影电视局领导名录】

局长：扎　顿（藏）

广电中心主任兼台长：益西旦增（藏）

广电中心副主任：达瓦次仁（藏）

次仁卓玛（女，藏）

卫生·医疗

卫生和计划生育

【概　况】 2018年，申扎县卫生和计划生育委员会在那曲市卫计委和县委、县政府的领导下，认真贯彻落实国家卫生健康相关政策，积极开展各项工作，并取得一定成绩。现有干部职工6名，其中局长1名，副局长1名，副主任科员1名，科员3名。全县共有各级各类医疗卫生机构7家。其中，县直医疗单位3家（县人民医院、县藏医院、县疾控中心）；乡（镇）卫生院8家（申扎镇卫生院、雄梅镇卫生院、卡乡卫生院、马跃乡卫生院、买巴乡卫生院、下过乡卫生院、巴扎乡卫生院、塔尔玛乡卫生院）；村卫生室62所。全县医疗卫生单位工作人员共268人。

【农牧区合作医疗（即时结报）】 参合群众人数为1.8831万人，参合率达100%。1—8月，申扎县农牧民与建档立卡贫困户住院费用报销比例相同，均为乡（镇）住院费用报销90%，县医院住院费用报销85%，县外住院费用报销70%。8月，卫计委开始实施建档立卡贫困户住院费用“零支付”，普通牧民群众报销比例不变，建档立卡贫困户住院费用报销比例均提升5个百分点，为乡（镇）住院费用报销95%，县医院住院费用报销90%，县外医院住院费用报销75%，剩余住院费用由民政局兜底报销。2018年，县卫计委合作医疗报销支出共822.05万元。在原签订绿色通道的医院基础上与自治区第二人民医院、自治区第三人民医院、自治区藏医院、拉萨市厚北医院等签订协议，拓宽群众就医渠道和就医选择。2018年，人民医院住院治疗人数为640人，其中住院治愈人数为626人次，转院13人次，死亡1人。全年，住院分娩人数为247人。藏医院住院人数达1031人次，出院990人、转院36人次、死亡5人。申扎县绿色通道共转诊人数232人，其中阜康医院113人，日喀则市人民医院57人，自治区人民医院25人，自治区藏医院11人，拉萨市厚北医院13人，自治区第二人民医院5人，日喀则医院8人。

【健康教育宣传】 按照那曲市《健康教育、健康促进羌塘行三年行动计划》，结合申扎实际，制订工作计划，成立领导小组。利用14天，深入8个乡（镇）、10个学校、5个寺庙、21个行政村开展健康教育活动，宣传内容包括包虫病、结核病、艾滋病、水痘等常见传染病预防常识；建档立卡贫困户住院治疗落实零支付、健康体检、三个一批、先诊疗后结算和农牧区医疗制度等相关健康扶贫政策、两扶和免费孕检等计生政策。受教驻村干部57名、群众5504名、村医102名、902名师生、52名僧尼，发放宣传册203份、张贴横幅8条、发放避孕药150盒。

【卫生能力建设与医疗水平提升】 那曲市投入资金870万元建设4个乡（镇）（买巴乡、马跃乡、申扎镇和下过乡）卫生院标准化项目。买巴乡和申扎镇卫生院标准化建设项目已竣工，下过乡和马跃乡项目完成率60%。为8个乡（镇）卫生院解决卫生流动服务车共8辆。组织对全县123名村医进行笔试考核，该次考试应考村医123人，实考121人，缺考2人。按照平均取值的要求，划定分数线52分，成绩合格者87人、不合格34人。对于考试不合格的村医县卫计委下发通知组织第二次考试。召开2017年卫生工作大会暨最美乡村医生表彰大会；对32名最美乡村医生、优秀医务工作人员、先进医务工作人员进行表彰大会上签订2018年卫生工作目标责任书。

【医德医风建设】 为全面落实中央、自治区、那曲市卫生与健康大会精神与那曲市“卫生健康系统开展进一步加强医德医风建设暨改进工作作风动员部署会议”，切实提升申扎县卫生健康系统在群众心中的“形象”。召开“申扎县卫生健康系统开展进一步加强医德医风建设暨改进工作作风动员部署会”。全面启动申扎县医德医风建设暨改进工作作风活动，制定切实可行的工作方案，召开3次工作推进会、卫计委主任与县两院医务人员开展交心谈心1次，并定期不定期深入两院一中心和部分乡（镇）卫生院督促检医德医风暨作风建设活动开展情况。通过在广大群众中对医务人员进行民主测评、突击检查。全县医务人员整体素质有明显改善，医务人员在为患者服务过程中投入感情的多、粗声粗气的少，医院内环境卫生有了很大的改善，也未发现医务人员上班迟到早退的现象。

11月2日，召开申扎县卫生健康系统加强医德医风建设暨改进工作作风动员部署会

【疾病筛查及建档】 对建档立卡贫困户7054人进行健康体检，分两次深入到8个乡（镇）开展免费体检，现各乡（镇）卫生院已对本辖区内的建档立卡贫困户建立健康体检档案。借对建档立卡贫困户体检机会开展全县妇女妇科病检查，妇科病检查人数为480人。

出生缺陷干预和免费孕前健康检查。委托县人民医院对150名怀孕在27周以内的孕妇进行出身缺陷干预筛查，为150对夫妻进行免费孕前健康检查，并填写检查报告。

妇女“两癌”筛查。委托县人民医院对35—64岁妇女进行乳腺癌和宫颈癌筛查，其中乳腺癌筛查113人，宫颈癌筛查80人，检查结果建立档案并进行网上录入。

【包虫病筛查及救治情况】 包虫病应筛查1.8903万人，实际筛查1.8903万人，筛查率100%，阳性245人，其中手术治疗31人，年龄偏大拒绝手术7人、因身体特殊原因不适宜做手术12人、钙化105人、药物治疗120人。对所有患者按照一人一档的管理模式进行随访及动态管理，实现全时监测。

【公共卫生服务】 第一批居民健康体检人数3026人，高血压患者人数518人，II型糖尿病患者人数46人，结核病患者人数79人；传染病及突发公共卫生事件中，登记传染病例数24例，报告突发公共卫生事件5起，严重精神障碍患者70人，已建立预防接种证人数2328人，乙肝疫苗接种230人，卡介苗接种148人，脊灰疫苗接种334人，百白破疫苗接种260人，麻疹疫苗接种160人，流脑疫苗接种155人，甲肝疫苗接种81人；健康教育发放健康教育印刷种类5种，发放健康教育印刷数量2147本；播放健康教育音像资料3种，各3次，播放时长4小时，健康教育宣传栏

31个，更新内容次数8次，举办健康教育讲座14次，参与人数共1159人，举办健康教育咨询活动14次，参与人数292人。家庭医生签约服务工作覆盖面达到100%。

【妇幼计生工作】 将免费孕前健康检查工作全权委托给拉萨市厚北医院。拉萨市厚北医院10名医务人员利用一天的时间完成101对夫妻孕前优生健康检查工作。“两扶”（即计划生育家庭奖励扶助和农牧区特殊子女困难家庭扶助）新增人数：落实2017年计划生育家庭奖励扶助新增17人，共245人。补助标准960元/人，农牧区特殊子女困难家庭扶助新增5个共73人。落实2017年奖励资金46.572万元。落实2018年计划生育家庭奖励扶助资金232人，22.272万元；落实2018年农牧区特殊子女困难家庭扶助资金66人，26.172万元。2018年发放“两扶”资金共48.444万元。对2015—2016年的母婴保险符合条件者认真梳理排查，加强材料的收集及宣传工作，母婴住院补充医疗保险人数共31人，住院总费用为41.457万元，卫计委报销29.0199万元，民政局报销6.2186万元，病人自费6.2185万元。2018年，住院分娩总数为452人，其中住院分娩449人，非住院分娩3人，新生儿死亡数12人。住院分娩率是99.15%，新生儿死亡率为3.4%。并及时落实住院分娩补助。

【健康扶贫】 按照“三个一批”的工作要求，会同扶贫办，对8个乡（镇）因病致贫人数及病人实际情况进行入户识别，对因病致贫贫困户信息进行进一步核实，对不符合要求的因病致贫贫困户实施删除。经过走村入户仔细核实后卫计委和扶贫办将把各乡（镇）共21户、27人纳入因病致贫中，明确分类救治的措施。其中大病3人、重病11人，慢病13人。邀请拉萨市厚北医院对全县5家因病致贫贫困户进行现金及物资援助共5000元左右。在申扎县甲岗山赛马艺术节期间，邀请拉萨厚北医院在申扎县集中开展免费的送医送药活动，免费为群众开展B超项目，对25名建档立卡贫困户进行集中救治。2018年，投入资金10万余元，制作建档立卡贫困户家庭医生签约本、健康扶贫医疗就诊本，健康扶贫慢病随访本、居民健康档案本等系列手册，做到一人一档及每人一个健康包，要求各乡（镇）卫生院对建档立卡贫困户免费体检后将治疗救助情况预留工作痕迹，做到动态管理。为减少牧民群众“因病致贫，因病返贫”的发生，建档立卡贫困户住院治疗及特殊门诊实行100%报销，即：农牧区医疗制度内报销提高5%，剩余民政兜底。

【卫生监督】 对12家公共场所进行监督，共30余次，下达整改通知书20余张。县学校3家，监督6次，下达整改通知书3次。医疗卫生机构12家，监督次数20余次，下达整改通知书11张。落实区、市、县关于环境保护相关文件精神，积极对各医疗机构进行医疗废物和医疗污水的监督检查并下达整改通知书，督促县人民医院和藏医院结算2017年医疗废物处置费用24.997万元。政府投入30万资金全面改造县人民医院防辐射房屋及相关设施设备。

【技能培训】 对乡（镇）卫生院医务人员举办卫生监督培训2次，公共卫生培训1次。

【发展藏药产业】 生产普通藏药58种，共2023.75公斤，价值109.28万元；生产贵重藏药1种，97.5公斤，价值56.16万元；生产咔嚓药品5种，共262.15公斤，价值104.67万元。那曲市卫计委下发藏医馆建设资金80万元，每个乡（镇）卫生院10万元，该笔资金用于乡（镇）卫生院藏医馆建设，可用于乡（镇）卫生院建设藏医馆购买设备和药材。

【申扎县卫生和计划生育委员会领导名录】

主任：索朗巴姆（女，藏）

主任科员、副局长：仁增卓嘎（女，藏）

副主任科员：旦增顿珠（藏，4月任职）

食品药品监督管理

【概　况】2018年，申扎县食品药品监督管理局坚持“生命健康至上、人民利益至上”的理念，坚决执行申扎县委、县政府的各项决策部署，用“最严谨的标准、最严格的监管、最严厉的处罚、最严肃的问责”的工作目标，切实发挥权威监管作用，同各乡（镇）协管员一起努力，围绕申扎县社会和谐稳定大局，开展全县“四品一械”安全监管工作，确保申扎县各族群众的“舌尖上的安全”。

【食品安全监管】全县共有416家餐饮单位、585家食品流通单位、12家食品加工小作坊、12家学校食堂、17家职工食堂，未发生食品安全事故。2018年，共组织和参与的食品药品安全生产专项检查活动共77次，参与的单位共16家，总计出动250人次，出动车辆24次，没收过期食品101种，折合人民币1.0623万元，零售药店及医院11家，过期药品3种，价值701元，化妆品专卖店3家，不合格及过期化妆品22种，价值3104元。对没收的不合格食品、药品、化妆品进行集中销毁处理。共办理食品经营许可证350张，签订目标责任书350份。对所有的餐饮服务单位、药品经营和使用单位建立档案。食品加工小作坊备案9家。对蔬菜、牛奶、冻肉、食用油、油条、馒头等食品进行取样，送自治区检测共5次。加强安全生产和开学季市场专项检查工作，以学校周边为重点整治对象，开展市场净化专项检查活动。对学校开展检查活动8次，出动36人次，车辆8次，元旦、春节、藏历新年、五一、六一、端午、中秋、国庆等重大节日节前市场专项检查活动，共46次，出动执法人数120人次。

【加强药品和医疗器械市场监管】全县共有药品零售单位13家［两院一中心、8个乡（镇）卫生院、1家诊所和1家药品零售企业］，医疗器械使用单位12家［两院一中心、8个乡（镇）卫生院和1家诊所］，为强化药品医疗器械风险管理，开展风险隐患排查，开展药品专项监督检查17次，出动执法人员42人次，重点检查是否存在销售不合格药品、麻醉药品和精神药品、违规存放疫苗以及国家药监局关于停产、召回的各类药品。开展医疗器械检查共12次，按照医疗器械管理要求，要求各乡（镇）卫生院及医疗器械使用单位每月向申扎县食药局报送“医疗器械使用情况登记表”，并将其列入对各乡（镇）的年终考核当中，监管覆盖率达100%。与各医疗器械使用单位签订“医疗器械安全使用不良反应目标责任书”，在申扎县食品药品监督管理局执法人员、各乡（镇）食品安全协管员、卫生所负责人的共同努力和监督检查下，药品和医疗器械安全工作实现“零事故”。

【保健品及化妆品日常监管】全县化妆品专营、兼营登记12家，做到一企一档、一店一档，实行档案动态化管理，使全县所有销售化妆品经营单位均纳入监管范围内，做到监管工作中“底数清、情况明”。严格执行相关政策标准规定、办事程序，对化妆品经营企业经营资质进行认真审查，积极推进保健食品化妆品备案管理要求；按照《西藏自治区食品药品监管局关于印发食品保健食品欺诈和虚假宣传整治工作实施方案的通知》，进一步营造健康有序的食品市场经营环境，严厉打击违规营销宣传产品功效、误导和欺骗消费者等违法行为，认真履行自身监管职责，建立健全保健食品、化妆品监管工作机制，大力开展保健食品、化妆品专项整治，全局共出动保健食品、化妆品监管执法人员24人次，检查销售保健食品店3家、化妆品兼营和专营店12家，现场监督检查过程中，发现不合格化妆品5种，发现出售没有中文标识的进口保健功能饮品1种，总价值270元。

【宣传教育】以“3·15”国际消费者权益保护日为契机，开展食品药品安全检查和化妆品监督管理工作。对销售过期食品等违法行为进行严厉打击，开展以“申扎县‘3·15’活动过期食品销毁现场”为主题的活动，销毁过期的食品共14种，价值达2.3万元。为加强化妆品监督管理，宣传普及化妆品安全知识，引导群众树立安全护肤意识，开展以“与法同行，美丽相伴”为主题的“5·25护肤日”宣传活动。开展以“安全生产月宣传活动”为主题的宣传活动。按照《申扎县2018年“平安宣传周”活动方案》，以“平安宣传周”“全国食品安全宣传周”为契机，开展“促进平安建设，保障舌尖安全”的宣传活动。为进一步做好安全用药科普宣传工作，提升公众安全用药意识和自我保护能力，联合县人民医院、藏医院，出动宣传员5人，进行“安全用药”宣传活动。发放《食品药品安全知识读本》《新食品安全法》《化妆品知识宣传手册》《化妆品知识问答》以及举报牌等宣传材料8000份，在活动现场，为全县广大人民群众讲解如何辨别过期、伪劣以及“三无”食品、药品、化妆品、保健品和医疗器械的方法手段。

3月15日，申扎县“3·15”过期食品销毁活动现场

【监管业务培训】 为进一步提高全县食品经营单位、乡（镇）协管员和药店行业人员的业务素质，开展食品药品监管手段、综合业务知识培训，全县各乡（镇）食品安全协管员、中小学分管食堂的负责人、全县小型餐饮单位及政府食堂共有38人，1家药品零售单位负责人、1家诊所负责人参加培训，授课人普布围绕《中华人民共和国食品安全法》《中华人民共和国药品安全法》《安全用药管理条例》以及经营单位日常自查方式等方面进行生动讲解；让各个领域经营企业牢固树立经营企业永远是第一责任人的意识，法律必将对经营企业的违法行为按照相关法律法规的规定严惩不贷的决心。

【案件查处】 群众举报8人，在羌塘生态园吃完饭后当晚出现不同程度的上吐下泻情况，接到举报后立即赶赴现场进行核查。发现如下问题：一是冰箱显示温度为–4.2℃，未达到标准–18℃；二是冰箱内成品和半成品未按要求分别储存；三是操作间内整体卫生脏、乱、差；四是牛肉出现变质现象（已变色）；五是未建立索证索票进货查验制度；六是仓库内卤味增香膏已打开包装，未建立食品添加剂使用记录；七是仓库内发现过期食品；八是查验过程中发现厨师未按要求佩戴口罩衣帽；九是冰箱内已包好的冻饺上发现有虫子。执法人员根据《中华人民共和国食品安全法》相关规定，立即对该食品经营企业进行询问、取证等相关工作，并责令限期整改。根据该食品经营企业违法事实及相关法律法规，没收过期饮品，责令限期整改，并处以2万元罚款。按照上级下发的雪花啤酒专项检查工作方案，依法对全县内经营酒类的商铺、娱乐场所、餐饮店等进行检查。在检查过程中，发现4家经营单位存在经营销售假劣雪花啤酒的违法行为，执法人员根据《中华人民共和国食品安全法》相关规定，没收所有不符合生产规定的雪花啤酒、责令限期整改，并处以1.8万元罚款。

【申扎县食品药品监督管理局领导名录】

局长：简　值

副局长：索朗论布（藏，4月离职）

　　　　普　布（女，藏，4月任职）

副局长、主任科员：张　涛（4 月任职）

申扎县人民医院

【概　况】2018 年，申扎县人民医院始终坚持贯彻中共十九大、十九届二中、三中全会精神。坚持预防在先、发现在早、处置及时的原则。在市委、县委等上级有关部门的领导下，以习近平同志重要讲话为指导思想，以申扎县医疗卫生提升年为契机，强化科学管理，突出内涵建设，健全各种规章制度，改善就医条件，为下一步打造二级乙等综合医院打下坚实的基础，积极开展全员学习业务知识。保持医院快速发展的势头，较好的完成的各项工作。使医院管理水平、整体规模、业务总量跃上新台阶。

【医疗人员】编制总数 30 人，正式专业技术人员有 32 人、其中临床医生 11 名（医生 1 名从卡乡借调）、护士 11 名（其中 1 名从马跃乡借调）、检验人员 3 名、放射科 1 名、药剂 3 名、影像学 2 名、计算机专业 1 名。本科学历 10 名、占比例总数的 31.25%，大专学历 22 名占总数的 68.75%。男性比例占总数的 31.25%，女性占 68.75%，汉族 8 人、藏族 24 人；少数民族比例占 75%（均为藏族），同比上年少数民族比例下降 25%。

【健康扶贫】提高建档立卡牧区扶贫人口医疗保障水平，防止因病致贫、因病返贫，抽专业人员到乡上开展牧民健康体检建档立卡贫困户 4082 人。开展免费“送医下乡”义诊活动，为贫困户提供足不出户的贴身医疗服务，体检 126 人次、看病人数 50 人次，免费发放药品 26 种，价值 2000 元左右，全院职工向驻村点（卡乡 2 村）困难病人捐款 4000 元整。

【医疗服务】住院治疗。患者是医院服务质量的重要评价者之一，患者对医疗服务的满意度是反映医院服务质量的一个关键指标。该院实际对外开放床位为 29 张，接受住院治疗人数为 640 人，其中住院分娩人数为 247 人，住院治愈人数为 626 人次，治愈率高达 97.8%，转院 13 人次，死亡 1 人。

门诊、急诊综合服务。门诊、急诊综合看病人 3.4704 万次，转院 15 人次。妇产科门诊接诊量为 2105 人次，开展公共卫生妇幼工作，其中更换皮埋 51 人次，上皮埋 81 例，取皮埋 69 例，取环 1 人。孕前检查 2 人次，产前检查 134 人次，其中建卡人数 70 人次，妇科病随访 500 人次，出生缺陷筛查人数 116 人次，发放叶酸 29 人次、筛查乳腺癌、宫颈癌 193 人次，其中乳腺癌 113 人次、宫颈癌 80 人次，HPV 检测 10 人阳性。

急诊 24 小时服务。急病人所急、需病人所需为主要原则，该年度接诊量 2971 人次、抢救 301 人次、出车 20 车次。

10 月 17 日，开展免费送医送药、健康体检活动

7 月 18 日，上海八五医院医务人员对驻地部队进行健康体检

7月2日，西藏藏医学院工作组与申扎县藏医院医生合影

援藏工作队服务。上海八五医院以“不忘初心、方得始终”为宗旨，进行为期两周的援藏医疗技术指导工作，在八一建军节免费义诊人数达300人次。免费发放药品价值达1000元。

【驻寺、驻村干部体检】 共体检90人次并每人建档立卡，进行存档。提出权威、有效的健康水平评估方案和预防疾病建议和措施，制定相关的个人健康档案。

【申扎县人民医院领导名录】

院长：吴　坚（藏，4月离职）
　　　索南央金（女，藏，4月任）
副院长：格茸旺堆（藏，4月离职）
　　　　吴　坚（藏，4月任）
急诊主任：措　吉（女，藏）
副主任：白玛拉宗（女，藏）
门诊主任：次仁吉巴（女，藏）
副主任：达　珍（女，藏）
住院部主任：明　久（藏）
副主任：尼　玛（女，藏）

申扎县藏医院

【概　况】 在县委、县政府的正确领导和县卫生局的直接领导以及申扎县藏医院全体医务工作人员精心努力下，顺利地完成2018年各项工作任务。

【人员情况】 共37人，其中正式工22人、临时工15人，正式工当中藏医师15人、药剂师4人、护士3人，副高职称1人、初级14人、员级7人。临时工当中公益性3人、合同工2人、临时工10人。

【业务开展情况】 门诊看病总数达2.3194万人次，下乡看病人数达1568人次，出诊看病56人次。B超人838次，心电图4人次。静滴4816人次、肌注526人次，皮试1355人次，小换药232人次。开设牙科，拔牙12人次。住院部住院人数达1061人次，出院人990次、转院36人次、死亡5人、骨折复位10人次，导尿9人次，灌肠0人次，静滴9180人次。藏药制剂室普通药品生产58种，2023.75公斤，价值109.2825万元。贵重药品生产1种，97.5公斤，价值56.16万元。咔嚓药品生产5种，262.15公斤，价值104.6688万元。

【藏医特色外治诊疗法】 为继承和弘扬藏医学的优势和特色，满足广大人民群众的健康和医疗服务的需要，申扎县藏医院专业人员拥有扎实的理论基础和丰富的实践经验以及过硬的操作技术而开展藏医脉泻和腹泻疗法为主的藏医特色外治治疗法，藏医放血疗法达90人次、火灸疗法达124人次、拔罐疗法达344人次、金针疗法达48人次、针灸疗法达560人次、角吸疗法达9人次、药浴疗法达139人次、腹泻疗法达18人次、脉泻疗法达4人次。

7月2日，西藏藏医学院院长尼玛次仁带队的工作组到申扎县藏医院检查指导工作

【下乡活动开展情况】 申扎县藏医院抽调 4 人组成医疗工作组，深入 8 个乡（镇）开展免费送医送药活动，免费发放药品 62 种、总价值达 8.55 万元。申扎县藏医院组织 5 人参加“五下乡”活动，深入 4 个点开展送医送药活动，看病人数达 780 人次，发放 54 种普通藏药，价值达 8000 元。

【结对帮扶工作开展情况】 申扎县藏医院 19 名干部职工与下过乡 1 村 17 户结对，组织全院干部职工到下过乡 1 村开展结对帮扶进村入户活动，并为每户送上平均价值 1200 多元的粮油等生活用品和藏药。走访群众，访贫问苦了解情况与群众面对面沟通思想，交流感情真正了解群众所急、所盼、所想的问题，使彼此增进了相互的感情，促进了帮扶工作的顺利开展。

【免费送药情况】 塔尔玛乡 1 村驻村工作队赠送 8580 余元的常用藏药。利用十一放假时间院部组织 5 人到塔尔玛 1 村看望驻村队员及村贫困户 8 户，送上哈达及生活用品，价值达 5000 元。卡乡 2 村驻村工作队长吴坚邀请骨干医生到卡乡 2 村开展义诊活动。平时门诊内贫困病人和五保户的病人免收药费价值达人民币 8300 元。在住院部住院病人索巴，患有乳腺癌，为她捐款 1.64 万元。

【硬件建设卓有成效】 为提高医院诊疗水平，最大限度满足不同层次患者的就医需求，改善就医环境，在县委、县政府和援藏单位的大力支持下投入 4300 万元资金新建藏医院的门诊楼、医技楼、住院部，总面积约 9900 平方米。政府及扶贫办投入 505 万元新建制剂室，占地面积约 5500 平方米，已投入使用。

新建藏医院

【申扎县藏医院领导名录】

院长：才松扎堆（藏）

副院长：格茸旺堆（藏，4 月任职）

疾控中心

【概　况】 2018 年，申扎县疾控中心在县委、县政府的正确领导下，在县卫计委和上级业务部门的指导帮助下，疾控中心坚持以“预防为主”的工作方针，进一步完善疾病预防控制体系，认真履行防病工作职能，落实重大疾病防控措施，切实加强党组织建设和队伍建设，全体干部职工齐心合力，各项工作取得明显成效，为保障全县人民群众身体健康、构建和谐社会做出积极贡献。

【计划免疫工作】 冷链管理及疫苗运转。2017 年 11 月至 2018 年 10 月冷链设备运行使用正常，8 个乡（镇）共转运疫苗 32 轮次，均用冷链包运转。

疫苗接种。在全县推广普及定点接种，全县各乡（镇）上报数据，全县建卡建证儿童 487 人，建卡建证率为 100%，建卡建证有效率 90%。各种免疫规划疫苗接种率分别为卡介苗 97.4%，脊灰疫苗 4 针次 98.4%，百白破 4 针次 97.5%，麻疹类疫苗 2 针次 99.4%，乙肝疫苗 3 针次 98.3%，A 群流脑疫苗 2 针次 98.4 %，A+C 流脑疫苗 97.5%，甲肝疫苗 97.5%，各种免疫规划疫苗基础免疫接种率均达到上级要求。按每个月月报录入系统网报。继续开展 15 岁以下儿童麻风和脊灰强化疫苗查漏补种工作及新生入托入学查验补种工作。

【疫情管理】 传染病报告管理。2018 年，全县共发生 4 起传染病发病，下过乡初小红眼病 2 例，县城学校手足口病疫情 15 例，县完小散发水痘疫情 9 例，县完小和中学疑似流行性腮腺炎 5 例，中心组织县完小应急接种麻腮风疫苗 563 人，全部治愈。

入托入学查验补种。入托入学共查验 504 人，有接种证人数301人，补证5人，9种疫苗补种306人。

二类疫苗接种。主要三种二类疫苗、成人乙肝疫苗、狂犬疫苗、流感疫苗，二类疫苗是收费、知情、自愿有偿接种的，其中狂犬疫苗疾控中心24小时安排值班人员及时接种。二类疫苗接种情况，成人乙肝疫苗35人、狂犬疫苗13人、流感疫苗10人。

11月16日，申扎县疾控中心对申扎县完小排查水痘疫情

【卫生监督】 监督执法工作。大力整顿个体医疗市场，开展职业病预防工作，防止公共卫生突发事件发生等方面取得较好的成绩，卫生监督执法工作逐步走向正轨。全县各学校等公共场所检查4次。

健康证办理。新办健康证446个。

水质监测。枯水期13份水质监测记录、丰水期13份水质监测记录。

【结核病防控】 根据国务院办公厅《关于印发“十三五”全国结核病防治规划的通知》，国家卫计委办公厅、教育部办公厅《学校结核病防控工作规范（2017版）》《西藏自治区结核病防治工作规划（2018—2020年）》等有关文件精神，以及全区2018年结核病、风湿病、乙肝三大疾病人群筛查工作部署，结合申扎县实际，对全县学校筛查3186人、养老院11人、寺庙僧尼及驻寺干部95人进行筛查结核菌素实验，其中强阳性18人，弱阳性174人，县城学校PPD阳性人员进一步做完胸片检查，无确诊结核病例。结核病防控工作和宣教工作以及结核病人发现工作也不断加强，新登记结核病人23人、上报入网23例，痰检15人、随访43人，结核病药物治疗完成20人，治愈4人。

【艾滋病防控】 为认真落实国务院办公厅关于印发《中国遏制与防治艾滋病“十三五”行动计划的通知》及自治区卫计委关于印发《西藏自治区遏制与防艾滋病行动计划实施方案（2018年—2020年）》（藏卫字发〔2017〕99号）通知精神，市卫计委协同西藏防艾志愿者协会志愿者在申扎县开展艾滋病防治宣讲活动，2018年10月26—28日，西藏防治艾滋病志愿者协会4名老师赴申扎县，深入辖区8个乡（镇）、10所学校，在广大牧民群众、干部职工、僧尼、驻寺干部、医务人员中大力开展防治艾滋病、性病宣讲活动。宣讲活动期间、防艾志愿者们认真分析艾滋病流行现状，耐心讲解艾滋病的危害、传播途径、防治措施，以及预防艾滋病的重要性，有效提高申扎县广大干部群众、寺庙僧尼、学校师生对艾滋病的知识知晓率，进一步增强预防和自我保护意识。利用各大宣传日和“12·1”世界艾滋病宣传日，全体工作人员出动，在县城超市、农行、人民医院大门口进行宣传咨询活动。艾滋病共筛查380人，无阳性和疑似病人。每月系统网报高

10月27日，西藏防治艾滋病志愿者拉珠带队在申扎县开展预防艾滋病宣传知识活动

危人群和检测分数按时完成。

【地方病】 碘缺乏防控。为进一步贯彻落实碘缺乏病的防治策略，查明申扎县牧民生活饮用水水碘含量情况，全县53个行政村开展水碘调查工作，共采集水样99份，8—10岁儿童尿碘送样160份，孕妇尿碘送样30份，市疾控中心地方病检验科送检。完成0—3岁和育龄妇女补碘工作，300份碘样监测。

鼠疫防控。加强鼠疫防控工作开展培训及宣传6次，并各施工单位签订鼠疫防控的“三不三报”的目标责任书。

包虫病防治。开展包虫病查漏筛查1512人，确诊阳性2人，全县阳性病人共245人，建档245人，其中药物治疗218人，手术治疗完成27人。

【慢病管理】 大力开展以高血压、糖尿病、心脑血管、肿瘤、高危人群等为重点的慢性病防治工作，并充分结合戒烟控酒、饮食、心理干预等措施，积极开展健康宣教与促进，降低重点人群高危因素，有效地控制慢性病发病率和死亡率。

【宣传工作】 主要靠健康教育慢慢改变人们生活、饮食、行为来提高自我防病意识，投入大量的人力物力，积极组织在“12·1”世界艾滋病日、“3·24”世界结核病防治日、“4·25”全国儿童预防接种日、“5·15”全国碘缺乏防治日、“10·8”全国高血压日等宣传日开设专栏进行各类知识咨询。2018年9月25日至10月4日开展8个乡（镇）级30个行政村进行宣讲各类传染病及健康教育、包虫病和结核病等免费治疗政策。

【其他工作】 县卫计委鉴定《2018年党风廉政建设目标挂历责任书》，开展党风廉政、行风建设、医德医风和廉洁自律教育，引导广大干部职工牢固树立爱岗敬业、忠于职守、依法执业、诚信优质服务的观念。积极选派各类专业技术人员到上级医务部门培训学习，共参加上级培训16期、20人次，通过学习培训，干部职工及时掌握国家最新的疾病预防控制策略、防治技术和工作要求，不断增强和更新专业知识，提高业务水平和工作效率。同时，为提高基层防疫人员的专业技能和素质，中心于举办4期培训班，培训学员165人次，对各乡（镇）医疗卫生单位负责人和防疫员参加的疾病预防控制业务培训班，有力促进疾控工作正常有序地进行。

【对口扶贫帮扶】 申扎县疾控中心走访贫困户，了解他们身体和生活情况，为贫困送出去了思想帮扶和物质帮扶。常见药物（总价1176.84元）、生活用品（总价2000元）。

【申扎县疾控中心领导名录】

主任：索南央金（女，藏，4月离职）

副主任：石达巴拉（藏，4月任职）

乡镇概貌

申扎镇

【概　况】 2018年，申扎镇在县委、县政府的坚强领导下，在县直各单位的正确指导下，认真贯彻落实习近平总书记系列重要讲话精神和中共十九大精神，牢固树立“四个意识”，坚定“四个自信”，紧紧围绕全镇中心工作，扎实开展基层党建、发展经济、安全生产、脱贫攻坚、环境保护等各项工作，以“四讲四爱”学习宣传活动为契机，引导牧民群众进一步树立“感党恩、听党话、跟党走”的思想，为打赢脱贫攻坚战，完成各项工作任务而不懈奋斗。年底共有8个行政村（居），663户，2488人。牧业户数为581户、2397人。

【经济指标完成情况】 经济总收入达5681.3298万元，第一产业收入2648.3698万元，其中牧业收入2566.1287万元；第二产业收入542.57万元；第三产业收入2490.39万元。实现纯收入2556.6039万元，农村居民平均纯收入1.0103万元，现金收入6389.34元。

【脱贫攻坚工作】 持续开展“五个一批”“一乡一社”“一村一合”等系列脱贫攻坚工作，进一步对207户建档立卡贫困户“一户一档”信息数据、材料进行全面更新完善。实现32户、133人脱贫，其中3村整村脱贫。

及时兑现各项脱贫政策资金。全镇享受生态岗位资金人员共969人，每人每年补助为3500元，以“一卡通”形式兑现资金374.85万元。享受无劳力定向补助资金人员共265人，每人补助260元，以“一卡通”形式兑现资金4.81万元。

积极组建“一乡一社”“一村一合”项目。召开研究部署会议，组建切合实际、增收致富“一村一合”项目，组建1个“一乡一社”项目，6个“一村一合”项目，其中申扎镇1村、2村、3村组成“联村一合”项目，增强贫困户参与脱贫攻坚力度，带动贫困户经济收入。

2月5日，开展申扎镇党政领导与驻村工作队、村“两委”共同商讨脱贫策略

加强宣传工作力度，提高群众政策知晓度。围绕国家和自治区、那曲市、申扎县确定的扶贫开发总体目标、工作任务、重大工作部署和重要工作措施进行宣传，大力宣传县委、县政府

“党政统筹、多点发力、全民小康”总体要求和“1+2+1=100”脱贫攻坚总体思路，宣传次数18场次，受教育率85%。

加大转移就业力度，增收群众致富。开展劳动力转移就业实名制工作，全面掌握劳动力就业状况，摸清建档立卡有劳动能力贫困家庭数，对劳动力基本情况、家庭情况、就业意愿、培训情况以及转移就业情况进行备案登记。建立劳动力资源台账、有劳动能力并有就业愿望人员台账、建档立卡贫困劳动力就业台账，达到每月更新，实行动态管理。围绕产业发展、市场需要有针对性地开展培训工作。动员村“两委”班子开展贫困群众技能培训工作，详细部署贫困群众参与技能培训工作。按照“六个精准”原则，整合资源，实施转移就业228人；外出务工累计收入达71.144万元。

6月15日，申扎镇党委书记讲党课

【牧业发展情况】 召开牲畜清点和出栏统计工作动员大会，采取村与村交叉的方式开展牲畜清点工作，镇农牧办工作人员以走村入户、实地督导的形式，宣传相关草补政策、深入牲畜清点现场，共走村入户8次36户，防止出现漏报、瞒报现象。做好兽药销售工作，及时组织开展兽药分类、摆放、做标签等工作，并对兽药品销售情况进行登记造册。组织20名镇、村级兽医工作人员，开展“口蹄疫”“小反刍”等8大疫苗的常用知识培训。组织开展接羔预幼巡医诊治25次，暖棚维修16座、羔宫维修10座。牲畜诊治18次，共大畜6只、小畜38只。开展包虫病驱虫工作，并发放价值人民币1000余元驱虫药，家犬共289条，犬粪处理5178个。牲畜内脏处理33个。完成种畜交换牦牛16头，棉山羊95只，兑现资金10.8万元。积极兑现申扎镇2017年政策性涉农总赔款113.72万元整。统计自然灾害死亡牲畜牛142头、羊1118只。对8个行政村农村集体资产清产核资工作进行全面的清查、登记、核实债权、债务和资产、资源，摸清集体资产底数。继续加大河长制工作力度，对申扎镇每条河流明确河长责任制，建立工作台账、巡河台账等，设立河长制明示牌。

【党建工作】 全镇共10个党支部，其中8个村（居）党支部，1个机关支部，1个寺庙片区管委会党支部，共有党员392名，牧民党员329名（含3名驻村工作队），机关党员59名，寺庙片区管委会党支部4人，新发展党员15名，按期转正党员17名，推迟1年转正党员1名。组织召开党员大会，民主投票表决初步通过确定发展党员和转正党员情况，各支部共发展党员15名，其中机关发展4名党员；转正党员17名，其中机关按期转正4名；吸收入党积极分子53名，其中机关吸收积极分子6名。

积极开展主题党日活动。开展以“唱响新时代主旋律”为主题的党日活动，全体党员重温入党誓词，各党小组进行红歌比赛。机关党支部召开“为什么入党、入党做什么”主题研讨会，“创先争优、为什么服务”主题党日活动，“以人民为中心”的新思想。党委组织干部职工集中观看《巡视利剑》。开展“环保在行动、关心孤寡老人”为主题的活动，逐步树牢党员的“四个意识”。组织干部职工观看电影《建党伟业》《第一书记》，通过观看电影，使党员干部铭记历史、不忘初心，“亮身份、讲正气”亮的是党员的身份、亮的是党员先锋模范作用的身份。

深入学习贯彻中共十九大精神。利用周五理论中心学习会议，组织全镇党员干部学习中共十九大精神，实行“课上学习、课下撰写心得”制度，切实做到真学习、真思考、真领会、真落实。在全镇主要路口，各村显著位置悬挂横幅、刷写标语，营造浓厚氛围。申扎镇各村（居）支部纷纷开展学习中共十九大精神活动，在村党支部书记、驻村工作队的带领下，认真领会大会的新思想、新讨论、新部署，各村（居）展现浓厚的学习氛围。

创新党建带群团组织工作。组织8个行政村支部书记开展“不忘初心，牢记使命”主题演讲比赛。开展多种竞赛活动，提高团员干部业务知识、理论知识，引导团员干部立足岗位作奉献，在机关团支部和村（居）团员干部中开展“团委业务培训会暨中共十九大知识竞赛”活动，推动全镇团员干部切实学懂弄通做实中共十九大精神；开展庆祝“3·8”妇女节108周年文艺活动，集体合唱“西藏妇联之歌”，开展踢毽子、吹气球、抢凳子等活动，提高妇女干部的工作积极性和创造性。

推动党建促脱贫攻坚工作。打造“党建+”工作模式，以党建引领脱贫攻坚，实现党建与脱贫攻坚有机结合、良性互动，凸显党的核心领导作用。在统筹推进农牧民专业合作社建设过程中，实施“党支部+合作社+贫困户”发展模式，充分发挥村级党组织作用，将党组织、党员、贫困户聚集在同一产业链，推动村党支部带领建立农牧业合作组织与贫困人口紧密衔接的利益联结机制。申扎镇1村、2村、3村整合优势资源，采取“联村一合”模式，注册成立申扎县盛益商贸有限公司，作为集体扶贫企业正式运营，吸纳贫困户中的剩余劳动力16人实现就业，有力促进了村党支部建设和村民间团结协作。

【人大工作】 召开申扎镇十二届人民代表大会第四次会议。大会审议通过人民政府工作报告、人大工作报告，大会主席团完善《乡规民约》，成功选举1名政府副镇长，1名主席团成员。组织人大代表、群众代表、监督员、建档立卡贫困户及城镇低收入人员，以“公平、公正、公开”的原则逐一核查城乡低保对象户的基本情况。清退不符合城乡低保条件的农村低保3户、17人，城镇低保9户、27人，详细检查筛查兜底对象，对整治后的86户、297人农村最低生活保障人员的家庭中，是否有因残重度贫困的家庭，是否有因病重度贫困的家庭等状况进行核查，确保扶贫兜底对象精准，经筛查符合兜底对象条件的有6户、10人。组织人大代表及部分村民开展村周边卫生整治工作。逐一查看每季度的惠民资金落实情况，了解资金到位情况及数目标准是否一致。开展4次监督检查，未发现挪用、占用、截留资金等现象。人大代表对贫困户进行帮扶2次，10户、共折合人民币1.1785万元。

【教育工作】 适龄少年135人，其中残疾人数为2人；初中就读在校生109人，初中入学率达100%。小学适龄儿童235人，其中残疾人数为4人；小学适龄235儿童在校生232人，适龄儿童入学率为99.65%。

【卫生工作】 对辖区内商店、菜店、茶馆等个体经营户进行8次食品安全检查，及时清理三无食品，确保广大群众舌尖上的安全；组织卫生所医务人员对各村15家商店食品和14名村医药物进行大检查，及时清理过期食品、药品；收集1749人农牧民个人自筹参合金共3.498万元，做到“村不漏户、户不漏人”，农牧民参合率达100%。规范建立贫困户健康档案，将842人贫困户健康状况进行一一分类。开展上皮埋、取皮埋等小型手术。对孕产妇进行定期检查（血压、身高、体重、宫高测量、胎心）。开展下村、入养老院就医巡诊工作，就诊人数共有580余人次，发放5000余元免费药品。

【文化工作】开展周边文化市场暗访督查，共检查茶馆、朗玛厅等文化经营场所10余家。为牧民群众播放爱国影片3次。组织开展庆祝“3·28”百万农奴解放纪念日文艺演出，共参演35个文艺节目。每月深入申扎寺及八个村（居）的牧家书屋进行实地检查，进一步完善书屋建设，促进文化阵地建设，提升公共文化传播能力。

【民政工作】发放城镇低保资金53.41万元，农村低保86户、297人，城镇低保40户、102人。开展城乡低保对象大排查工作，农村低保保障对象91户、314人，清退14户、52人，新增9户、35人；城镇低保保障对象49户、129人，清退9户、27人。以走村入户与残疾人面对面的形式开展残疾人核查工作，开展调查摸底2次，核查出残疾人员89名，其中死亡3名，重残19名，一般残疾67名。以一卡通形式兑现残疾人员两项补贴资金，重残19人发放6.84万元；一般残疾67人发放8.04万元。开展3次《中华人民共和国婚姻法》宣传工作，防止出现非法同居现象。办理结婚证明18件，离婚证明2件。统计高龄老人9名，失能老人13名的卡号，以一卡通形式兑现高龄、失能老人补贴金，22人发放1.32万元。开展对五保老人、孤儿审批工作，加强建档立卡和数据更新，对五保老人、孤儿等信息进行动态更新管理，五保户10名，县城集中供养率100%；孤儿供养对象3名，2名孤儿实现集中供养。

【人社工作】新型城乡居民参加新农保人数共1023人，征缴费用共10.36万元，新增20人，参保率达100%。60岁以上养老金享受人员共184人，发放资金共27.3772万元。实现11名大学生全就业。清查2014年7月之后16—59岁死亡人员及60岁老人兑现丧葬补助金。16—59岁死亡人员共11人，兑现丧葬补助金1.966万元；60岁老人死亡54人，兑现丧葬补助金共4.86万元。

【财务工作】共兑现惠民资金1799.3096万元，其中草原生态补助奖励机制资金494.7032万元。公车、公车油料费、维修费、保险费共支出12.7918万元。每季度对镇、村财务公开情况进行定期检查，每季度更新公开信息，确保资金使用公开透明。镇纪检协同镇财政所工作人员，每季度对村级财务工作进行督导检查，对村集体资金使用、报账、记账票据一一检查，对拨款收入进行一一核对入账情况，确保所有资金使用规范、票据合规。组织村级财务工作人员集体培训3次。

【申扎镇领导名录】

党委书记：洛桑扎西（藏）
党委副书记、镇长：曹　豫
人大主席：米玛卓嘎（女，藏）
党委副书记、主任科员：董　宁
纪检书记：赤列央宗（女，藏）
组织委员：米玛普赤（女，藏）
副镇长：扎西曲杰（藏）　米玛次仁（藏）
郭晓玲（女）　嘎玛桑杰（藏）
顿　巴（藏）
巴桑旺姆（女，藏，4月任）

雄梅镇

【概　况】2018年，雄梅镇在县委、县政府正确领导下，始终坚持以习近平新时代中国特色社会主义思想为指导，深入贯彻落实中共十九大、十九届二中、三中全会精神，习近平总书记系列重要讲话精神，那曲工作会议精神，以维护社会稳定为基础，以促进经济健康发展为根本，紧密联系工作实际强化政府职能，努力克服工作中的不力因素，较好完成了年初确定的目标任务，全镇经济保持了健康良好发展态势。

【主要经济指标完成情况】牧业户数774户、3924人，其中劳动年龄内人口2176人。经济收入总量达到9192.2432万元，同比减少13.2%，其中第一产业达4517.9009万元，同比增长15.3%；第二产业达1242.129万元，同比减少41.4%；第三产业达3432.2133万元，同比减少24.6%，餐饮、批发零售、住宿等多种经营方式的发展，增加了草原生态保护补助奖励机制补贴资金。牧民人均收入达到10067.61元。

【党建工作】 强化组织领导，落实党建责任。严格按照年初制定的《雄梅镇干部职工工作目标责任制量化考核办法》《关于调整充实雄梅镇2018年党委、人大、政府主要领导、各办公室工作分工、人员安排及领导干部包村工作的通知》要求落实基层党建工作责任。与各村党支部签订《雄梅镇2018年度基层党建工作目标职责书》《2018年度党风廉政建设目标责任书》《2018年脱贫攻坚目标责任书》。

坚持思想建党，强化政治建设。按照推进“两学一做”学习教育常态化、制度化、党委理论中心组学习、“支部主题党日”活动、严明“党的政治纪律、政治规矩”集中学习教育活动、“三会一课制度”落实，认真组织学习《中国共产党章程》、《中国共产党纪律处分条例》、《中国共产党廉洁自律准则》、《中共共产党党内监督条例》、《新形势下党内政治生活若干准则》、《发展党员细则》、《宗教事务条例》、《党风廉政建设责任制》、《习近平谈治国理政》（一、二卷）等党内法规和中共十九大精神、习近平系列重要讲话精神、脱贫攻坚政策，以及中央、自治区、市、县重大会议精神。开展党员干部学习教育30余场次，党委理论中心组学习10场次、“支部主题党日”活动10场次、严明“党的政治纪律、政治规矩”集中学习教育活动48场次。

坚持制度建党，加强组织建设。完善《中共雄梅镇委员会工作规则》《雄梅镇人民政府工作规则》《雄梅镇党政班子民主议事工作规则》以及“三会一课”制度、“三重一大”集体决策制度、发展党员制度、党费收缴制度、党员管理制度、公文阅（办）制度、“三务公开”制度、流动党员服务管理、“四议两公开”等相关规章制度，要求严格按照制度落实工作；召开2次民主生活会和各党支部组织生活会2次，进行民主评议党员，合格率90%，基本合格10%。

坚持以人为本，加强队伍建设。按照上级关于发展党员的指示要求，结合《中国共产党章程》《中国共产党发展党员工作细则》规定，遵循“保持标准、保证质量、改善结构、慎重发展”的原则，以强化党员队伍“源头”建设为目标，发展正式党员21名、预备党员12名，培养积极分子58人；28周岁以上人员退团7人，新发展团员27人。大力实施党员培训、村干部培训、新任村干部培训等培训共7场次，党员政治教育培训8场次；培训重点学习政治教育、习近平新时代中国特色社会主义思想、中共十九大精神以及机关各办公室业务、村级工作开展以及脱贫攻坚等方面。结合政治纪律、政治规矩学习，对新修订的《中华人民共和国宪法》《中华人民共和国监察法》，马克思主义“五观两论”以及党员不得信仰宗教、不得参加宗教活动以及引导群众淡化宗教思想、共建美好家园等方面进行培训。走访慰问困难老党员、老干部、生活困难党员，送去慰问金1.0092万元，支部主题党日活动慰问敬老院孤寡老人300元。收缴党费9339元已上缴县委组织部，团费4530元上缴县工青妇1812元。

【强基惠民工作】 在镇强基办的牵头下，镇纪检委、财务所等办公室相关工作人员配合组成工作组，赴10个行政村开展驻村第六批、第七批工作队交接。在春节、藏历新年期间，组织各驻村工作队开展慰问五保户、“三老”和困难群众60人次，发放慰问品价值2.7092万元，高中以上的学生15人次、发放慰问品价值1500元。深入开展“党员干部进村入户、结对认亲交朋友活动”，37名驻村干部与37户贫困群众结成了亲戚。召开感党恩教育大会24场次、政策宣传31场次，群众教育面达100%，组织群众开展“中国梦”、社会主义核心价值观和新旧西藏对比教育21场次，受教育群众3600余人，受教育面100%；积极开展村干部文化素质提升工程，由村第一书记或驻村工作队队长担任班主任、驻村队员担任教员开办夜校班，组织初中以下文化程度的村“两委”班子、后备村干部学习藏语文、汉语文、数学，为村“两委”班子成员上课20学时，上党课20个学时，上政策理论课80个学时。

【脱贫攻坚工作】 2018年，江雄8村、色宗1村实现整村退出，脱贫43户、155人，剩余181户、744人未脱贫。贫困发生率从33.1%下降到21.8%。

强化领导。根据人员变动先后2次调整充实领导机制、抽调6名骨干力量充实扶贫专班，主动对各时期市、县关于脱贫攻坚的重要部署决策和会议、文件精神进行传达学习，先后召开专题会议19次、走村入户24次，组织召开脱贫攻坚专题安排部署会议21余次。编发工作信息86期，确保精准发力。依托党建促脱贫工作，积极激发村党组织堡垒作用，在“一乡一社”“一村一合”产业发展中主动与党建工作相融合，提出“堡垒带动、能人引路，统筹整合、联动增收”的产业口号；认真落实党员干部联系包村制度，落实103名干部对口帮扶工作，累计慰问帮扶款物折计4.14万元；主动激励发挥区直驻村力量助力脱贫攻坚工作。

产业发展方面。严格按照市委、市政府关于发展壮大牧区产业项目指示要求，重点抓好“一乡一社”“一村一合”产业组建，坚持将产业研究纳入“三重一大”议事范畴，确保项目依法合规。全镇“一乡一社”组建完成并稳步运行，共支出使用项目资金289.72万元、使用率达88.73%；项目涉及牦牛扩繁养殖、扶贫机械劳务队、扶贫旅游客栈4个项目，共购买不同年龄、结构牦牛208头、羊200只，购挖机、运输车各1辆，翻修客栈126平方米，所有项目均以能人引路为依托进行规范管理，已销售牦牛51头，实现产业纯收入40万元，实现年终贫困户户均分红500元的目标。全镇10个村“一村一合”全部组建注册，落实使用资金195.41万元（总资金253.5万元）、使用率77.08%，项目涉及扶贫运输2个、多种经营2个，牧业养殖6个。

易地搬迁。易地搬迁56户、222人，项目开工率达100%。一年来，在镇党委的安排部署下，脱贫攻坚指挥部累计深入施工现场进行督导检查20余次，对存在的问题进行及时处置，确保了搬迁房屋的质量；在项目建设中，全镇各级在项目监理协助下，认真落实“五级监管责任”对工程重要环节、隐蔽工程进行检查把关，较好的确保了项目进度、质量，有力地改善了搬迁点公共服务条件，确保了搬得出、稳得住。

社会保障。五保户7户8人，残疾人员158人，建档立卡贫困户年龄在60—79岁缴纳养老保险的为73人；新排查农村低保户130户454人（包括寺庙僧尼17户17人）。根据申脱指相关要求，对照“无劳动能力或者丧失劳动能力的家庭，因残重度贫困家庭，因病重度贫困家庭，因灾或意外事故造成重度贫困的家庭，因其他不可抗拒的原因”五条标准要求，在10个行政村选出低保对象129户445人的基础上，选出20户69人为最终的社保兜底对象人员，其中1村3户6人，2村2户17人，3村2户7人，4村3户11人，5村2户7人，6村2户5人，7村2户10人，9村3户4人，10村1户1人。2018年，雄梅镇享受定向补助人员428人，其中建档立卡内427人。

生态补偿。深入各村实地调研，在村“两委”及驻村工作队的陪同下对各村符合生态岗位定岗标准的贫困户进行实地筛选。通过为期3天的筛查，最终确定1825人符合生态岗位标准；每人按照生态岗位补助标准3500元/年进行发放补助资金。根据市委巡察三组反馈意见和县脱贫攻坚指挥部要求，雄梅镇第一时间着手筛查全镇

2017年、2018年度享受生态岗位政策人员的条件，对不符合文件要求及正常履行岗位职责的人员给予剔除。筛查享受生态岗位人员是否还兼任村“两委”职务，是否存在长期在外人员享受生态岗位的现象，是否存在重度残疾人员享受生态岗位。在为期3天时间内对2017年、2018年享受生态岗位的1828名人员进行重新地核查和筛选，其中符合政策要求的有1692人，不符合政策条件的有136人（林业岗位47人，草场监督岗位88人）符合享受生态岗位人员中60—75岁的共190人，均能正常承担生态岗位职责。2018年，该镇享受八大岗位1693人，定向岗位补助人口412人（包含五保户8人），上半年累计兑现资金1904.45万元。

转移就业。举办各类技能培训10余起，参与培训人数180余人，主要以建筑施工、餐饮、机械驾驶、发展产业项目方面，转移就业人数332人，实现转移就业收入210万元。截至年末，涉及主要就业方面有建筑施工、保安门卫、餐饮服务、机械驾驶，就业渠道狭窄是限制和影响广大群众实现就业收入的主要短板。

结对帮扶。帮扶群众317人，参与帮扶干部400余人，帮扶资金达5.888万元。

政策宣传。镇脱贫攻坚指挥部联合镇强基办及相关部门深入各村集中开展“四讲四爱”、“爱劳动、讲文明、树新风”、党的各项重大政策及扶贫领域的各项政策宣讲活动10余次，受教群众基本达到了全覆盖，受教群众3000余人。

7月19日，雄梅镇党政领导深入江雄村组织召开贫困户交流座谈会

【综治维稳工作】 敏感时点维稳工作。紧紧围绕“动员部署、值班带班、红袖标维稳巡逻、宣传教育、安全隐患排查、纠纷排查调处、外来人员管控、重点管理”等一系列维稳措施，深入开展维护社会稳定工作。“红袖标”巡逻队开展治安巡逻工作900余次，投入人力6000余人次，开展反分裂宣传教育活动54次，受教育群众4000余人次，共张贴通告52份、悬挂横幅12条、设立举报箱12个，开展摸排宣传57次，开展“珍爱生命、拒绝乘坐非法运营车辆”专项宣传2次，开展禁毒宣传2次，群众覆盖面达100%。通过一系列维稳工作的开展，确保了社会局势稳定。

“七五”普法工作。在广大农牧民群众中大力宣传《中华人民共和国宪法》《中华人民共和国监察法》《中华人民共和国婚姻法》《中华人民共和国治安处罚法》《中华人民共和国妇女儿童权益保护法》等法律法规及民生政策知识，积极开展“非婚生子整治”、文化市场“扫黄打非”清理整顿行动，坚持将网络安全教育、通信安全使用贯穿于普法过程，为全镇和谐稳定奠定了重要思想保障。

综治“双联户”创建工作。全镇97个联户单元，单独设立党小组24个、联合设立党小组30个；结合二十项工作职责，积极开展联户平安、增收创建，在各级群防群治维稳力量中发挥了不可替代的重要作用；全面启动综治网格化创建工作，认真落实《扶贫生态环卫管护员》管理考核办法，落实月考核制度，有效壮大了维稳力量。

【生态环保工作】 坚持深入学习贯彻习近平总书记“绿水青山就是金山银山”及“美丽家园建设者”重要指示，始终牢固树立环保底线意识，坚持发展与保护并重重视生态环保。坚持将生态环保工作纳入全镇工作全局，层层签订大气、水污染防治目标责任书，紧盯色林错国家级自然保护区环境保护、国道318料场整治及工程施工领域，切实加大中央环保督查问题整改，协调上级林业、国土、环保职能部门严格对项目选址、料场选定等工作进行勘察把关，严禁随意破坏行为。将每周五确定为环境清扫日，组织开展市容村貌整治活动，积极加大村居周边、重要水源地、公路沿线清扫力度，购买发放价值4.99万元环境管护员工具，开展环境卫生清理整治230余次；积极配合完成了10个生态村、1个生态乡（镇）的申报工作。积极健全落实河（湖）长制，完善河湖名录，设立区级河湖1个、县级河湖5个，对辖区15个河湖设立了镇级河湖长15名，安排资金1.8万元定制河湖规章制度8个、河湖长公示牌10个，积极开展河湖环境卫生检查，助推了护河责任落实。

【牧业发展情况】 各类牲畜存栏14.1751万头（只、匹），年底牲畜存栏14.1751万头（只、匹），其中牦牛1.5365万头、绵羊9.7193万只、山羊2.8686万只、马507匹。新生幼畜5.5473万头（只、匹）；幼畜成活率达到91.68%，大畜死亡1860头（只、匹），大畜死亡率控制在1.125%以内。兑现草补资金781.8745万元，可直接为政策牧户户均增收1.2万元；开展集中连片人工种草14处，共34.9公顷；实施高寒牲率棚圈项目12座，村级动物防疫栏项目8个。

防抗灾工作。防抗灾仓库物资进行再次核查，棉被、被套400套、棉衣裤254套、保暖鞋160双、棉帽144顶、棉手套400双、防雪镜400副、铁锹100把、编织袋600个、铁丝300公斤、粮食13285公斤、饲料179袋。

兽防巡医、注射疫苗工作。在牲畜接羔育幼期间，组织兽防专技人员深入各村开展巡医工作，进行问诊、听诊工作。开展春秋季“五号病”疫苗注射，按照防治“包虫病”工作要求，对死亡牲畜的内脏处理情况、包虫病疫苗注射情况及犬粪处理情况监督检查，并及时向县农牧局报送。

【农村集体资产清产核资工作】 全镇共有村集体资产总计为账面数2723.2428万元，核实数3007.7927万元，其中流动资产合计账面数250.9547万元，核实数321.2677万元；固定资产合计账面数2121.4227万元，核实数2119.6405万元，全镇负债及所有者权益合计账面数16.852万元，核实数16.852万元，其中流动负债合计账面数16.04万元，核实数16.04万元；所有者权益合计账面数8120元，核实数8120元，全镇集体土地总面积为30.2733万公顷，其中农用地为37.3388万公顷；建设用地为75.2公顷。

【教育、卫生、文化工作】 教育工作。在校生共928人，其中镇完小110人，县完小542人、县初中240人，在外就读36人；高中职在校生78人，大学在校生59人，其中建档立卡贫困大学在校生11人。

卫生工作。开展食品药品安全大检查10余次，没收过期食品共价值1847.5元。统计新生儿和去世人员。新生儿出生人数40人，去世人员20人。上报“一孩双女”和“独残”人数。享受“一孩双女”33人、“独残”12人。共有3747人缴纳合作医疗资金，共缴费金额达7.494万元。看病人数1.08万人次，其中住院分娩16人，住院治疗14人，疫苗接种1647人次，儿童入托入学查验补种73人次。对高血压、包虫病、糖尿病、肺结核、孕产妇、严重精神病等患者进行随访共220余次。发放2018年住院分娩降销补助29人次共3.807万元。

文广工作。举办了“3·28”西藏百万农奴解放纪念日文艺会演，共有500多人次参加；在春节、藏历新年、“3·28”纪念日期间，各村“两委”组织群众采取跳锅庄、唱红歌的形式，把文化活动送进了每家每户，2018年，各村文艺演出场次达120余场次。发放卫星电视接收器100台，协助技术人员维修8台卫星接收器，自行组织群众更换10台卫星接收器高频头。深入开展网络安全法规教育和“清源”“固边”“秋风”“护苗”“净网”专项行动，开展大排查、大检查20次。

【财政工作】 惠民资金累计兑现4066.1392万元。其中各类工资和补助（补贴）464.556万元，各项奖金3.4592万元，各项补偿资金795.8245万元，各项惠民资金1075.6923万元，各类慰问资金1.7万元，各类补偿资金1724.9072万元。对每笔使用的经费都做到了有依据、有发票、有清单、有落实，及时将收支情况张贴到公示栏，接受群众的监督。每次政府采购都主动邀请镇人大进行全程监督，并将采购情况及时公开。

【民政、社会保障工作】 兑现农村最低生活保障资金43.7137万元，兑现城镇最低生活保障资金10.2366万元，共11户，25人。精神异常监护人补贴资金4.08万元，17人。养老保险资金19.68万元，1890人。兑现60周岁以上老人养老保险金12.9627万元。

【宣传工作】 组建镇级宣讲组3个，选定优秀党员干部、牧民宣讲员23人包村巡回宣讲30场次，受教育群众3200人次，覆盖面达到全镇总户数的100%。深入开展习近平新时代中国特色社会主义思想学习活动、“恩从何来、恩向谁报”新旧对比乡村两级群众性演讲比赛、“国旗飘起来、国歌唱起来”活动、“神圣国土守护者、美丽家园建设者”比贡献争先进活动、“爱劳动、讲文明、树新风”主题教育和市容村貌专项整治活动共140多场次。开展各类法制宣传教育活动40次，张贴标语30余张，设立宣传点，发放法律法规资料、宣传资料4560余份，受教育群众达3500余人次，覆盖面达到90%以上；预防青少年违法犯罪活动法制宣传教育5次，受教育青年人数累计达150人次。

3月28日，雄梅镇开展庆祝“3 · 28”西藏百万农奴解放纪念日

【其他工作】 统计上报野生动物肇事补偿数据，山羊192只，绵羊952只，牦牛74头，马18匹。救治1只国家一级保护动物藏羚羊。认真组织开展群众住房情况摸查统计，共统计危房143户、贫困危房33户，无房81户。积极开展针对性气象法规科普宣传13次。

【雄梅镇领导名录】

党委书记：李　英

党委副书记、镇长：边巴扎西（藏）

人大主席：李江宏（3月离职）

扎西边宗（女，藏，3月任职）

党委副书记：果　果（女，藏，3月任职）

组织委员：果　果（女，藏，3月离职）

旺　姆（女，藏，3月任职）

纪检委书记：尼玛仓决（女，藏，3月离任）

唐宇龙（12月任职）

副镇长：计美江村（藏）　邱玲伟　刘同顺

旺　姆（女，藏，3月离职）

嘎玛桑旦（藏，3月任职）

林　毅（3月任职）

塔尔玛乡

【概　况】 2018年，在上级党委、政府的关心关怀下，在乡党委、乡政府的正确带领下，社会各项工作稳中有进。2018年，全乡991户，3934人；其中，牧业户937户，3783人。

【经济指标完成情况】 实现生产总值（GDP）7933.1364万元。其中，第一产业完成2795.9133万元，第二产业完成743.5165万元，第三产完成

4393.7066万元。农牧民年人均纯收入9990.16元，现金收入5650.33元。

【精准扶贫工作】 脱贫任务完成情况。2018年，完成4个村整村退出（贡西村、多琼村、朗泽村、隆桑村），51户192人的脱贫任务，易地搬迁4户10人。帮助366名建档立卡贫困户实现可流动性劳力就业，增收338.69万元，不可流动劳力增收61.5万元。

“一乡一社”建设情况。实现“一乡一社”资金带动贫困户全覆盖。成立金东运输合作社，投入“一乡一社”资金100万元购买2辆大型双桥轿车，1台挖掘机，盈利28万元，覆盖259户贫困户。成立如卡畜产品加工合作社，投入“一乡一社”资金20万元，购买30头奶牛，群众自筹51头奶牛，盈利15万元，覆盖12户贫困户。扩建沿驼拉赞合作社，收入为12.48万元，覆盖77户贫困户。“一村一合”项目全覆盖，主要经营范围为牦牛饲养、奶制品及畜产品加工；其中，除12村畜产品加工销售合作社投资55.7万元外（12村群众自筹51头牦牛、驻村工作队扶持7万元），其余各村均投资20万元（各村合作社均按照30头母牛带牛犊组建）。娘仓村专业经济互助合作组织顺利通过县农工领导小组的验收，为专业合作社的发展提供新的机遇与发展空间。

结对帮扶工作。召开了结对帮扶工作推进会，那曲市人民医院等相关单位为群众送来了1万元的医疗药品。2018年，帮扶资金达288.8218万元。

宣传情况。组织全乡348户贫困户群众分批次开展5期牧民群众宣讲培训班，培训内容进行扶贫知识考核测试，宣传率达到100%。

【牧业发展情况】 年底，牲畜存栏为7.5388万头（只、匹），各类应生牲畜3.6185万头（只、匹），已生3.4323万头（只、匹），幼畜成活率94.64%，成畜死亡率1.64%，兑现草补资金1086.32万元。人工种草面积突破81.8公顷。新建3村、7村标准防抗灾物资储备库，3个行政村内新建成16座高寒棚圈（分别是江姆村5座、格玛村6座、确曲村5座）。市、县两级畜产品展销会达到446.38万元。召开防抗灾安排部署会议4次，调整完善防抗灾领导小组1次，督导检查各村防抗灾物资储备库4次，深入各牧户家中检查“五储备”情况10余次。

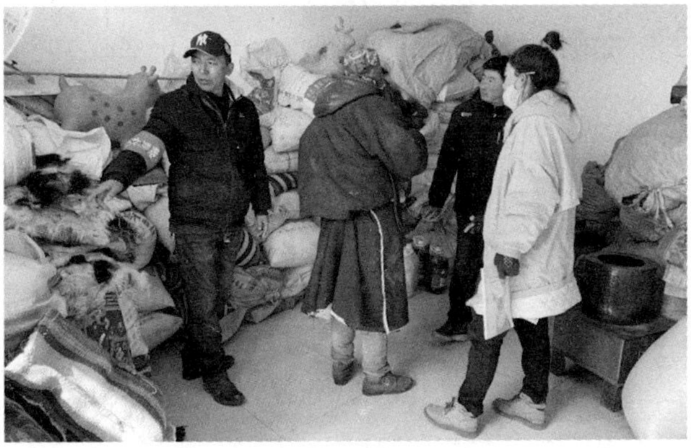

3月16日，下村指导检查工作

【项目建设】 累计各类基建项目16项。安全饮水井项目9个，防洪堤项目1个（5村），危房改造项目18户（13村），村级公路5条（5村、6村、7村、11村、13村），村文化室标准建设3套（5村、10村、13村），县乡公路3条（塔尔玛乡—新吉乡，买巴乡—新吉乡，塔尔玛13村—塔尔玛3村），垃圾转运站1个，乡文化综合服务中心改扩建项目，乡政府大院改扩建项目，村级幼儿园项目1个，寺管委办公用房1栋。

【教育、卫生、文化事业工作】 教育。塔尔玛乡完小专任教师21人，在校幼儿89人；小学生454人，入学率100%；初中生239名，入学率100%；高中生67名，入学率85%；大学生43名，入学率68%。对九年义务教育阶段学生入学实施送学奖励政策，每名学生送学奖励30元。兑现高中及大学生资助金30.1144万元。接受中小学生社会捐助物资4次，折价近20万元。在学生范围内组织教育政策和法规内容集中宣讲5次，发放宣传资料400余份。

卫生。乡卫生院床位16张，医生5人。村级医疗站14个，村级医生28人。2018年，看病人次3715人（村级、乡级总数），总核销17.4522万元，住院分娩4人，普通住院26人，藏药核销1.1634万元。群众合作医疗自筹资金7.31万元，食品药品检查12次，收取过期食品金额596元，过期药品3.0447万元。各村免费体检率100%，3名包虫病患者前往拉萨接受免费治疗。

文化。投入116万元进行乡级文化室改扩建，免费对牧民群众开放。组织开展“演讲比赛”、“5·4”“10·1”文娱大赛、“爱国歌曲大家爱唱”、“书法大赛”等活动，各村文艺队按照上级要求，每季度开展3—5次文艺表演。

【宣传情况】 广泛宣传“四讲四爱”，不断深入牧民家中、寺庙、学校、放牧点，实现受众群众覆盖100%。共宣讲231场（次），直接受教育群众7223人，使“四讲四爱”深入人心，引导群众践行文明风尚，争当合格村民。

【惠民政策落实情况】 落实惠民资金2323.04万元。新农保参保人数1796人，共缴纳资金16.93万元，农村低保106户、393人，城镇低保6户、14人，兑现农村低保资金6.60861万元、兑现城镇低保资金2.8248万元。兑现退伍军人各种节日慰问金0.18万元。兑现高龄补助0.72万元。兑现村干部工资137.2783万元，兑现八大生态岗位工资665.1万元。

8月10日，塔尔玛乡召开8月村碰头会议

【支部学习情况】 党支部16个，中共党员485人，其中预备党员16人，积极分子19人。召开党员大会170次，支委会336次，支部书记讲党课14次，理论中心组集中学习19次，各支部开展主题党日活动52次，主要领导讲党课5次，主题讨论2次，组织观看《厉害了我的国》《苏联解体20年》等教育片8次，撰写学习心得845篇。

【塔尔玛乡领导名录】

县人大常委会副主任、乡党委书记：刘彦翔
党委副书记、政府乡长：土登达瓦（藏）
人大主席：阿旺金巴（藏）
乡党委副书记、主任科员：索南吉（女，藏）
乡纪检委书记：多吉次仁（藏）
组织委员：拉加次仁（藏）
政府副乡长、综治办主任：易洪波
政府副乡长：尼玛卓拉（女，藏） 李文哲
扎　西（藏，4月任职）
冷雨果（4月任职）

下过乡

【概　况】 2018年，下过乡在县委、县政府的坚强领导下，在县直各单位大力支持下，以习近平新时代中国特色社会主义思想为指导，进一步牢固“四个意识”、坚定“四个自信”、切实做到“两个维护”，紧紧围绕以经济建设为中心，扎实开展基层党建、脱贫攻坚、环保工作、牧业工作、民政工作、人社工作、教育发展、医疗卫生、财务工作以及宣传工作等各项工作顺利推进，为坚决打赢脱贫攻坚战，顺利完成各项目标任务而不懈努力。下过乡共有6个行政村，30个自然村。全乡总人口650户，2673人（包含乡干部职工59户，68人。）。其中，牧业户数558户，2519人。

【经济指标完成情况】 经济总收入达7073.5531万元，其中第一产业收入2630.6091万元，第二产业收1054.9575万元，第三产业收入3387.9865万元。

年人均收入达 10065.34 元，现金收入 6689.55 元。

【精准扶贫工作】 脱贫攻坚工作。2018 年，脱贫 26 户，134 人。建档立卡大学生 13 人，高中生 31（其中中职 10 人），初中生 56 人，小学生 156 人。社会兜底对象 6 户 18 人。生态岗位 1254 人，无劳力定向补助 359 人；劳动力人数 544 人，其中可流动劳动力 247 人，不可流动劳动力 297 人。全乡共有易地搬迁户 90 户 421 人，其中县城集中搬迁 19 户 67 人；羊八井搬迁 1 户 4 人；分散搬迁 57 户 259 人。完成 22 人技能培训，参训率达 100%；加大贫困户劳务输出力度。各类项目建设点完成短期劳务输出 188 人次，收入达 92.0744 万元。就业完成 110 人，收入达 74.0929 万元。

“一乡一社”“一村一合”工作。精准发力推动“一乡一社”组建工作。乡党委、乡政府高度重视“一乡一社”组建工作，连续 5 次深入基层一线调研，4 次召开乡班子会议，就“一乡一社”组建工作进行全方位集思广益，形成了牦牛短期育肥 + 牦牛繁殖一体化的牧业专业合作社，完成了下过乡格仁措牧业专业发展合作社注册工作，参与贫困户达 99.27%，贫困户入股资金达 9.68 万元，注册资金为 309.68 万元。年底，总利润有 33.612 万元，人均分配 349 元。

结对帮扶。以结对帮扶为契机主动联系帮扶单位和个人，对贫困户进行扶志和帮困。以思想帮扶为主，资金帮扶为辅，向 213 户贫困户进行帮扶，共帮扶 4 次，折合资金 10.192 万元，帮扶率达 99.06%。

4 月，下过乡召开组建“一乡一社”“一村一合”工作推进会议

【牧业发展情况】 牲畜总头数为 6.0002 万头（只、匹）。大畜死亡率控制在 1.09%，幼畜存活率达到 97.83%，牲畜出栏折合绵羊单位 3.9027 万只。在接羔育幼期间安排乡兽医人员深入到放牧点开展巡医巡诊，共巡诊 12 次，督促检查春季五号病疫苗的注射、指导常规 8 大疫苗注射相关注意事项，深入到各村、各户开展村草补基础数据更改完善、草补相关材料的审核、政策宣讲等工作。兑现草原生态补助奖励机制资金共 473.746 万元。各驻村工作队以家访进行深入每家每户开展粮食储备检查，对于部分粮食储备不足的低保户，切实加强宣传与动员。

【党建工作】 1 个党委，7 个党支部，50 个党小组。全乡正式党员 321 人，预备党员 10 人，积极分子 43 人。乡党支部共组织学习 48 次，人数达 960 人次。补充完善《下过乡 2018 年基层党建工作材料汇编》6 册。积极组织党员进行结对帮扶工作。为更好的贯彻落实扶志扶智帮扶目标，帮扶活动宣传 4 次，机关党员结对帮扶率达 100%。积极开展主题党日活动。开展以“不忘初心，牢记使命”为主题的党日活动，组织全体党员重温入党誓词，组织干部职工演讲比赛，用真挚朴素的语言表达对祖国的一片赤诚，对党诚挚的热爱。利用周五学习的时间，组织全体党员观看《红河谷》《焦裕禄》《战狼 2》《建党伟业》《第一书记》等爱国影片，使党员干部铭记历史，加深党员的爱国情怀。

【“一河一册”“一湖一策”工作】 召开“河长制”工作专题会议 3 次，全面对河长制工作进行部署。进行“河长制”工作宣传，全乡范围内先后制作公示牌 6 块，宣传标语 10 副；制定重要河段和湖泊由乡村主要领导巡管的内容，成立乡村各级领导参与的巡河巡湖领导小组，对巡河巡湖工作提出具体要求。开展巡河 50 余次，治理河段流域、湖泊岸边垃圾污染20余次。公示乡村级总河长、河长名单。设立两处河长制监督举报点，公开“河长制”工作监督电话，设立举报信箱；全面监督河长制工作；强化“一河一册”“一湖一策”工作。开展调研摸底工作及调研次数达25次，形成调研报告10份。对河段信息进行统一建档，统一保管。

【民政工作开展情况】 农村低保对象94户384人，城镇低保对象12户30人；对全乡范围内孤儿进行一次全面排查，符合条件的有2名孤儿。排查统计后孤儿的信息及时上报给上级部门，保障2名孤儿及时能享受相关政策。积极开展退伍军人信息采集工作；开展全乡社保信息采集工作。

【人社工作】 新型城乡居民参加新农保人数1305人，征缴费用12.36万元，新增27人，参保率达100%。60岁以上养老金享受人员195人，发放资金37.7696万元。

【教育事业发展情况】 组织乡卫生院医护人员对114名学生进行全面的检查工作。确保每个学生身心健康；专门安排工作人员联合驻村工作队与村“两委”班子，在全乡范围内开展学前教育活动，确保入学率达100%。乡党委书记与乡分管教育副乡长到学校听课21次，讲法制课9次；排查检查学校食堂和仓库等19次，宣传学生资助政策的相关材料12次，宣传人数达1251人左右，发放宣传单641。宣传率达100%。

【卫生事业开展情况】 积极组织医护人员深入各

11月5日，乡卫生所深入各行政村开展儿童疫苗接种工作

行政村随访慢性病患者210人，及时了解掌握病情；开展食品药品安全大检查13次，对存在过期药品与食品及时进行消除；2018年，住院人数186人，其中住院分娩13人、住院治疗156人；对疫苗接种、艾滋病、大骨结、包虫病等疾病产生的原因与造成的危害及治疗办法等方面开展9次专题宣传，发放宣传单470份，受教育群众达人1958人次，宣传率97%；对村级医护人员开展3次集中学习业务培训，人数18人，培训率达100%；组织各村医护人员召开4次专题会议。

【宣传工作】 积极开展“四讲四爱”“爱劳动、讲文明、树新风”主题教育，“十九大会议精神”以及《习近平谈治国理政》等学习宣传活动，通过做对比、谈感受，谈变化、感党恩，教育和引导广大牧民群众、寺庙僧人、青少年要正确树立人生观、价值观、世界观。2018年，先后开展学习活动20场次，受教育率达90%。

【下过乡领导名录】

党委书记：米玛顿珠（藏）
党委副书记、乡长：李成科
人大主席：巴　贵（藏）
党委副书记：扎西卓玛（女，藏）
纪检书记：顿　珠（藏）
组织委员：次仁卓嘎（藏，4月离任）
　　　　　巴　果（女，藏，4月任职）
副乡长：仁增旺久（藏）　白玛旺堆（藏）
　　　　何　俊　周寿福
　　　　旦增崔成（藏，4月任职）
司法所所长：伦珠曲措（藏）
派出所所长：贡嘎扎巴（藏）

巴扎乡

【概　况】 2018年，巴扎乡在县委、县政府和乡党委、乡政府的领导下，乡人大和纪检的监督支持下，把各项工作抓紧、抓好、抓出成效。以习近平新时代中国特色社会主义思想为指引，认真贯彻中共十九大精神，严抓干部队伍管理，紧抓农业发展主线，深挖牧业资源和生态文化资源，深入推进重点项目建设和精准扶贫工作，努力开创全面建成小康社会的新局面。

【经济指标完成情况】 国民经济总收入6270.857万元，其中第一产业收入3087.6201万元，第二产业收入876.6646万元，第三产业收入2306.5722万元，年人均纯收入10126.08元，现金收入7418.07元。

【基层党建工作】 每月开展理论中心组学习，每月观看一次电教片，每月25日开展主题党日活动；党支部学习40次、主题当日开展10次，理论中心学习10次。继续深入开办“夜校”培训工程，在村“两委”班子成员、后备干部、初中以下文化程度的年轻党员、双联户户长、致富能手中开展文化素质提升工程。充分发挥党员先锋模范作用。4村组织党员到放牧点维修道路。加强基层党组织工作能力，每月组织两名村干部到乡政府跟班学习，主要学习基层党建、综合治理、脱贫攻坚、简单的办公电脑操作等综合能力，安排两名村干部为期一个月跟班学习，共培训7人。

【宣传教育工作】 利用各类宣传标语、宣传栏、集中宣讲、入户宣讲等方式，对中共十九大精神、习近平总书记系列重要讲话、“四讲四爱”群众教育、“爱讲树”、“两学一做”进行大力宣传教育，全乡共组织学习达311场次，参与党员、群众1.12万余人次，入户宣传27次。入户率达98%以上，开辟专题宣传栏27期，乡党委、政府主要领导先后5次深入各村集中宣讲，教育引导群众要有“我要脱贫、我要致富”的思想意识，教育率达到98%。开展感党恩主题教育活动67次，政策宣传76次，群众教育面达98%，举办专题讲座66次，发放宣传材料713份。

12月24日，巴扎乡“四讲四爱”群众教育活动第三阶段工作总结及第四阶段安排部署会召开

【维护社会稳定工作】 把维护稳定教育工作纳入宣传教育，教育引导群众牢固树立“分裂动乱是祸，团结稳定是福”的意识，并把这种意识转化为维护稳定的自觉行为。共开展维稳专题宣讲教育63场次，参会群众7600人次，受教育面达99.5%。排查矛盾纠纷3起，调解率达100%。“红袖标”巡逻队8000人次。接受辖区内来信来访案件3件，均为拖欠民工工资问题，已妥善处理；做到了件件有落实、事事有回音。组织综治办、派出所、项目办先后7次对7个行政村及乡周边、1个寺庙、施工单位进行散装油料及液化气等易燃易爆物品的监督检查，切实按要求做到了严审批、严管理。加强食品药品安全大检查，共检查23次，查处过期食品共22箱，合计金额728元，过期药品54种，合计金额1.6922万元。在乡村显眼处张贴“扫黑除恶”宣传通告40份，集中宣传16次，先后10次组织乡综治办、派出所对全乡村霸、路霸、沙霸、车霸等黑恶势力进行排查。利用各种场合各种机会对干部群众进行教育引导。对重点看护人员，积极引导参加丰富多彩的各类活动，走访与其交心谈心，共走访8次，关心他们的工作和生活，充分发挥基层党组织的作用，强化组织建设。

【精准扶贫工作】 召开2018年精准扶贫工作动员大会，安排部署精准扶贫工作，乡党委、乡政府与各村签订“脱贫攻坚目标责任书”，各村与贫困户签订“目标责任书”，做到层层压实责任；对2017年脱贫较好的4村、7村、致富带头

5 月 12 日，邀请申扎县人大常委会原副主任卓瓦开展“讲身边故事、算收支明细、促扶知扶智”主题宣讲活动

人、贫困户进行表彰，鼓励其他村和户要向先进学习、看齐。组织全乡干部职工、村干部走村入户，宣传开展精准扶贫工作相关政策知识 20 余次。积极组织指标内贫困户剩余劳力 159 人外出务工，实现现金收入 140 余万元。组织各村第一书记、村主任大力宣传技能培训的重要性，转移就业技能培训已有 17 人参加培训，参加就业人数 15 人。组织结对帮扶 2 次，对 58 户贫困户进行帮扶，帮扶资金共达 4.89 万元。由乡党委主抓并参与每个环节，7 个行政村的“一村一合”全部启动经营，收入达 20 万余元；每月租金 6.3 万元，每年收入近 79.2 万元。党员干部个人结对帮扶，组织贫困户参加技能培训。邀请县人大常委会原副主任卓瓦赴各村开展“讲身边故事、算收支明细、促扶智扶志”宣讲活动，宣讲率达 97%。开展一系列脱贫攻坚政策宣传工作，牧民党员积极主动地投入到脱贫工作中，主动开展结对帮扶工作，捐款捐物捐牲畜折合人民币 6.7645 万元。脱贫 17 户、65 人，易地搬迁 91 户、311 人（县集中搬迁 16 户、51 人），兑现八大岗位资金 366.1 万元。

【党风廉政建设工作】 召开 2018 年党风廉政和反腐败工作部署会议，完善《巴扎乡关于加强党风廉政建设和反腐倡廉宣传活动实施方案》，签订《反腐倡廉目标责任书》，明确工作任务，采取定期与不定期的方式对乡直各单位、村“两委”、驻村工作队各项工作开展落实情况进行督导检查，对工作落实不到位的，以乡党委、乡政府的名义下发督察专报，限期整改，随时回访。为进一步加强干部职工作风，安装了考勤打卡机，严格考勤制度。采取定期不定期的方式对村干部坐班、驻村（寺）工作队员在岗在位情况继续督查，每月底根据干部职工管理办法对考勤打卡机情况进行通报。让广大党员、干部职工接收廉政警示教育，筑牢拒腐防变的思想道德防线，各项规章制度及近年来发生在基层的贪污腐败案例张贴上墙，教育引导干部群众要清白做人、干净做事。在使用每一笔资金时，召开领导班子会议，经研究通过后方可使用。进一步对账目管理，实行财务资金一月一结制，经乡纪委工作人员协助监督，每月在乡月报会上通报收支情况，并在公示栏进行公示。由乡纪委组织牵头，在乡直机关及村“两委”中开展党的政治纪律和政治规矩集中教育学习活动，乡纪委组织 16 次学习，干部职工撰写心得体会 43 份，学习笔记 43 份，并组织全乡干部职工召开党的政治纪律和政治规矩集中教育学习组织生活会，每名干部职工作批评与自我批评。

【人大工作】 召开第十二届人民代表大会第四次会议，大会代表共 37 人，因事、因病请假 5 人，实到 32 人。大会选举了人大主席一名，乡政府副乡长一名。收集意见建议 43 条。组织代表们对财务进行监督，重点对“一乡一社”“一村一合”从资金的发放，到资金使用，购买牲畜的情况进行全程跟踪。组织 2 次人大代表视察，对象为政府各职能部门、学校、卫生所，视察中人大代表提出一些疑问，各部门、学校负责人对其问题一一解答，对不能及时解决的问题要求各负责人限期整改。

【牧业发展工作】 乡政府完善重大动物疫情工作领导小组，出台突发重大动物疫情应急预案，成立7个防控工作组合一个督导组。签订动物防疫目标责任书，为春秋两季重大疫病防治提供有利条件。在开展五号病防疫过程中，严格按照“一户一证、一畜一针”的要求，坚持做到“四不漏”（乡不漏村、村不漏户、户不漏畜、畜不漏针）的工作格局，应免牲畜6.3081万头（只），实免牲畜6.3081万头（只），免疫密度达100%。结合“四讲四爱”群众教育活动和重要节日进行多层次、全方位的宣传，发放“包虫病”宣传手册420余份、宣传画420余张。切实做好传染源家犬的登记管理、驱虫及犬粪的处理工作。全乡共登记家养犬62条，共发放阿维菌素100余瓶，采集犬粪870份，驱虫次数360余次。六是人工种草面积49.1公顷、实现草畜平衡户269户、超载户149户。兑现草补资金441.0987万元。开展接羔育幼巡医诊治20余次，出动人数150余人次。发放药物折合人民币3000余元。应生母畜2.941万头（只、匹），大畜死亡率控制在0.4%，幼畜存活率达到97%。在冬天来临之际，巴扎乡党委高度重视防抗灾“五无储备”工作，先后三次组织村“两委”、驻村工作队召开专题会议，研究部署“今冬明春”期间防减灾工作。平均每户燃料储备226袋、牧民群众人均存粮179.69公斤、过冬衣物5套。年底牲畜存栏6.3081万头（只、匹），其中牦牛1.9855万头、绵羊3.7273万只、山羊5678只、马275匹。

【生态环境保护工作】 及时修改完善《巴扎乡相容村貌专项整治实施方案》，签订了防止大气污染、水土污染、草地污染目标责任书。每村指定6名环境保护员，对42名工作人员发放打扫卫生工具42套。乡党政主要领导担任总河长，县级领导河长3名，乡级河长11名、村级河长43名，32条河流、11个湖泊，打捞垃圾40余袋，避免河水冲击草场、破坏生态，对7条河流进行清理。

【民政工作】 成立以乡长为组长，副乡长任副组长的工作机构，同时制定《巴扎乡2018年民政工作计划》。深入各村排查低保统计，全乡符合条件纳入的农村低保户有59户，220人。城镇低保户有4户，8人。开展老龄化统计工作。对全乡老龄化人口进行详细统计，经统计60岁以上老人有217人，其中80岁以上的老人有28人。发放严重精神障碍患者监护人补助。严重精神障碍患者监护人有6名，发放资金1.44万元。

【教育工作】 与学校签订《学校食堂安全目标责任书》等，并制订各项工作计划及《实施方案》《应急预案》，确保教育各项整改扎实有序开展。履行义务教育均衡发展，全乡适龄儿童、少年都按时入学，无辍学现象，保证入学率达100%，由驻村工作队对辖区内6名残疾儿童进行送教育服务活动，共开展60人次、540学时的送教上门服务。为培养学生的个人兴趣爱好，学校还开设了舞蹈室、音乐德育室、美术室、实验室等6大功能室。进一步强化和巩固均衡教育工作，深入各村开展劝学2次，切实做到入学率达到100%。

【卫生防疫工作】 与乡卫生院签订《卫生计生目标责任书》《妇幼保健工作目标责任书》。有2名孕产妇在乡卫生院住院分娩，28名新生婴儿乡卫生院注射疫苗。合作医疗个人缴费共收3.47万元，及时入账。组派工作人员配合县人民医院医生对全乡牧民群众进行健康体检。

【民生资金兑现情况】 兑现村务监督员工资9.1863万元；兑现60岁以上死亡人员丧葬补助4.14万元；兑现16—59岁死亡人员丧葬补助2.5082万元；兑现60岁以上人员养老金19.8292万元；兑现学生开学接送油料费4531.51元；兑现2017年野保员岗位工资3.6万元；兑现2017年湿地管护人员工资31.32万元；兑现2017年湿地监管员工资15.12万元；兑现2017年第四季度60岁以上城乡居民社会养老保险资金10.0044万元；兑现动物病变内脏补助6.125万元；兑现2018年为民办实事经费及短平快项目经费“一村一合”经费140万元（每个行政村各

20 万）；兑现岗位资金 374.85 万元；兑现无劳力定向补助资金 3.822 万元；兑现各类民生资金 1457.1998 万元。

【巴扎乡领导名录】

乡党委书记：扎西平措（藏）

乡党委副书记、乡长：方　华

乡人大主席：程　亮

副乡长：洛桑强巴（藏，4 月任职）　陈　浩
　　　　索朗拉珍（女，藏）

纪检委书记：边巴旦增（藏）

组织委员：德庆卓嘎（女，藏，4 月任职）

买巴乡

【概　况】 2018 年，买巴乡党委、乡政府在县委、县政府的坚强领导和县直有关部门的大力支持下，认真贯彻落实中共十九大会议精神，以坚决打赢“脱贫攻坚战”为首要任务，持续深化“中共十九大精神宣讲”“四讲四爱”等主题教育活动，带领干部群众积极细化措施、强抓领导、狠抓落实，较好地完成了全年工作任务。全乡干部职工 57 人，其中乡机关 47 人（包括 1 名人社局聘请干部），乡卫生院 4 人，乡派出所 6 人。

【经济指标完成情况】 全乡经济总收入 4339.2342 万元，第一产业收入 1534.796 万元，第二产业收入 496.5 万元，第三产业收 2307.9382 万元。农牧民人均收入达到9966.39元，现金收入5125.18元。

【精准扶贫工作情况】 买巴乡建档立卡贫困户 129 户，贫困人口 553 人，年底脱贫 16 户、72 人。享受生态岗位 765 人，落实生态岗位补贴资金 267.75 万元。建档立卡贫困人口 281 人；享受无劳力定向补贴 179 人，共落实无劳动力定向补贴资助金 4.654 万元；建档立卡贫困户劳动力参加技能培训人数 154 人；已转移就业人数 236 人。积极开展“结对认亲交朋友”活动，共帮扶 140 次。兑现 1 村、2 村、3 村、4 村、5 村每村 20 万元，组建农牧民施工队、民族手工艺等 5 个“一村一合”项目。

10月17日，开展“10 · 17”全国第五个扶贫日“5个 1”系列活动表彰大会

【牧业发展情况】 牧业情况。年底牲畜存栏数 5.0123 万头（只、匹），幼畜出生 1.2299 万头（只、匹），成活数 1.1663 万头（只、匹），牲畜成活率达到 95.21%，大畜死亡率 1.75%。

兽防工作。扎实开展畜牧防疫防治工作，加强巡医诊治，兽医工作人员在接羔育幼及常规巡医次数 18 次。各类疫苗注射率达 100%。科技特派员补助 1.2 万元。

积极落实草原生态补助奖励机制政策。草畜平衡户数 245 户，1488 人，落实草畜平衡补助奖励资金共 431.1547 万元。2018 年，人工种草 38 公顷，发放 41 套网围栏。落实野生动物肇事补偿补助 20.69 万元。

群众增收。全乡建档立卡可流动性劳力 196 人，除 1 人死亡之外，其余全部实现就业，就业率达到 100%，就业收入达到了 175.64 万元。

防抗灾工作。认真安排部署 2018 年今冬明春防抗灾工作会议，层层签订目标责任书，完善《买巴乡 2018 年防抗灾应急处突预案》《买巴乡 2018 年防抗灾突击队》《买巴乡防抗灾工作领导小组》，群众存粮 11.11545 公斤，人均 8 个月用粮；燃料储存 9.0596 万袋，每户均 294 袋。

【各项惠民政策落实】 各驻村工作队为民办实事解难事24件，落实为民办实事经费64.473万元。广泛开展驻村工作，严格落实各项制度，及时传达各类惠民政策，通过强基惠民活动，增强干群的社会主义核心价值观，村干部队伍建设得到加强，基层面貌焕然一新。

【支部学习】 共有6个党支部，其中乡机关党支部1个、5个村（居）党支部，全乡党员200人，转正7人，预备党员5名、积极分子19名；乡机关党员35人（包括1名预备党员）、牧民党员165名（包括4名预备党员）。乡党支部共召开支部会12次，党员大会7次，开展上党课活动16次，受教育党员干部约169人次。深入开展反分裂斗争教育、新旧西藏对比教育、“爱国主义影视观看活动”、“民族团结在身边讲述活动”、“七一建党活动”、“四讲四爱”群众文艺会演、知识竞赛、“神圣国土守护者幸福家园建设者”、“恩从何来恩向谁报”等演讲比赛。开展“中共十九大”知识等宣讲活动；共宣传110次，受众达4190人次，考试次数10次，参考人数达697人次。全乡共撰写心得体会60余份。

10月14日，组织在家干部职工收看《榜样》专题教育片

【教育、卫生、文化工作情况】 教育工作。买巴乡小学在校生67人、入学率达100%，初中在校生68人、入学率达100%；高中在校生35人；大学生36人，2018年，新考入大学生7人。

卫生工作。2018年，门诊治疗1967人次，急诊治疗230人次，住院治疗28人。其中，普通住院18人，住院分娩10人，落实降消资金1.319万元。计划生育服务199人次，随访120人次，发放叶酸35人次。开展食品安全检查共12次，查出过期食品25种，没收过期食品价值1379.6元。包虫病患者管理36名，其中药物治疗16名，钙化13名，手术治疗7名。对药物治疗患者进行发放药物及随访，专派医务人员送3名包虫病患者送到拉萨市人民医院进行手术。上级配发卫生服务车辆一台。上级拨款200万元修建乡级卫生综合楼，已建成并通过验收，县局拨款10万元修建藏医馆。在综合楼内，已采购药架、药柜等。兑现“一孩双女”补助金，共18人1.728万元、兑现卫生院海拔补助3人2.5万元。

文化工作。在藏历新年、“3·28”、“五四”、“六一”、“七一”、各村“赛马节”、国庆节等重大节日进行巡回演出，深入开展文化惠民活动，开展群众性文艺活动70场。特别在“百万农奴解放纪念日”、国庆节期间，组织开展升国旗、新旧社会对比座谈、知识竞赛、各类体育比赛、歌咏、跳锅庄等丰富多彩的庆祝活动，得到广大群众的积极响应。学习宣传法律法规、道路交通安全等活动100余次，受教群众达1.562万余人次。

【惠民资金落实情况】 兑现人医兽医工资24万元，干部生活补助56.4万元，养老保险18.5128万元，低保金17.9万元，“三老”人员补助17.6万元，草原生态补助奖励机制431.1547万元，畜牧良种补贴9.4万元，野保员、监测员补助4.32万元，残疾人两项补贴6.48万元。兑现精神患者监护人资金1.44万元，兑现18年双联户户长补助36.2万元，兑现高龄失能老人补贴4800元，兑现生态岗位（林业）补助14.7万元，兑现村级管护员资金9万元。

【买巴乡领导名录】

党委书记：桑　杰（藏，8月离职）
　　　　　阿旺旦杰（藏，8月任职）
党委副书记、乡长：邹志刚
人大主席：边巴次仁（藏）
副书记：次仁卓嘎（女，藏，4月任职）
　　　　次仁卓嘎（女，藏，12月离职）
副乡长：扎西索朗（藏）
　　　　索　珍（女，藏）何俊松
纪检委书记：曲　珍（女，藏）
组织委员：德　吉（女，藏，4月任职）

卡　乡

【概　况】2018年，在县委、县政府的正确指导下，在乡党委的精心指导下，在乡人大的依法监督和支持下，乡政府深入学习贯彻中共十九大、十九届二中、三中全会精神和习近平新时代中国特色社会主义思想，紧紧围绕县委、县政府的中心工作，坚定不移谋发展，全力以赴抓脱贫，持之以恒保稳定，全心全意保民生，污染防治促宜居，较好地完成了各项工作任务。

【经济发展情况】经济总收入4483.9657万元，其中第一产业收入1793.2980万元，第二产业收入673.92万元，第三产业收入2016.7477万元，年人均纯收入为9950.43元。

【牧业生产发展稳定】年底各类牲畜存栏为3.0481万头（只、匹），其中牦牛9293头、绵羊1.7724万只、山羊3281只、马183匹。幼畜成活率达98.28%，大畜死亡率控制在1.67%，暖季出栏绵羊765只，山羊117只，牦牛453头。严格落实草原生态保护补助奖励机制工作要求，卡乡基本实现草畜平衡，牧民群众享受草补资金达581万余元。特别是普玛二村和德朗三村群众已运行畜牧业专业合作组织经营模式，效益显著；积极推进人工种草基地建设。乡开发标准化人工种草基地1处，种草160公顷，村级集中连片中草地5处，全乡人工种草总种植面积为213.33公顷，人工种草产量总计为48吨。加强对“五储备”工作的监督检查，进一步完善防抗灾救灾示意图，多次调研勘察辖区内隐患地区，加强防抗灾物资储备督导，制定预案、组建小队、形成机制、建立台账，确保一旦发生灾情物资储备用得上、损失程度降到最低。

4月16日，召开2018年卡乡经济工作会议

【精准脱贫工作】加强产业引领，增强内生动力。卡乡“一乡一社”项目鹏达经合商贸有限公司，积极引导贫困群众参与入股196万元，总投资358.18万元在县城修建卡乡鹏达扶贫生态园，各项前置手续办完，已投入使用。“一村一合”项目注册完毕，均为牦牛短期育肥项目。四村牦牛育肥基地，将2017年利润与2018年一村一合资金整合，以平均每头牦牛7100元左右的价格购买了5—7岁的公牦牛共152头，2018年6个行政村向地区牧发公司出售牦牛358头，总价390万余元。

实施易地搬迁，保障生活条件。2018年，实施易地搬迁72户304人，其中村内55户、乡周边搬迁点6户、县集中搬迁点10户、当雄羊八井集中搬迁点1户，乡境内61套异地搬迁房屋已竣工。

发挥岗位实效，造福子孙后代。根据申扎县脱贫攻坚指挥部关于整改生态岗位不符合人员的文件精神，乡脱贫攻坚指挥部及时对全乡范围内的岗位人员一一核查，对不符合条件的村“两委”工作人员、残疾壹贰级、一年以上企事业单位工作人员、在校生、草原监督员等人员进行岗位清退，共清退51人，对之前部分遗漏人员及指标内外61—75岁有劳动能力人员调整安排岗位共23人，享受生态岗位人员838人，2018年，生态岗位资金已全部兑现。

加强技能培训，提高转移就业。按照“一库六册”统计情况，建档立卡劳动力324人，其中流动性劳力152人、在家放牧46人、看护家人111人，在校生15人，累计对接就业249人，其中长期工42人，累计增收220余万元。培训43人，并且积极与上级职能部门和各施工单位协调争取就业岗位。

加强社会保障，提高生活质量。农村低保户69户264人，全部为建档立卡贫困户；建档立卡五保户4户4人已全部安排县城老年福利院集中供养，享受定向性补助资金建档立卡贫困户214人，补助资金以“一卡通”全部兑现完毕。

加大慰问帮扶，激发脱贫动力。结对帮扶是开展脱贫攻坚工作的有效抓手，乡党委、乡政府充分整合社会各方量，合理构建结对体系、帮扶机制，实现干部职工与帮扶对象零距离对接，做到不脱贫、不脱钩，以思想帮扶为主、物质帮扶为辅，有序推进帮扶工作，共帮扶172次，帮扶物资和资金8.4984万元。

4月17日，召开卡乡2018年深度贫困地区脱贫攻坚工作会议

【维稳工作】 通过各村实地督察了解，查阅重点人员登记台账、外来外出人员登记台账和家庭僧尼登记台账等资料，真正做到底数清、情况明。针对村委会、散装油料销售点、信号基站等重点场所进行安全检查。做到全方位、无死角，并及时上报排查情况；加大宣传力度，不断提升全民法治意识，营造学法、守法的良好氛围，为防范化解重大风险提供法治保障。加强舆情监测和宣传引导，营造良好舆论氛围，确保不稳定因素及时发现、及时处理；召开反自焚、防自焚专题会议，并层层签订《反自焚、防自焚目标责任书》，把责任分解落实到人。

【生态环境保护工作】 强化宣传、提高认识。以“6·5”世界环境日为契机，组织人员到各村开展以“美丽中国，我是行动者”为主题的生态文明建设和污染防治知识宣讲活动，共开展宣讲7场次，受教群众620余人，切实提高广大牧民群众对环境保护的认识和参与污染防治工作的主动性。

全面开展河湖整治行动。认真落实“一河一策”实施方案中确定的各项目标、任务和措施要求。在全乡开展农村水环境、垃圾清理等专项整治行动，强化河流治理与管护，确保全河段河流管理保护和治理目标的实现，各村水域周边垃圾整治工作已全部完成。境内有14条河流，河流长度3604公里，河流面积3.23平方公里，设立了总河长1名，河长14名，制作14个河长制公示牌，建章立制扎实开展河长制工作。

【清查核资工作】 对所辖6个行政村集体“三资”进行全面的清查核资。487户、1716人。2017年年人均纯收入8942.97元。共清查货币资金104.3338万元，其长期投资金额62.9276万元，固定资产折旧金额506.2601万元，村集体经济组织所有土地面积28.9公顷，牧草地28.28公顷，其他公共服务及水利设备用地9.25亩。

【社保低保工作】 认真开展最低生活保障摸排，

将贫困家庭生产资料、劳动力、家庭收入等情况作为核查依据，杜绝亲情保、人情保、关系保等现象，做到农村低保69户264人和城镇低保3户9人应保尽保；开展城乡居民养老保险参保工作，符合条件参保人员888人，领取待遇130人，参保率达100%。

【教育、文化、卫生工作】 教育工作。小学适龄儿童290人，其中残疾儿童9人，随班就读4人，送教上门5人，年内适龄儿童在校生285人，适龄儿童入学率为100%。中适龄少年103人，其中三类残疾少年1人，初中在校生103人，初中入学率100%。在外就读的高中生有41人，在外就读大学生有31人

文化工作。认真做好免费开放工作，每月不定期开展文化市场检查、扫黄打非工作，共检查20余次；在“三大节日”（元旦、春节、藏历新年）、“3·28”、“七一”、“十一”等重大节日为契机开展喜闻乐见的群众文化活动，全乡6个行政村共演出64余场次，观看人数达2400余人次；乡文艺演出队演出10余场次，观看人数达700余人次；开展全民阅读活动4场次，参与人数达120余人次；开展乡、村文艺演出队的培训，积极组织参与市、县举办的各类大型文化活动。

卫生工作。开展健康教育活动9场次，发放宣传资料250份，发放预防甲型H1N1流感、手足口病、结核病等健康教育资料以及慢性病等各种处方150余份，受教育人数达到了1100余人，开展传染病宣传活动10次，受宣人数达1459人次，共举办专题工作会议4次，组织卫生法律法规知识培训、咨询活动宣传3次；及时完成对乡初小生活饮用水、医疗、校园周边茶馆商铺的卫生监督管理工作，开展监督巡查活动12场次，出动人员达53人次，查获不卫生或不合格食品10余种，下发整改意见5份。

【党风廉政建设】 认真贯彻落实党风廉政建设党委主体责任和纪委监督责任制和“一岗双责”，加强廉政工作的学习宣传和培训，注重加强对村干部的廉政教育，在乡党委安排部署下，组织全乡党员干部参观学习，进一步提高干部廉洁自律意识；充分利用正面典型和反面典型曝光台机制；积极落实各项廉政监督制度，开展廉政风险防控管理。严肃开展查处脱贫攻坚领域违法违纪案件，加大纠风治乱力度。引导各单位切实把主体责任放在心上、扛在肩上、抓在手上。按照“一岗双责”要求，明确班子成员对分管领域党风廉政建设负主要领导责任，把党风廉政建设与业务工作紧密结合，定期研究汇报相关情况，坚持谁主管谁负责，一级抓一级，保证党风廉政建设和反腐败的各项工作落到实处。乡纪委持续加大对扶贫领域监督执纪问责工作力度，协助县扶贫巡查组深入各村巡察扶贫领域各项工作。

【惠民政策落实情况、宣传情况】 宣讲中共十九大精神、“两学一做”、“四讲四爱”、“爱讲树”等主题教育宣传活动，共227次；兑现草原生态保护补助奖励机制资金547.0266万元；草场监督员资金18.9万元；发放生态岗位资金259.2万元；发放无劳力定向性补助资金21.303万元；发放农村最低生活保证资金36.0749万元；发放2017年精神障碍监护人员补助1.68万元；发放2018年精神障碍监护人员补助1.68万元。

【卡乡领导名录】

县政协副主席、乡党委书记：占　堆（藏）
乡党委副书记、乡长：陈　健
人大主席团主席：扎　巴（藏）
党委副书记：丁真曲西（女，藏，4月任职）
乡纪检委书记：索朗扎西（藏）
乡组织委员：丁真曲西（女，藏，4月离职）
　　张照勐（4月任职）
副乡长：晋　玫（藏）　边　巴（藏）
　　张照勐（4月离职）
　　索朗次仁（藏，4月任职）

马跃乡

【概　况】 2018年，马跃乡党委、政府在县委、县政府的正确领导下，坚持以邓小平理论、"三个代表"重要思想、科学发展观、习近平新时代中国特色社会主义思想为指导，认真贯彻落实中共十九大，十九届二中、三中全会，中央第六次西藏工作座谈会、自治区第九次党代会和地委（扩大）会议精神，统一思想、求真务实、开拓创新、加快发展，全面促进全乡经济社会持续稳定和谐发展、人民群众安居乐业。2018年，全乡总户数503户，其中牧业户425；全乡总人口2150人，其中牧业人口2037人，占全乡总人口的98.32%；其中，劳力1284人（全劳力1217人，半劳力67人）。

3月7日，驻乡工作组副组长、政府副县长旦巴次仁深入各村督导检查维稳工作开展情况

【经济发展情况】 经济总收入5491.8865万元，其中第一产业收入1903.2191万元，第二产业收入854.81万元，第三产业收入2733.8574万元，牧民人均收入达到9929.26元，现金收入5915.32元。

【党委工作】 全乡共有7个基层党组织，其中乡级机关党支部1个，村级党支部6个。干部党员共有37名、预备党员3名，1村党员共有41名、预备党员2名，2村党员共有38名、预备党员1名，3村党员共有46名、预备党员1名，4村党员共有42名、预备党员2名，5村党员共有22名、预备党员1名，6村党员共有38名、预备党员1名。开展"两学一做"教育活动作为当前全乡工作的常态化以及头等大事，及时召开班子会，研究制定《"两学一做"教育活动常态化制度化实施方案》，充实调整"两学一做"活动领导小组。同时采取悬挂横幅、设立学习园地、设立宣传栏等形式广泛发动宣传，营造良好活动氛围。全乡召开专题学习宣讲12场次，参与人数共达526人次。组织召开民主生活会，参会人员共11人。共发放三大班子意见征求表23份，收回22份，收集意见建议11条。乡领导班子进行深刻剖析，撰写领导班子分析检查报告和个人剖析材料，有效地提高了该乡党委班子党性修养。认真组织学习，广泛征求意见建议，开展交心谈心、沟通交流活动，撰写班子集体剖析材料及党员个人剖析材料，会上重温入党誓词，以及7个方面查摆思想及作风建设上存在的问题，再次进行批评与自我批评，增强党员干部理想信念、党性修养，为"如何贯彻落实十九大精神"奠定强有力的基础。"四讲四爱"群众教育活动开展情况。自区、地、县"四讲四爱"群众教育实践活动动员部署以来，及时制定工作实施方案、宣讲方案、督导方案，组建领导小组，召集各村党支部书记、第一书记、乡直属单位负责人、乡在职干部职工召开"四讲四爱"群众教育实践活动动员部署会以及"爱劳动、讲文明、树新风"常态化安排部署会，群众教育活动宣讲78场次，受众人数3851余人，宣讲提纲共发放350余份。充分利用"微型党校"教育平台，并完善四档案两培训利用"微班、微课、微时间、微内容"加强党员学习培训，运用微型党校平台，不断扩大党员教育培训渠道，开展"在校集中学""课外自主学"，让党员"随时、随地、随身"学习。微型党校共举办培训班15次，参加培训人数共158人。召开"优秀党员传递先锋模范"宣讲活动，为全面深入贯彻落实中共十九大精神，进一步提升全乡党员干部先锋模范意识。动员广大党员干部积极参与“我是党员、我有义务”党员志愿服务活动，百善孝为先，“尊老、敬老、爱老”是中华民族的传统美德，更是作为一名基层党员使命，为大力弘扬共产党员使命感和责任感，充分发挥党员先锋模范带头作用。举行纪念“3·28”西藏百万农奴解放纪念日系列庆祝活动。县政府副县长次仁旦巴出席活动现场，共200余人参加。组织村党支部书记、第一书记、乡在职党员干部在乡微型党校由县人大常委会副主任、乡党委书记国杰讲党课。35人参加。举行建党97周年庆祝活动，共32人参加。积极参与“我是党员、我有义务”党日活动，19名党员分六组深入6个行政村以义工名义开展“我是党员、我有义务”宣讲活动。

【党风廉政工作】 认真组织学习市纪委和县纪委会议精神10次，不断增强落实党委主体责任的重要性。通过开展反腐倡廉警示教育活动，召开全乡党员干部警示教育大会，组织观看《四风之害》《莲城警钟》等警示教育片，引导广大党员干部筑牢拒腐防变思想道德防线，努力营造风清气正的良好环境。与各村党支部签订《党风廉政目标管理责任书》6份，形成“一把手”负总责、一级抓一级、层层抓落实的工作格局。同时，定期召开会议9次，专题听取乡纪委关于全乡党风廉政建设工作汇报2次，对作风建设、惠民政策督查、领导干部警示教育等重要工作亲自部署，对重大问题亲自过问、重点环节亲自协调、重要案件亲自督办。党员干部签订《党员干部廉政承诺书》38份，做到每项工作有责任领导、有具体责任人。与此同时，乡党委还建立健全组织生活会、谈心交心制度，以及学习制度、财务管理制度、车辆管理制度等规章制度。开展公务用车、扶贫资金领域、三公经费专项排查10次。公务接待方面，严格执行上级有关接待标准。开展村一级腐败和作风问题督促整治会39次，参加人数共4769人次。开展乡一级扶贫领域腐败和作风问题督促整治工作8次，参加人数92人次。扶贫领域的监督检查次数13次。乡纪委进行资金使用和管理方面的监督检查共3次，检查覆盖率达100%，对村集财会人员和村“两委”班子成员开展培训次数共4次，参加培训人数42人，在村里是否存在优亲厚友等现象的监督检查次数共15次，21户、167人。开展党的政治纪律和政治规矩集中教育学习活动共72场次，参加人数达804人次，支部书记带头讲党课书记数7人，完成人次46次，制订学习计划7个，撰写心得体会260篇，剖析材料182份。开展的警示教育和学习宣传活动共15场，参加人数达317人。开展监督员教育指引培训2次，参加培训人数21人，培训率达到97%，发放乡一级的监督明白卡79张。

【脱贫攻坚工作】 全年，脱贫22户107人，有生态岗位982名（其中包括清理后调整人员生态岗位67人）。湿地监管员9名，湿地管护员71名。定向政策性补助享受人员285名，易地搬迁户50户，244人。组织脱贫攻坚指挥部工作人员，深入6个行政村组织贫困户，全面开展思想教育工作，加大自身造血功能。宣传精准扶贫精准脱贫各项政策，宣传次数10次，宣传人数1770人次，发放宣传手册177本和藏文版的宣传单400多份。全乡建档立卡贫困户劳动力共有398人，其中可流动性劳动力196人，不可流动性劳动力202人。可流动性劳动力实现转移就业196人，累计收入达156.71万元；不可流动性劳动力实现转移就业97人，累计收入达53.17万元。参加技能培训人员71人。“一乡一社”项目马跃乡多元化牧业合作社扶贫建设项目，总投资为361.5万元，其中政府统贷资金300万元，群众入股资金61.5万元。受益全乡建档立卡贫困户175户，787人。出租12间房屋，效益24.9万元。“一村一合”项目：1村牦牛养殖育肥基地（42头牦牛），总投资为20万元；收入共6.8188万元，带动就业人数25人。2村牦牛养殖育肥基地、牧产业加工（40头牦牛），总投资为20万元；收入共2.285万元，带动就业人数25人。3村绵羊山羊养殖育肥基地（150只绵羊、45只白绒山羊）、扶贫茶馆，总投资为20万元；收入共6.7385万元，带动就业人数19人，放牧员11人工资从年底纯收入里分红30%。其在扶贫茶馆里就业8人工资按季度性发放，已全部付完，共9646元。4村商业综合服务中心项目（超市、招待所、特色产业销售）总投资为27.18万元，其中群众自筹7.18万元；收入3.5万元，带动就业人数1人，工资9500元。5村绵羊养殖育肥基地（308只绵羊），总投资为20万元，收入共6.6198万元，带动就业人数2人，工资1.31万元。6村绵羊养殖育肥基地、牧产业加工（150只绵羊）总投资为20万元，收入共4.8277万元，带动就业人数3人，工资共520元。相关帮扶单位和帮扶责任人共帮扶171户，资金共9.3462万元。自治区农牧厅驻马跃乡门唐、普宗村共61户进行帮扶慰问，慰问资金达3.13万元。自治区生药厂驻泽典村23户进行帮扶慰问共资金3.407万元。

【农牧工作】 紧紧围绕“牧业增效、牧民增收”这一目标，加大牧业产业结构调整，扎实推进牧业牧村工作，让广大群众得到更多的实惠。幼畜成活率98.08%，死亡率控制在1.12%，做好春冬两季“五号病”疫苗工作，注射率达100%。严格贯彻落实“利国利民、惠民强民、保生富民”政策，加大牲畜出栏，达到草畜平衡，实现牧民增收和保护草场资源双赢。发放藏文宣传单328份。参加涉农商业保险覆盖率达100%。开展“三灭”技术、种植技术、驾驶员等培训，开展以会代训等多种形式培训65次，参加人数达3879人次，其中自治区科技特派员培训1人，三灭乡级12人次，已解决12人就业问题，切实解决了群众不懂、不会、不愿等问题。

【社保及卫生工作】 为了适应新型农村合作医疗，解决好农牧民“看病难、看病贵”等问题，组织卫生院工作人员下村就医送药次数达84次，使得计划生育、合作医疗、妇女保健、食品药品、疾病预防等工作取得较好的业绩。参保人数达100%；计划疫苗注射率达100%；结合卫生“三下乡”工作机会，完成100例妇科调查和45例三项节育措施，以“婚育新风进万家”为主要内容，大力宣传了“一孩双女”户困难家庭扶助和包虫病、妇幼保健知识等卫生政策共48次，宣传覆盖率达90%；全年，接生次数23次，健在23人，存活率100%。对全乡65名孕妇进行产检次数共260多余，为使保障母婴的人身安全，母婴存活率达98.2%以上。

【教育、文化工作】 教育工作。在校生共397人。其中，小学218人，中学104人，高中56人（其中建档立卡贫困户高中生17人），大学19人（其中建档立卡贫困户大学生3人）。乡完小专任教师9人，其中本科学历3人、大专学历6人，专任教师学历合格率达100%。开展入户劝学8次，入学率达100%。组织乡卫生所、派出所等有关单位，对学校周边的商店、茶馆、学生食堂、仓库等多次开展食品药品安全大检查，同时对学校施工地、用电地等重点部位进行安全隐患大排查工作。检查排查次数达13次。

文化工作。紧紧把握牧区文化发展方向，以文化“大发展、大繁荣”为契机，不断丰富干

6月1日，“五好”学生颁奖

部群众精神文化生活，为建设和谐、文明新牧区注入活力。6个村、日德拉康均设立阅览室（牧家书屋），《人民日报》等10多种报刊进村入寺；组织开展扫黄打黑，有力打击非法书籍、光碟等，共没收16张光碟，在思想文化领域营造纯净的社会环境；以创先争优活动为契机，乡村均成立文艺演出队，并编排多种文艺节目、格萨尔说唱等节目，各大节日共演出30多场次，极大地丰富了牧民群众的精神文化生活。

【新型农村养老保险】 在养老保险工作中排查60岁以上老人168人，死亡2人，16—59岁之间参保人员1025人。兑现养老金共发放7.4983万元。

【民政工作】 为切实维护妇女儿童合法权益，教育引导广大群众树立正确的婚姻观、家庭观，有效维护受害妇女特别是儿童的权益，进一步转变群众的落后思想、传统观念，树立积极、健康、向上的生活风气，该乡脱贫攻坚指挥部开展非婚生子女问题专项治理工作。通过入户进行一次普查，一个不漏进行分类登记造册。

【马跃乡领导名录】

县人大常委会副主任、乡党委书记：

国　杰（藏，10月任职）

党委副书记、政府乡：张金喜

人大主席：达瓦次仁（藏，5月离职）

李江宏（5月任职，7月借调）

纪委书记：德　吉（女，藏，5月任职）

党委副书记：久美次仁（藏，5月任职）

组织委员：久美次仁（藏，5月离职）

卓　嘎（女，藏，5月任职）

政府副乡长：扎西卓嘎（女，藏，5月离职）

扎西顿珠（藏）

旦巴次仁（藏）　徐旭典

政务办公室主任：普布确吉（女，藏）

乡经济办公室主任：

德　吉（女，藏，5月离职）

乡党群办主任：卓　嘎（女，藏，5月离职）

乡农牧办主任：德　吉（女，藏）

乡后勤主任：次仁拉姆（女，藏）

先进名录

2018 年度国家级先进单位一览表

表 1

单位名称	奖项	授予单位
申扎县林业局	2018 年中国自然保护区红外相机动物摄影比赛中获得视频组入围奖	国家林业和草原局自然保护地管理司、国家林业局自然保护区研究中心
申扎县林业局（马跃乡野保员集体）	第六届野生动植物卫士奖——专业成就奖・先锋卫士	中国绿色碳汇基金、中国野生动物保护协会、野生动物保护学会

2018 年度自治区级先进单位一览表

表 2

单位名称	奖项	授予单位
驻塔尔玛乡金东 13 村工作队	先进驻村（居）工作队	区党委、人民政府
驻卡乡曲松普 6 村工作队	先进驻村（居）工作队	区党委、人民政府
驻申扎镇永珠沃玛 7 村工作队	先进驻村（居）工作队	区党委、人民政府
雄梅镇曲志德吉村	先进双联单位	区党委、人民政府
那曲公司申扎加油站	2018 年度先进加油站	中国石油西藏销售分公司（西藏总部）
雄梅镇	自治区级民族团结先进集体	区党委、人民政府
申扎县财政局	自治区创先争优强基础惠民生优秀组织单位	区党委、人民政府
申扎县巾帼志愿者	荣获西藏自治区妇联“庆改革开放四十周年喜迎西藏妇女十大幸福生活随手拍”活动优秀奖	区党委、人民政府
申扎县人力资源和社会保障局	2018 年先进集体	西藏自治区人力资源和社会保障厅
申扎县人力资源和社会保障局	2018 年劳动保障监察先进单位	西藏自治区人力资源和社会保障厅
申扎县邮政局	2018 年度荣获全区十强县支局，争先进位奖	中国邮政集团公司西藏自治区邮政公司
申扎县邮政局	2018 年度“模范职工小家”称号	中国邮政集团工会西藏自治区委员会
政协那曲市申扎县委员会	全区政协系统 2018 年度社情民意信息工作先进集体	政协西藏自治区委员会办公厅

2018 年度那曲市级先进单位一览表

表 3

单位名称	奖项、名次	授予单位
驻雄梅镇尼查 10 村工作队	先进驻村（居）工作队	市委、人民政府
驻下过乡下过 2 村工作队	先进驻村（居）工作队	市委、人民政府
驻塔尔玛乡如卡 12 村工作队	先进驻村（居）工作队	市委、人民政府
驻隆桑 11 村工作队	先进驻村（居）工作队	市委、人民政府
雄梅镇曲志德吉村	先进双联单位	市委、人民政府
申扎镇	2018 年那曲市民族团结进步模范集体	那曲市民宗局
下过乡	“四讲四爱”、“爱劳动、讲文明、树新风”主题教育先进集体荣誉奖	市委、人民政府

续表 3

单位名称	奖项、名次	授予单位
申扎县电信局	地区级存量第一	那曲市电信分公司
申扎县中学团委	市级“五四红旗”团委	那曲市团委
申扎县二小少先大队	市级优秀少先大队	那曲市团委
申扎镇	那曲市级民族团结先进集体	市委、人民政府
中国农业银行申扎县支行	“全面电子化收工工程项目实施”先进集体	那曲地区分行
申扎县财政局	那曲市 2017 年财政财务工作考评第二名	那曲市财政局
申扎县财政局	2017 年度财政总决算编制先进单位三等奖	那曲市财政局
申扎县财政局	2017 年度财政部门决算编制先进单位二等奖	那曲市财政局党组
申扎县财政局	2017 年度库款及专户月报报送先进单位三等奖	那曲市财政局
申扎县电信局	地区级存量第一	那曲市电信分公司
申扎县妇联	全市妇联工作中获第二名	市委、人民政府
申扎县脱贫攻坚	2018 年度在全市脱贫攻坚转移就业成效奖	那曲市扶贫开发领导小组
申扎县农牧局	2018 年度市级畜产品展销会第二名销售单位	那曲市农牧局
申扎县人力资源和社会保障局	2018 年先进单位	那曲市人力资源和社会保障局
文广局	那曲市“四讲四爱”相声小品大赛中荣获优秀作品奖	那曲市宣传部
文广局	那曲市恰青格萨尔王赛马节舞蹈《达谐》获得优秀表演奖	那曲市文化局
宣传部	那曲市“四讲四爱”群众教育实践活动和“爱讲树”主题教育	市委、人民政府
宣传部	那曲市宣传文化思想工作会第二名	那曲市委宣传部
申扎县邮政局	2018 年度工作中荣获经营贡献一等奖	中国邮政集团公司那曲市分公司
中共申扎县委统战部	那曲市“四讲四爱”群众教育实践活动和“爱讲树”主题教育先进集体	那曲市委宣传部
中共申扎县委统战部	那曲市统战宗教信息工作先进工作单位	那曲市委统战部

2018 年度申扎县级先进单位一览表

表 4

单位名称	奖项、名次	授予单位
申扎县组织部	县级优秀组织单位	县委、人民政府
申扎县塔尔玛乡人民政府	县级优秀组织单位	县委、人民政府
申扎县公安局	县级优秀组织单位	县委、人民政府
申扎县雄梅镇人民政府	县级优秀组织单位	县委、人民政府
申扎县下过乡人民政府	县级优秀组织单位	县委、人民政府
申扎县卡乡人民政府	县级优秀组织单位	县委、人民政府
驻巴扎乡帕帐沃玛 4 村工作队	先进驻村（居）工作队	县委、人民政府
驻雄梅镇贡琼 5 村工作队	先进驻村（居）工作队	县委、人民政府
驻马跃乡彭康 3 村工作队	先进驻村（居）工作队	县委、人民政府
驻买巴乡扎琼 3 村工作队	先进驻村（居）工作队	县委、人民政府
驻申扎镇罗普 4 村工作队	先进驻村（居）工作队	县委、人民政府
驻申扎镇嘎桑多居委会 2 村工作队	先进驻村（居）工作队	县委、人民政府
驻塔尔玛乡杂日 10 村工作队	先进驻村（居）工作队	县委、人民政府
雄梅镇曲志德吉村	先进双联单位	县委、人民政府
下过乡扎热罗马村	先进双联单位	县委、人民政府
塔尔玛乡杂日村	先进双联单位	县委、人民政府
塔尔玛娘仓村	先进双联单位	县委、人民政府
马跃乡普宗村	先进双联单位	县委、人民政府
申扎镇罗普 4 村	先进双联单位	县委、人民政府
卡乡普玛村	先进双联单位	县委、人民政府

续表 4

单位名称	奖项、名次	授予单位
买巴乡扎穷村	先进双联单位	县委、人民政府
巴扎乡查卡村	先进双联单位	县委、人民政府
下过乡	脱贫攻坚社会兜底成效显著奖	县委、人民政府
下过乡	优秀组织单位	县委、人民政府
下过乡 1 村、3 村、4 村、6 村	民族团结进步模范集体	县委、人民政府
买巴乡扶贫办公室	成效显著奖	县委、人民政府
申扎县公安局	2018 年优秀组织奖	县委、人民政府
申扎镇团委	县级“五四红旗”团委	申扎县团委
申扎镇团委	县级“五四红旗”团委	申扎县团委
雄梅镇团委	县级“五四红旗”团委	申扎县团委
申扎县中学团委	县级“五四红旗”团委	申扎县团委
卡乡乡直机关团支部	县级“五四红旗”团支部	申扎县团委
申扎县粮食公司	民族团结进步奖	县委、人民政府
申扎县林业局	申扎县 2018 年度经济社会目标管理责任制考评第二名	县委、人民政府
申扎县民宗局	2018 年度优秀提案承办单位	政协申扎县委员会
中国农业银行申扎县支行	2018 年度经济社会目标责任制考核第二名	县委、人民政府
中国农业银行申扎县支行	2018 年度扶贫攻坚工作先进集体	县委、人民政府
申扎县气象局	2018 年度经济社会目标管理责任制综合考评先进单位	县委、人民政府
申扎县财政局	2018 年度全县经济社会发展目标管理责任制综合考评第一名	县委、人民政府
申扎县财政局	2018 年度学习《习近平谈治国理政》知识竞赛第二名	县委、人民政府
国家税务总局申扎县税务局	申扎县 2018 年度经济社会目标管理责任制考评第三名	县委、人民政府
扶贫支部	先进基层党组织	中共申扎县委员会
申扎县农牧局	2018 年度优秀政协提案承办单位	申扎县政协办
塔尔玛乡	2018 年申扎县赛马节男子拔河比赛一等奖	县委、人民政府
塔尔玛乡	2018 年申扎县赛马节女子拔河比赛三等奖	县委、人民政府
塔尔玛乡	2018 年申扎县赛马节组织奖	县委、人民政府
塔尔玛乡	2018 年申扎县首届干部职工运动会健美操第一名	申扎县工青妇
塔尔玛乡	申扎县首届干部职工运动会拔河比赛男子第一名	申扎县工青妇
塔尔玛乡	申扎县 2018 年首届以“文化惠民　助力脱贫”为主题相声小品比赛组织奖	申扎县文化新闻出版广电局
塔尔玛乡	申扎县 2018 年首届以“文化惠民　助力脱贫”为主题相声小品比赛第二名	申扎县文化新闻出版广电局
塔尔玛乡 6 村	2018 年“七一”红歌比赛二等奖	县委、人民政府
塔尔玛乡脱贫攻坚指挥部	2017 年度脱贫攻坚工作良好奖	县委、人民政府
申扎县文化新闻出版广电局	2018 年荣获民族团结进步模范集体	县委、人民政府
申扎县邮政局	2018 年度全县经济社会发展目标管理责任制综合考评“先进单位”	县委、人民政府
中共申扎县委统战部	民族团结进步模范集体	中共申扎县委员会

2018 年度国家级先进个人一览表

表 5

姓名	单位及住址	奖项	授予单位
央金卓嘎	马跃乡 3 村	荣获全国最美家庭荣誉称号	中宣传部
央金	申扎县人社局	全国人力资源社会保障系统先进工作者	人力资源社会保障部

2018年度自治区级先进个人一览表

表6

姓名	性别	单位及职务	奖项	授予单位
次仁卓玛	女	申扎县文广中心副主任	先进驻村工作队员	区党委、人民政府
尼玛玉珍	女	申扎县强基办工作人员	先进驻村工作队员	区党委、人民政府
索南旺堆	男	申扎县工商行政管理局	全区工商系统庆祝改革开40周年活动篮球赛“最佳球员”	自治区工商局
顿珠玉杰	男	站经理	2018年度优秀加油站经理	中国石油西藏销售分公司（西藏总部）
曲英森格	男	强格寺	自治区级民族团结先进个人	区党委、人民政府
达瓦央宗	女	申扎县农牧科技服务站	2018年度自治区级优秀特培学员	西藏自治区人社厅
达瓦央宗	女	申扎县农牧科技服务站	2018年度自治区级优秀论文	西藏自治区畜牧兽医学会
达瓦央宗	女	申扎县农牧科技服务站	2018年度自治区级优秀科技工作者	西藏自治区畜牧兽医学会
多吉扎巴	男	下过乡4村	评为“五好文明家庭”	区党委、人民政府
土登仁青	男	教体局	自治区“优秀教研员”工作者	自治区教育厅

2018年度那曲市级先进个人一览表

表7

姓名	性别	单位及职务	奖项、名次	授予单位
达娃	女	申扎县塔尔玛乡第一书记兼队长	先进驻村工作队员	市委、人民政府
次仁普赤	女	申扎县机关工委	先进驻村工作队员	市委、人民政府
索南旺堆	男	申扎县工商行政管理局	2018年度优秀公务员	那曲市工商局
格桑土旦	男	申扎县工商行政管理局	那曲市工商系统2018年度优秀党建指导员	那曲市工商局
益西	女	申扎县加油站	2018年度先进基层工作者	中国石油西藏那曲销售分公司
德吉曲宗	女	塔尔玛乡	2018年“四讲四爱”活动中优秀宣讲员	中共那曲市委　市宣传部
旦巴仁青	男	塔尔玛乡5村	2018年“四讲四爱”活动中优秀宣讲员	中共那曲市委　市宣传部
次仁扎西	男	文广局	那曲市职工业余歌手大赛三等奖	那曲市工会
嘎玛扎西	男	民间艺术团	那曲市首届“吾尔朵”比赛第二名	那曲市文化局
白玛	男	申扎县委宣传部	那曲市“四讲四爱”群众教育实践活动和“爱讲树”主题教育优秀宣讲员	市委、人民政府
韩汶利	女	县委统战部	那曲市统战宗教信息工作优秀信息员	那曲市委统战部
扎桑	女	教体局	那曲市“优秀教育工作者”	那曲市教体局

2018年度申扎县级先进个人一览表

表8

姓名	性别	单位及职务	奖项、名次	授予单位
卓玛杰	男	申扎县下过乡人民政府专业技术人员	先进驻村工作队员	县委、人民政府
布琼南加	男	申扎县民宗局主任科员	先进驻村工作队员	县委、人民政府
桑杰曲措	女	申扎县雄梅镇科员	先进驻村工作队员	县委、人民政府
洛桑措嘎	女	申扎县组织部主任、科员	先进驻村工作队员	县委、人民政府
扎西塔杰	男	塔尔玛乡人民政府专技	先进驻村工作队员	县委、人民政府
次仁拉姆	女	申扎县马跃乡政府专业技术人员	先进驻村工作队员	县委、人民政府
陈小强	男	区交通运输厅助理工程师	先进驻村工作队员	县委、人民政府
艾敏	男	申扎县人社局科员	先进驻村工作队员	县委、人民政府
巴桑秋珍	女	申扎县食药局科员	先进驻村工作队员	县委、人民政府
徐大平	男	申扎县纪委检查办公室	先进驻村工作队员	县委、人民政府
伍金罗布	男	区教育厅教师	先进驻村工作队员	县委、人民政府
白玛旺堆	男	申扎县下过乡副乡长	先进驻村工作队员	县委、人民政府
普布	男	申扎县公安局主任科员	先进驻村工作队员	县委、人民政府
嘎玛洛珠	男	申扎镇	团务工作先进个人	申扎县团委

续表 8

姓名	性别	单位及职务	奖项、名次	授予单位
尼玛央宗	女	卡乡 1 村	团务工作先进个人	申扎县团委
次仁玉珍	女	马跃乡	团务工作先进个人	申扎县团委
高杰华	男	申扎县中学	团务工作先进个人	申扎县团委
达瓦	男	巴扎乡 5 村	优秀共青团员	申扎县团委
卓玛石曲	女	申扎县中学初二（1）班	优秀共青团员	申扎县团委
玉吉	女	马跃乡	优秀共青团员	申扎县团委
巴桑顿珠	男	塔尔玛乡寺管会	优秀青年	申扎县团委
贡嘎扎巴	男	下过乡派出所所长兼 1 村党支部第一书记	优秀青年	申扎县团委
平措顿旦	男	买巴乡党群办	优秀青年	申扎县团委
次仁曲觉	男	塔尔玛乡 7 村	优秀青年	申扎县团委
贡觉旦增	男	卡乡卫生院	最美乡村医生	县委、人民政府
多吉次仁	男	申扎县粮食公司	五一劳动奖	申扎县团委
泽仁央吉	女	民宗局	县级民族团结进步模范个人	县委、人民政府
布琼南加	男	民宗局	县级优秀驻村干部	县委、人民政府
何俊	男	扶贫办	2018 年优秀共产党员	中共申扎县委员会
麻利霞	女	扶贫办	2018 年民族团结先进个人	中共申扎县委员会
达瓦央宗	女	申扎县农牧科技服务站	2018 年度县级民族团结先进个人	县委、人民政府
南木加	男	申扎县人民检察院	个人三等功	中共申扎县委组织部
罗布占堆	男	申扎县人民检察院	习近平《谈治国理政》知识竞赛中荣获第一名	中共申扎县委宣传部
吴坚贡确	男	14 村	2018 年“四讲四爱”活动中优秀宣讲员	中共申扎县委宣传部
石曲次仁	男	7 村	2018 年“四讲四爱”活动中优秀宣讲员	中共申扎县委宣传部
贡嘎仁青	男	6 村	2018 年民族团结进步模范个人	县委、人民政府
土登仁青	男	教体局	县级“优秀教育工作者”	县委、人民政府

2018 年度其他先进个人一览表

表 9

姓名	性别	工作单位	奖项	授予单位
达瓦央宗	女	申扎县农牧科技服务站	2018 年度西南大学优秀学员	西南大学

2018 年度申扎县机关事业单位优秀公务员（工作人员）名单一览表

表 10

姓名	职务
一、县级干部优秀人员	
旦增旺久	县委副书记、人大常委会主任
拉巴次仁	政协主席
巴多	县委副书记、常务副县长
阿旺	县委常委、统战部部长、民宗局局长
嘎玛泽仁	县委常委、组织部部长
国杰	人大常委会副主任、马跃乡党委书记
赤列旺杰	政府副县长
占堆	政协副主席、卡乡党委书记
马文科	检察院检察长
二、科级干部优秀人员	
董宁	申扎镇党委副书记、主任科员
赤列央宗	申扎镇纪检书记
扎西曲杰	申扎镇副镇长

续表 10

姓名	职务
米玛次仁	申扎镇副镇长
李英	雄梅镇党委书记
边巴扎西	雄梅镇党委副书记、镇长、派出所指导员
果果	雄梅镇党委副书记
嘎玛桑旦	雄梅镇副镇长
易洪波	塔尔玛乡副乡长、维稳办主任
扎西	塔尔玛乡副乡长
阿旺旦杰	买巴乡党委负责人
邹志刚	买巴乡党委副书记、乡长
索珍	买巴乡副乡长
扎西索朗	巴乡副乡长
米玛顿珠	下过乡党委书记
李成科	下过乡党委副书记、乡长
扎西卓玛	下过乡党委副书记
顿珠	下过乡纪检书记
欧珠	下过乡财务所所长
帕加	下过乡派出所副所长
嘎玛曲宗	巴扎乡派出所所长
洛桑强巴	巴扎乡副乡长
陈健	卡乡党委副书记、乡长
张照勐	卡乡组织委员
边巴	卡乡副乡长
晋玫	卡乡副乡长
久米次仁	马跃乡党委副书记
卓嘎	马跃乡组织委员
德吉	马跃乡纪检书记
旦巴次仁	马跃乡副乡长
旦增罗布	县委办副主任、机要局局长
李振坤	县委办副主任
刘刚	政府办主任
达才旺保	政府办主任科员、信访局负责人
普琼	编译局局长
罗亚	政协办主任
米玛次仁	组织部副部长、老干局局长
边巴多吉	纪委常委、主任科员
朱红义	纪委常委、监委委员
央拉	宣传部副部长
马鸿园	工商联主席
谢华银	政法委副主任科员
周玲	法院副院长、审委会委员、主任科员
孙景平	法院审判委员会委员、刑事审判庭庭长、审判员
南木加	检察院副检察长
泽仁央吉	民宗局主任科员、副局长
马宇龙	发改委副主任科员
吉卓玛	统计局社会经济调查队副队长
格桑措姆	财政局局长

续表 10

姓名	职务
次仁拥宗	财政局副局长
拉巴多吉	人社局局长
杨烈碧	人社局主任科员、副局长
央金	人社局主任科员（抽调脱贫攻坚指挥部）
杨友华	住建局局长
尹艳群	住建局主任科员
加央卓玛	民政局主任科员、副局长
曲央	农牧局局长
巴点次仁	农牧局副局长
罗宗吉玛	文广（文物）局主任科员
拉巴曲珍	交通局局长
索朗巴姆	卫计委主任
普布	食药局副局长
谭朝霞	总工会主任科员
巴桑旦巴	共青团委书记
阿旺曲珍	妇联主席
格列加才	林业局局长、色林错国家级管理分局局长
央金拉增	水利局副主任科员
次朗	商务局局长、旅发委主任
旺久多杰	审计局副局长
马东会	扶贫办主任
拉巴平措	扶贫办主任科员
达瓦次仁	教体局主任科员
门雄伟	公安局局长
次旺多杰	公安局主任科员、副局长
张进	公安局副主委
拉巴顿珠	公安局主任科员
杨伟	公安局法制科科长
普布	公安局主任科员
三、科办员优秀人员	
西珠才旺	申扎镇科员
朱柏安	申扎镇科员
扎西达娃	申扎镇科员
尼玛多吉	申扎镇派出所科员
格桑普布	申扎镇派出所科员
王震	雄梅镇科员
米玛	雄梅镇科员
丁贵川	雄梅镇科员
索朗旺杰	雄梅镇派出所科员
多吉才旺	雄梅镇派出所科员
刘光勇	雄梅镇科员（抽调城投公司）
杨光辉	塔尔玛乡科员
樊志刚	塔尔玛乡科员
次仁宗巴	塔尔玛乡科员
刘荣	塔尔玛乡科员
洛桑朗杰	塔尔玛乡派出所科员

续表 10

姓名	职务
曾文龙	买巴乡科员
扎西旺堆	买巴乡派出所科员
贡觉索朗	买巴乡派出所科员
胡青海	买巴乡派出所科员
杜龙飞	下过乡科员
杨宗辉	下过乡科员
王颖	巴扎乡科员
乔立瑞	巴扎乡科员
琼次仁	巴扎乡派出所科员
晋美加措	卡乡科员
杨朋霖	卡乡科员
黄明智	卡乡科员
贡桑罗布	卡乡科员（抽调脱贫攻坚指挥部）
唐陈	马跃乡科员
洛卓	马跃乡派出所科员
曲方远	县委办科员
郭琦	县委办科员
索郎多杰	机要局科员
甯万里	档案馆事业职员（参公管理）
阿旺玉珍	人大办科员
邓威	政府办科员
陈健	组织部科员
赵珊珊	组织部科员
任建伟	机关工委科员
尼玛	纪委科员
格桑旺姆	纪委科员
汤林	纪委科员
司东方	宣传部科员
韩汶利	统战部科员
蔡泽童	政法委科员
扎西欧珠	法院科员
普普	法院科员
索朗次仁	检察院科员
旦珍	发改委科员
白玛曲珍	统计局科员
刘瑜	人社局科员
李庆	住建局科员
姚雪	安监局科员
白玛琼达	不动产登记中心事业职员（参公管理）
尼玛卓嘎	司法局科员
边珍	司法局科员
麻丽霞	扶贫办科员
卜德鹏	环保局科员
次旦央吉	民政局事业职员（参公管理、抽调脱贫攻坚指挥部）
达瓦次旦	公安局法制科科员
黎锋	公安局办公室科员

续表 10

姓名	职务
达瓦顿珠	公安局警务保障大队科员
格桑塔杰	公安局交警大队科员
索朗加措	公安局国保大队科员
普瓦	公安局治安大队科员
顿珠多吉	扎西路便民警务站科员
普琼达瓦	公安局法制科科员
拉桑	公安局治安大队科员
格桑多吉	中信路警务站科员
罗布	公安局国保大队科员
白玛才旺	公安局治安大队科员
旦巴朗达	公安局警务保障室科员
巴旦	公安局刑事侦查大队科员
四、事业管理、专技优秀人员	
桑珠多吉	申扎镇农牧主任
旦增桑姆	申扎镇农牧专技
赤列央珍	申扎镇农牧专技
然泽拉毛	申扎镇后勤事业职员
巴桑拉姆	申扎镇后勤事业职员
卓嘎	申扎镇后勤事业职员
索朗德吉	雄梅镇后勤事业职员
扎西普尺	雄梅镇后勤事业职员
贡桑旺堆	雄梅镇后勤事业职员
觉旦	雄梅镇后勤事业职员
刘哲	雄梅镇后勤事业职员
巴桑卓嘎	雄梅镇后勤事业职员
白玛	塔尔玛乡农牧专技
次仁旺堆	塔尔玛乡卫生院院长
德吉曲宗	塔尔玛乡文化站长
普赤	塔尔玛乡后勤事业职员
邹长坤	塔尔玛乡后勤事业职员
巴片	买巴乡农牧专技
白玛尺列	买巴乡后勤事业职员
拉珍	买巴乡后勤事业职员
妮妮群宗	买巴乡事业职员（抽调脱贫攻坚指挥部）
缪开文	下过乡后勤事业职员
洛桑卓玛	下过乡农牧专技
益西尼布	下过乡农牧专技
旦增曲措	下过乡农牧专技
次旦普尺	巴扎乡后勤事业职员
米珍	巴扎乡后勤事业职员
扎西措姆	巴扎乡后勤事业职员
拉珍	巴扎乡后勤事业职员
达瓦玉珍	卡乡后勤主任
贡觉旦增	卡乡卫生院院长
次旦平措	卡乡后勤事业职员
仁增扎巴	卡乡文化专技

续表 10

姓名	职务
白玛加布	马跃乡卫生院院长
拉宗	马跃乡卫生院专技
德吉	马跃乡农牧主任
土旦西热	马跃乡后勤事业职员
德吉	马跃乡事业职员（抽调脱贫攻坚指挥部）
嘎桑占堆	政府后勤服务中心副主任
阿旺拉宗	组织部电子政务中心事业职员
白玛	宣传部网评中心事业职员
次仁桑姆	财政局事业职员
赤来达杰	农牧业科技服务站专技
索吉	农牧业科技服务站专技
桑杰益西	农牧业科技服务站副站长
罗珍	农牧业科技服务站专技
桑旦卓玛	文广局事业专技
达瓦次仁	文广中心副主任
曲桑	电视台事业专技
贵桑卓玛	电视台事业专技
曲宗	安监执法大队队长
贡觉白珍	疾控中心事业专技
尼玛	人民医院事业专技
措吉	人民医院事业专技
德吉卓嘎	人民医院事业专技
央珠	人民医院事业专技
次仁吉巴	人民医院事业专技
益西康卓	人民医院事业专技
才松扎堆	藏医院事业正科
其美次珠	藏医院事业专技
给顿达杰	藏医院事业专技
尼吉	藏医院事业专技
五、村（居）党支部第一书记优秀人员	
次仁卓玛	申扎镇拿查（1）村第一书记
达普赤	雄梅镇许隆（3）村第一书记
巴桑	马跃乡普宗（6）村第一书记
扎西顿珠	买巴乡亚色（1）村第一书记
贡嘎扎巴	下过乡宗斯（1）村第一书记
巴桑次仁	卡乡普玛（2）村第一书记
嘎玛桑珠	巴扎乡帕账沃玛（4）村第一书记
米玛普尺	塔尔玛乡格玛（6）村第一书记
巴桑杰布	塔尔玛乡杂日（10）村第一书记
次仁央姆	塔尔玛乡金东（13）村第一书记
六、驻寺工作队优秀人员	
嘎玛桑杰	申扎镇寺庙片区主任
巴桑顿珠	塔尔玛乡寺庙片区主任
多旺	申扎镇派出所科员
元旦罗布	塔尔玛乡寺庙片区科员

2018 年度自治区级先进联户单元一览表

表 11

乡（镇）村	联户长	联户编号	成员
雄梅镇曲志德吉村	扎西多杰	SZ-XM-04-003	珠次仁
			次仁
			强巴曲扎
			索南顿珠
			石曲次旺
			强巴旦增
			石桑
			日卓
			旺姆
			旦桑

2018 年度那曲市级先进联户单元一览表

表 12

乡（镇）村	联户长	联户编号	成员
雄梅镇曲志德吉村	扎西多杰	SZ-XM-04-003	珠次仁
			次仁
			强巴曲扎
			索南顿珠
			石曲次旺
			强巴旦增
			石桑
			日卓
			旺姆
			旦桑

2018 年度申扎县级先进联户单元一览表

表 13

乡（镇）村	联户长	联户编号	成员
巴扎乡色尼村	白玛多吉	SZ-BZ-05-006	白玛多吉
			央珠
			强巴
			拉巴
			普琼
			石曲占堆
			曲培
			松巴
			顿扎
			边吉
			拉姆
			达瓦次仁
			曲卓
			扎层
			嘎桑普赤
卡乡普巴村	旺堆	SZ-QX-01-003	旦巴旺久
			多吉
			旦玛

续表 13

乡（镇）村	联户长	联户编号	成员
卡乡普巴村	旺堆	SZ-QX-01-003	旺久
			旺堆
			才珍
			索朗平措
马跃乡普宗村	多杰	SZ-MY-06-007	多杰
			才旦多吉
			扎西多布杰
			白玛拉真
			玉措
			曲塔
			贡桑多吉
			赤来旺杰
			吾坚
			白玛石曲
申扎镇罗布村	边加	SZ-SZ-04-007	白玛
			石欧
			才旦布赤
			岗拉
			扎西央金
			仁青
			巴旦
			益西曲培
			次央
			索南
			边加
			次仁罗布
			堆巴
塔尔玛乡多穷村	多旺	SZ-T-3-003	尼玛
			嘎桑占堆
			多占
			玉叉
塔尔玛乡多穷村	多旺	SZ-T-3-003	嘎珍
			索巴
			卫色
			多旺
			塔尔庆
塔尔玛乡格玛村	贡嘎仁庆	SZ-T-6-002	强巴
			边玛加布
			玉加
			多坚
			索斋
			贡桑西热
			鲁确
			巴桑
			顿加
			扎巴

续表 13

乡（镇）村	联户长	联户编号	成员
下过乡那宗村	才旺仁增	SZ-XG-03-005	白玛曲珍
			仓巴
			次久
			旦达
			多增
			加查
			南木加次仁
			尼玛曲色
			益西曲珠
			桑旦
			桑塔多杰
雄梅镇曲志德吉村	扎西多杰	SZ-XM-04-003	珠次仁
			次仁
			强巴曲扎
			索南顿珠
			石曲次旺

续表 13

乡（镇）村	联户长	联户编号	成员
雄梅镇曲志德吉村	扎西多杰	SZ-XM-04-003	强巴旦增
			石桑
			日卓
			旺姆
			旦桑
买巴乡扎琼村	石久东加	SZ-MB-03-004	石久东加
			嘎达
			强久
			久塔
			次联
			多布杰
			多杰次珠
			吉姆
			索朗吉宗
			索拉
			欧珠

统计资料

2017—2018 年申扎县主要经济综合指标一览表

表 14

指标	单位	时间			
		2017 年	同比增长（%）	2018 年	同比增长（%）
GDP	万元	51471.82	12.3	58918.11	14.59
一产	万元	7935.6	18.41	8966.43	12.99
二产	万元	10664.22	18.74	12855.62	2055
工业	万元	121.92	2.98	52	−57.35
建筑业	万元	10542.3	18.96	12803.62	21.45
三产	万元	32872	9.02	37096.05	12.85
农牧民人均可支配收入（元）	元	9227.9	9.08	10031	8.7
社会消费品零售总额	万元	6500.03	26.64	7560	16.31
全社会固定资产投资	万元	81922	34.85	12.41	4.55

2017—2018 年申扎县农牧业生产情况表

表 15

指标	单位	2017 年	2018 年	增减（%）
肉产量	吨	6815.63	5830.94	−14.45
其中：牛肉	吨	4029.1	3134.47	−22.2
羊肉	吨	2786.53	2696.47	−3.23
奶产量	吨	4069.28	4224.45	3.81
其中：牛奶	吨	2603.04	2577.84	−0.97
羊奶	吨	1466.24	1646.61	12.3
羊毛产量	吨	266.12	265.54	−0.22
绵羊毛产量	吨	249.02	240.08	−3.59
羊绒产量	吨	12.63	10.83	−14.25
牛绒产量	吨	17.76	18.19	2.42
牛毛产量	吨	19.9	20.35	2.26
牛皮产量	张	28342	21557	−23.94
羊皮产量	张	190341	205505	7.97
牛犊皮产量	张	1813	1773	−2.21
牲畜存栏数	万头（只、匹）	52.60	54.27	3.17
其中：牛	万头	7.24	8.42	16.3
绵羊	万头	34.30	35.91	4.69
山羊	万头	10.83	9.7	−10.43

续表 15

指标	单位	2017 年	2018 年	增减（%）
马	万头	0.22	0.24	9.09
大畜出栏数	万头	2.89	2.13	−26.3

申扎县 2018 年人口统计表

表 16

指标	合计	申扎镇	下过乡	卡乡	巴扎乡	塔尔玛乡	雄梅镇	买巴乡	马跃乡	县城
乡村户数	5561	663	650	494	535	991	925	375	503	425
其中：牧业户数	4360	581	558	413	449	872	774	288	425	—
乡村总人口	22067	2488	2673	1761	2137	3934	4036	1604	2150	1284
男	10916	1115	1297	900	1064	1939	2032	777	1086	706
女	11151	1373	1376	861	1073	1995	2004	827	1064	578
其中：牧业人口	19799	2397	2519	1665	1995	3783	3924	1479	2037	—
男	9759	1082	1207	835	985	1870	1985	773	1022	—
女	10128	1412	1303	830	1010	1913	1939	706	1015	—
当年出生人口	407	43	43	45	30	78	75	35	58	—
当年死亡人口	128	23	4	12	15	26	21	15	12	—
当年迁入人口	350	6	107	42	16	96	37	22	24	—
当年迁出人口	265	7	59	30	30	73	36	4	26	—
当年新增人口	370	22	87	45	1	78	55	38	44	—

2018 年申扎县各乡（镇）国民经济综合指标一览表

表 17

项目	总收入					人均收入（元）		增长率	商品率	
	合计	一产	二产	三产	其他	人均纯收入	现金收入	（%）	出售产品收入	%
合计	504662059.43	209117263.72	64850676.10	204243548.72	264505570.89	10031.00	6389.34	8.7	145088034.77	69.38
申扎镇	56813298.42	26483698.02	5425700.00	24903900.40	—	10102.59	8991.84	7.85	16425001.33	62.02
下过乡	70735530.61	26306090.61	10549575.00	23923440.00	9956425.00	10065.33	6689.55	11.05	18128289.57	68.91
卡乡	44839656.70	17932980.01	6739200.00	19274746.69	892730.00	9950.43	5654.14	13.36	13855848.81	77.26
巴扎乡	62708569.60	30876201.17	8766646.00	21840512.43	1225210.00	10126.08	7417.07	9.73	23199305.04	75.14
塔尔玛乡	79331364.42	27959133.13	7435164.80	40017116.49	3919950.00	9990.16	5650.33	4.7	26496290.93	33.40
雄梅镇	91922432.43	45179009.28	12421290.30	31874531.96	2447600.89	10067.61	5670.33	8.41	26658409.78	59.01
买巴乡	43392342.32	15347960.21	4965000.00	18399382.11	4680000.00	9966.39	5125.18	10.43	9114594.31	59.39
马跃乡	54918864.93	19032191.29	8548100.00	24009918.64	3328655.00	9929.26	5915.32	9.21	11210295.00	58.90